Elogios para

ANDRÉS OPPENHEIMER

"Las investigaciones de Oppenheimer, entregadas en prosa sabia y lúcida, son inestimables".   —*Los Angeles Times*

"Incisivo, perspicaz... Oppenheimer no perdona a nadie... Deshace muchos de los mitos promovidos por la prensa o los políticos".   —*St. Louis Post-Dispatch*

"Exhaustivo en su investigación... Sus reportajes son sólidos y fascinantes".   —*Time*

"Su cobertura [de Latinoamérica] no tiene rival".   —*Booklist*

"No da nada por sentado... Impresionante".
—*The Dallas Morning News*

"El análisis de Oppenheimer da excepcionalmente en el blanco".
—*San Francisco Chronicle*

ANDRÉS OPPENHEIMER

¡Crear o morir!

Andrés Oppenheimer ha sido incluido entre los "50 intelectuales Latinoamericanos más influyentes" por la revista *Foreign Policy en Español*. Es editor para América Latina y columnista de *The Miami Herald*. Su programa semanal *Oppenheimer Presenta* en CNN y Foro TV es transmitido en toda América Latina y Estados Unidos.

Nacido en Buenos Aires, estudió derecho en la Universidad de Buenos Aires y obtuvo una maestría en periodismo de la Universidad de Columbia. Fue jefe de la corresponsalía de *The Miami Herald* en México, Colombia y Panamá. Antes trabajó durante cinco años en *The Associated Press*. Ha colaborado en *The New York Times*, *The Washington Post*, *The New Republic*, CBS News y la BBC de Londres.

Es autor de los libros *Basta de historias*, *Cuentos chinos*, *Crónicas de héroes y bandidos*, *Los Estados Desunidos de Latinoamérica*, *México en la frontera del caos* y *La hora final de Castro*. Fue ganador del premio Pulitzer en 1987 junto con el equipo de *The Miami Herald* que descubrió el escándalo Irán-Contras; recibió el premio Ortega y Gasset del periódico *El País* de Madrid, el premio Rey de España, el Maria Moors Cabot de la Universidad de Columbia, el Overseas Press Club Award y el premio Emmy Suncoast de la Academia Nacional de Televisión, Artes y Ciencias de Estados Unidos.

Ha sido distinguido con doctorados honoris causa por la Universidad ESAN de Perú, la Universidad Domingo Savio de Bolivia y la Universidad Galileo de Guatemala.

¡Crear o morir!

¡Crear o morir!

La esperanza de Latinoamérica
y las cinco claves de la innovación

ANDRÉS OPPENHEIMER

Vintage Español
Una división de Random House LLC
Nueva York

PRIMERA EDICIÓN VINTAGE ESPAÑOL, NOVIEMBRE 2014

Copyright © 2014 por Andrés Oppenheimer

Todos los derechos reservados. Publicado en coedición con Penguin Random House
Grupo Editorial, S. A., de C. V., México, D.F., en los Estados Unidos de América por
Vintage Español, una división de Random House LLC, Nueva York, y en Canadá por
Random House of Canada Limited, Toronto, compañías Penguin Random House.
Originalmente publicado en México por Penguin Random House
Grupo Editorial, S. A., de C. V. Copyright de la presente edición
en lengua castellana para todo el mundo © 2014 por
Penguin Random House Grupo Editorial, S. A., de C. V.

Vintage es una marca registrada y Vintage Español y su colofón
son marcas de Random House, Inc.

Información de catalogación de publicaciones disponible en
la Biblioteca del Congreso de los Estados Unidos.

Vintage Español ISBN en tapa blanda: 978-0-8041-7188-5
Vintage Español eBook ISBN: 978-0-8041-7189-2

Para venta exclusiva en EE.UU., Canadá, Puerto Rico y Filipinas.

www.vintageespanol.com

Impreso en los Estados Unidos de América
10 9 8 7 6 5 4 3 2 1

Para Sandra

Índice

Prólogo 11

1. El mundo que se viene 17
2. Gastón Acurio: el chef que regala sus recetas 71
3. Jordi Muñoz y el movimiento de los *makers* 94
4. Bre Pettis y la nueva Revolución Industrial 115
5. Rafael Yuste y los manipuladores del cerebro 138
6. Pep Guardiola y el arte de innovar cuando se está ganando . . 159
7. Branson, Musk, Kargieman y el arte de reinventarse 182
8. Salman Khan y las "escuelas al revés" 216
9. Zolezzi, Von Ahn y los innovadores sociales 245
10. Los cinco secretos de la innovación 278

Notas 317
Agradecimientos 329

¡Crear o morir!

Prólogo

Cuando murió Steve Jobs, el fundador de Apple, escribí una columna que me ha dejado pensando hasta el día de hoy. En ese artículo me planteaba una serie de preguntas que deberían estar en el centro de la agenda política de nuestros países: ¿por qué no surge un Steve Jobs en México, Argentina, Colombia, o cualquier otro país de América Latina, o en España, donde hay gente tanto o más talentosa que el fundador de Apple? ¿Qué es lo que hace que Jobs haya triunfado en Estados Unidos, al igual que Bill Gates, el fundador de Microsoft; Mark Zuckerberg, el fundador de Facebook, y tantos otros, y miles de talentos de otras partes del mundo no puedan hacerlo en sus países?

Se trata de una pregunta fundamental, que debería estar en el centro del análisis político de nuestros países, porque estamos viviendo en la economía global del conocimiento, en que las naciones que más crecen —y que más reducen la pobreza— son las que producen innovaciones tecnológicas. Hoy en día, la prosperidad de los países depende cada vez menos de sus recursos naturales y cada vez más de sus sistemas educativos, sus científicos y sus innovadores. Los países más exitosos no son los que tienen más petróleo, o más reservas de agua, o más cobre o soja, sino los que desarrollan las mejores mentes y exportan productos con mayor valor agregado. Un programa de computación exitoso, o un nuevo medicamento, o un diseño de ropa novedoso valen más que toneladas de materias primas.

11

No es casualidad que al momento de escribir estas líneas, una empresa como Apple valga 20% más que todo el producto bruto de Argentina, y más del doble del producto bruto de Venezuela. Y no es casualidad que muchos de los países más ricos del mundo en ingreso per cápita sean naciones como Luxemburgo o Singapur, que no tienen recursos naturales —en el caso del segundo, como pude observar en un viaje reciente, se trata de una nación que tiene que importar hasta el agua— mientras que en países petroleros y ricos en recursos naturales como Venezuela o Nigeria prevalecen niveles de pobreza obscenos.

La gran pregunta, entonces, es cómo hacer para que nuestros países puedan producir uno, o miles, de Steve Jobs. En mis libros anteriores, especialmente en *Basta de historias*, señalé que la calidad de la educación es la clave de la economía del conocimiento. Y esa premisa sigue siendo cierta. Tal como me lo señaló el propio Gates en una entrevista, él jamás hubiera podido crear Microsoft y revolucionar el mundo con las computadoras si no hubiera tenido una excelente educación en la escuela secundaria, donde había una computadora de última generación que le despertó la curiosidad por el mundo de la informática. Y, tal como lo señaló Gates en otra entrevista, años después, lejos de vanagloriarse de haber dejado la escuela antes de tiempo, su deserción de la Universidad de Harvard fue algo que siempre lamentó:

> Lo cierto es que tuve que dejar la universidad porque llegué a la conclusión de que tenía que actuar rápidamente para aprovechar la oportunidad de Microsoft, pero ya había terminado tres años de mi licenciatura, y si hubiera usado inteligentemente mis créditos universitarios de la escuela secundaria me hubieran dado el título. De manera que no soy un desertor típico.[1]

Pero también es cierto que una buena educación sin un entorno que fomente la innovación produce muchos taxistas de sorprendente cultura general, pero poca riqueza personal o nacional. Como quedó claro en los casos de Jobs, Gates, Zuckerberg y tantos otros, hacen falta otros elementos, además de una buena educación, para fomentar mentes creativas. Pero ¿cuáles son? La búsqueda de la respuesta a este interrogante me llevó a escribir este libro.

Antes de empezar mi investigación, me había encontrado con varias respuestas posibles. Una de ellas era que la excesiva interferencia del Estado ahoga la cultura creativa. Un mensaje de Twitter que recibí de un seguidor español horas después de que publiqué mi columna sobre Jobs, en octubre de 2011, lo explicaba así: "En España, Jobs no hubiera podido hacer nada, porque es ilegal iniciar una empresa en el garaje de tu casa, y nadie te hubiera dado un centavo". La implicación del mensaje era que la primera gran traba de nuestros países a la innovación es una excesiva regulación estatal y la falta de capital de riesgo para financiar los proyectos de nuestros talentos. Hay algo de cierto en eso, pero es una explicación insuficiente. Es cierto que Jobs hubiera tenido que ser muy paciente —y afortunado— para iniciar su empresa informática en España o en la mayoría de los países latinoamericanos. Un estudio del Banco Mundial muestra que mientras en Argentina hacen falta 14 trámites legales para abrir una empresa —aunque sea un taller mecánico casero en un garaje—, en Brasil 13 y en Venezuela 17, en Estados Unidos y en la mayoría de los países industrializados hacen falta sólo seis.[2] Sin embargo, el mismo estudio muestra que varios países, como México y Chile, han reducido considerablemente sus trabas burocráticas en los últimos años y en la actualidad exigen el mismo número de trámites que Estados Unidos para abrir una empresa. Si la burocracia estatal fuera la principal traba para la creatividad productiva, México y Chile ya deberían estar produciendo emprendedores globales de la talla de Jobs.

Otra explicación, del otro extremo del espectro político, es que hace falta más intervención estatal. Según esta teoría, nuestros países no están produciendo más innovadores porque nuestros gobiernos no invierten más en parques científicos e industriales. En años recientes, muchos presidentes latinoamericanos han inaugurado con gran pompa parques científicos y tecnológicos, que —según aseguran— convertirán a sus naciones en grandes centros de investigación a nivel mundial. Ya hay 22 de estos parques tecnológicos en Brasil, 21 en México, cinco en Argentina, cinco en Colombia, y varios otros en construcción en estos y otros países, todos creados bajo la premisa nacida en Estados Unidos y en Gran Bretaña desde los años cincuenta, de que la proximidad física de las empresas, las universidades y los gobiernos facilita la transferencia de conocimiento y la innovación. Pero, según los estudios más recientes, estos parques tecnológicos son proyectos inmobiliarios que —fuera del rédito político para los presidentes que los inauguran— producen pocos resultados en materia de innovación. Un informe reciente del Banco Interamericano de Desarrollo (BID) concluyó que "en América Latina las políticas de los parques científicos y tecnológicos están lejos de conseguir sus objetivos".[3]

Finalmente, la otra explicación más difundida acerca de por qué no han surgido líderes mundiales de la innovación de la talla de Jobs en nuestros países es de tipo cultural. Según esta teoría, la cultura hispánica tiene una larga tradición de verticalidad, obediencia y falta de tolerancia a lo diferente que limita la creatividad. Pero este determinismo cultural tampoco me convencía demasiado. Si la verticalidad y la obediencia fuera el problema, Corea del Sur —un pequeño país asiático que produce 10 veces más patentes de nuevas invenciones que todos los países de Latinoamérica y el Caribe juntos— tendría que producir mucho menos innovación que cualquier país hispanoparlante.

En mi columna del *Miami Herald* sobre Jobs, me incliné por otra teoría: el principal motivo por el que no ha surgido un Jobs en nuestros países es que tenemos una cultura social —y legal— que no tolera el fracaso. Los grandes creadores fracasan muchas veces antes de triunfar, escribí, y para eso hacen falta sociedades tolerantes con el fracaso. Jobs, que murió a los 56 años, cofundó Apple en el garaje de su casa a los 20 años de edad, pero fue despedido de la empresa 10 años después, cuando apenas tenía 30 años, luego de perder una lucha corporativa dentro de Apple. Su caída en desgracia salió en las portadas de los principales diarios de todo el mundo.

En muchos de nuestros países la carrera de Jobs hubiera terminado ahí. La reacción de la comunidad empresarial hubiera sido: "cayó en desgracia", "ya pasó su cuarto de hora", "está acabado" o simplemente "fue". Sin embargo, en Silicon Valley, tras su despido de Apple, Jobs inició un periodo que más tarde describió como el más creativo de su vida. Creó nuevas compañías y consiguió nuevos inversionistas para financiarlas. En la cultura de innovadores de Silicon Valley, donde el fracaso es una experiencia de trabajo que sufre la mayoría de los triunfadores, Jobs se levantó rápidamente. ¿Hubiera ocurrido lo mismo en España o en Latinoamérica? ¿Alguien que cayó en desgracia repetidamente en su carrera, como Jobs, podría haberse levantado y triunfado en nuestros países?

Después de escribir ese artículo, viajé a Palo Alto, en Silicon Valley, California, y a varios países para entrevistar a algunas de las mentes más creativas del planeta, para ver qué distingue a las personas creativas y a las culturas innovadoras. En otras palabras, cómo convertirnos en más creativos a nivel personal y nacional, y cómo convertir nuestras ideas en proyectos económicamente rentables, que nos ayuden a vivir mejor. En mis viajes y entrevistas encontré algunas respuestas sorprendentemente auspiciosas. Lejos de estar condenados al atraso podemos usar nuestro talento —y lo tenemos, como veremos más adelante— para impulsar y dar cauce a nuestra creatividad. La innovación se está democratizando, y cada vez está más cerca de nuestro alcance.

En las páginas que siguen intentaré compartir con ustedes lo que aprendí de mis reportajes sobre algunos de los innovadores más destacados del mundo.

1

El mundo que se viene

Estamos entrando en un periodo de transformación radical

Palo Alto, California. El primer lugar que visité cuando empecé a escribir este libro fue Silicon Valley, California, el indiscutido centro de la innovación a nivel mundial y la sede de Google, Apple, Facebook, eBay, Intel y miles de otras compañías de alta tecnología. Quería averiguar cuál era el secreto del éxito de Silicon Valley y qué pueden hacer otros países para emularlo. Tenía mil preguntas en la cabeza.

¿A qué se debe la impresionante concentración de empresas innovadoras globales en esa área del norte de California, en los alrededores de San Francisco? ¿Es que el gobierno de Estados Unidos ha designado esa área como polo de desarrollo tecnológico y proporciona a las empresas de tecnología enormes facilidades para que se establezcan allí? ¿Es que el estado de California les da exenciones fiscales? ¿O las compañías tecnológicas llegan a Silicon Valley atraídas por los contratos de la industria de defensa, o por la cercanía de la Universidad de Stanford, una de las mejores del mundo en investigación tecnológica y científica?

Mi primera escala después de rentar un auto en el aeropuerto de San Francisco fue Singularity University, uno de los principales centros de estudios sobre la innovación tecnológica. Tenía una cita allí con Vivek Wadhwa, vicepresidente de innovación e investigación de la universidad, profesor de las Universidades de Duke y Emory, y un gurú de la innovación que escribe regularmente en *The Wall Street*

Journal y en *The Washington Post*. Wadhwa me había sugerido que fuera esa semana para presenciar un seminario al que acudirían empresarios de todo el mundo para escuchar varias conferencias sobre las últimas novedades en materia de robótica, nanotecnología, exploración espacial, cibermedicina y otras disciplinas del futuro. Pero mi mayor interés era entrevistarlo a él. Wadhwa había estudiado el tema de la innovación como pocos y tenía una visión global que lo distinguía de muchos otros expertos estadounidenses.

Cuando llegué a Singularity University, tras manejar unos 45 minutos hacia el sur de San Francisco, lo primero que me llamó la atención fue lo poco impresionante que era su sede. Lejos de encontrarme con una torre de cristal, o con un edificio ultramoderno, la universidad —que no es una universidad típica, porque no da títulos de licenciatura o maestría sino cursos a empresarios y a emprendedores calificados— era un viejo edificio que alguna vez había sido una barraca militar. Estaba en el Parque de Investigación Ames de la NASA que fue construido en la década de los cuarenta y había pasado a la NASA en 1958, pero que ahora era rentado a empresas tecnológicas de todo tipo. Casi todos sus edificios eran barracas militares de dos pisos, pintados del mismo color. Y Singularity University era apenas una barraca más, con un cartelito en el césped que la identificaba como tal.

Wadhwa me recibió con la mayor cordialidad y me condujo a una salita de conferencias para poder hablar tranquilos. Era un hombre de mediana edad, que vestía una camisa blanca abierta al cuello, sin corbata, como casi todos los que lo rodeaban. Según me contó, nació en India y fue criado en Malasia, Australia y varios otros países donde su padre, un diplomático de carrera, había estado destinado. A los 23 años de edad, cuando su padre fue trasladado a las Naciones Unidas, Wadhwa se mudó a Nueva York, donde hizo una maestría en administración de empresas en la Universidad de Nueva York. Tras su graduación, empezó a trabajar como programador de computación y a juntarse con otros colegas para iniciar varias empresas, una de las cuales al cabo de unos años fue vendida en 118 millones de dólares. Algunas décadas después, tras sufrir un infarto que lo llevó a buscar una vida más tranquila, Wadhwa se dedicó de lleno a la enseñanza y a la investigación relacionada con la innovación.

EL SECRETO ES LA GENTE

Cuando le pregunté cuál es el secreto de Silicon Valley, me dio una respuesta de tres palabras que resultó muy diferente a la que me esperaba. "Es la gente —respondió—. El secreto de Silicon Valley no tiene nada que ver con el gobierno, ni con los incentivos económicos, ni con los parques tecnológicos, ni con los parques científicos, ni con nada de eso, que es una perdedera de dinero que no sirve para nada. El secreto es el tipo de gente que se concentra aquí."

Lo miré con cierta incredulidad, sin entender muy bien qué quería decir. ¿Cuál es la diferencia entre la gente de Silicon Valley y la de otras partes de Estados Unidos?, le pregunté. Wadhwa respondió que en Silicon Valley ocurre una peculiar aglomeración de mentes creativas de todo el mundo, que llegan atraídas por el ambiente de aceptación a la diversidad étnica, cultural y hasta sexual. Nada menos que 53% de los residentes de Silicon Valley son extranjeros y muchos de ellos son jóvenes ingenieros y científicos chinos, indios, mexicanos y de todas partes del mundo, que encuentran allí un ambiente propicio para desarrollar sus ideas, explicó Wadhwa. "La mentalidad de California, la apertura mental y el culto a lo 'diferente' tienen mucho que ver con el éxito de Silicon Valley —señaló—. Y la presencia de la Universidad de Stanford, y su excelencia en investigación y desarrollo, sin duda contribuyó a que tantas empresas tecnológicas vengan aquí."

"Pero el factor número uno es la gente —insistió Wadhwa—. Lo puedes ver por ti mismo: vete a caminar por Castro Street, la calle principal de Mountain View, y vas a ver con tus propios ojos lo que te estoy diciendo. Los cafés están llenos de jóvenes con sus laptops, metidos de lleno en sus proyectos de *start-ups*, consultándose de mesa en mesa sobre cómo solucionar problemas de *software* aunque no se conozcan entre sí. Todos estos jóvenes quieren ser el próximo Mark Zuckerberg", me dijo.

Terminada la entrevista, fuimos a Mountain View, la pequeña ciudad a cinco minutos en auto de Singularity University, para ver con nuestros propios ojos lo que Wadhwa estaba diciendo. En Castro Street, la calle principal, había restaurantes chinos, indios, vietnamitas y mexicanos, junto con clínicas de acupuntura, mercados de comida macrobiótica y una cantidad inusual de librerías. Era un fenómeno interesante: en momentos en que las principales cadenas de librerías en Estados Unidos estaban cerrando, víctimas de la crisis de las editoriales y de la aparición de los *e-books*, en Silicon Valley —la cuna de internet— proliferaban las tiendas de libros de papel. En una sola cuadra de Castro Street vi tres grandes tiendas de libros —Book Buyers, East and West, y Books Inc.— repletas de gente.

A pocos metros, en el café Olympus, casi todas las mesas estaban ocupadas por jóvenes de pelo largo, o colas de caballo, o rapados. Tal como me lo había advertido Wadhwa, estaban agachados sobre sus laptops, muchos de ellos con audífonos en los oídos, concentrados a más no poder en vaya a saber qué programa de *software* que estaban tratando de crear. Si alguno de ellos estaba entretenido con un juego en su pantalla, lo disimulaba muy bien, porque nadie tenía la mirada ociosa de quienes están matando el tiempo. Pero lo más notable era la mezcolanza racial: prácticamente no había una mesa en la que no se vieran juntos jóvenes americanos con chinos, indios, latinos o de otras partes del mundo. Y en la calle, casi todas las parejas eran mixtas: estadounidense con china, indio con mexicana, chino con india, etcétera. La diversidad étnica, cultural y sexual a la que se refería Wadhwa estaba a la vista por doquier, mucho más de lo que uno está acostumbrado a ver en ciudades multiculturales como Nueva York o Boston.

Mientras tomábamos un café en Castro Street, y yo trataba de digerir todo lo que me estaba diciendo Wadhwa, no pude dejar de pensar que lo que estaba viendo y escuchando era una buena noticia para muchos países que están tratando de tener sus propios Silicon Valleys: si el secreto de la innovación radica en el talento de la gente, más que en los recursos o incentivos económicos, muchos países latinoamericanos y europeos donde están floreciendo nichos de creatividad tienen una excelente oportunidad de estar entre los líderes de la innovación en el mundo del futuro.

EL POTENCIAL DE AMÉRICA LATINA

A diferencia de la creencia generalizada en círculos académicos y empresariales, hace algunos años, de que lo más importante para incentivar la innovación era ofrecer estímulos económicos, o reducir las trabas burocráticas, o tener un buen clima de negocios, Wadhwa me estaba diciendo que hoy en día lo más importante es contar con una masa crítica de mentes creativas respaldada por buenos sistemas educativos. Y, según me aseguraba, había visto un potencial enorme de talento creativo en Ciudad de México, São Paulo, Buenos Aires, Bogotá, Santiago de Chile y varias ciudades latinoamericanas, donde existen enclaves de artistas, inventores y emprendedores —lo que antes se llamaban "barrios bohemios"— que quizás sin saberlo tienen mucho en común con "la mentalidad de California".

Pero ¿pueden surgir empresas tecnológicas en países con legislaciones que hacen difícil cualquier emprendimiento? No hay duda de que un mal clima de negocios, burocracias infernales y la corrupción son grandes trabas. Es difícil crear una empresa innovadora en Venezuela, donde según los estudios del Banco Mundial de los que hablábamos en el prólogo hacen falta 17 trámites legales para registrar una nueva empresa, o en Argentina, donde se requieren 14, o en Brasil y Colombia, donde hacen falta 13, y que por lo general tardan varios meses en completarse.[1]

Y es difícil crear una empresa de alto riesgo comercial —como son casi todas las de alta tecnología— en naciones con leyes que no toleran el fracaso y condenan a los empresarios que deben cerrar o reestructurar alguna de sus empresas a muchos años de ostracismo y de ruina económica, como señalan esos mismos estudios del Banco Mundial. Sin embargo, la experiencia de Silicon Valley y las más recientes investigaciones de los estudiosos de la innovación muestran que las concentraciones de mentes creativas son de lejos el principal motor de la creatividad colectiva, y un factor aún más importante que el entorno económico.

LOS INNOVADORES QUIEREN VIVIR EN LUGARES VIBRANTES

Uno de los primeros en llamar la atención sobre este fenómeno fue el economista Richard Florida, de la Universidad de Toronto, quien comenzó a cambiar radicalmente las teorías de la innovación de la década pasada, según las cuales la condición principal para la innovación era tener un clima de negocios favorable. En su libro *El ascenso de la clase creativa*, Florida esgrimió la teoría de que en el futuro las empresas no atraerán a las mentes creativas, sino al revés. Las concentraciones de mentes creativas atraerán a las empresas. Tal como me lo explicó el propio Florida en varias entrevistas, ésta es una buena noticia para América Latina: la región tiene a su favor varias ciudades con un dinamismo muy particular, que actúan como un imán para mentes creativas y pueden convertirse en importantes centros de innovación.

"¿Qué es lo que genera la creatividad? Más que nada, es la presencia de otra gente creativa —dice Florida—. La idea de que la creatividad es algo relacionado con grandes genios individuales es un gran mito. La realidad es que la creatividad es un proceso social: nuestros más grandes avances vienen de la gente de la que aprendemos, de la gente con la que competimos, y de la gente con la que colaboramos. Y las ciudades son verdaderas fuentes de creatividad. Siempre fue así. La Atenas de los clásicos, la Florencia del Renacimiento, la Viena y el París de finales del siglo XIX, la Nueva York después de la Segunda Guerra Mundial, todas ellas experimentaron un increíble florecimiento de la genialidad en varios terrenos, en buena medida por su condición de ciudades. Gracias a la diversidad de su población, sus nutridas redes sociales, sus espacios públicos donde la gente podía reunirse espontáneamente e intercambiar ideas, pudieron generar nuevas ideas. Y con sus infraestructuras financieras, organizativas y comerciales, pudieron convertir esas ideas en realidad."[2]

Florida llegó a estas conclusiones cuando se encontraba viviendo en Boston como profesor visitante de Harvard en 1994. Estando allí, un día leyó un titular en el diario *The Boston Globe* que le intrigó como pocas otras cosas. La noticia decía que la empresa de internet Lycos había decidido mudarse de Pittsburgh a Boston. Florida, que hasta entonces había vivido en Pittsburgh como profesor de economía de la Universidad Carnegie Mellon, se quedó estupefacto. Lycos era el orgullo de la Universidad Carnegie Mellon: la empresa fue creada por profesores de Carnegie Mellon, se nutría de los graduados de Carnegie Mellon y recibió todo tipo de incentivos económicos de la ciudad de Pittsburgh. ¿Por qué motivo había decidido Lycos mudarse a Boston, una ciudad con un ambiente económico mucho más adverso, que no ofrecía incentivos fiscales, donde los impuestos y la mano de obra eran mucho más altos?

"La noticia me hizo dar cuenta de que todo lo que yo creía saber sobre la innovación estaba mal, y me hizo cambiar radicalmente mi forma de pensar", recuerda Florida.[3] El profesor se puso a investigar el tema. De regreso a Pittsburgh para dar una temporada de clases allí le preguntó a sus alumnos de la maestría en economía: ¿cuántos de ustedes piensan quedarse en Pittsburgh una vez que se gradúen? "No hubo un solo estudiante que levantara la mano —recuerda Florida—. Y cuando les pregunté adónde pensaban mudarse, las respuestas fueron todas iguales: 'Quiero vivir en algún lugar que tenga energía', o 'Quiero vivir en un lugar vibrante', o 'Quiero vivir en una ciudad que tenga onda'. Y me dije a mí mismo: 'Guau, acá hay algo que tengo que investigar'".[4]

El profesor comenzó a estudiar el movimiento de las empresas de punta y descubrió que el caso de Lycos no era una excepción: las empresas estaban migrando hacia lugares con mentes creativas. "Lycos se había mudado a Boston por un solo motivo: para tener acceso a una fuente permanente de gente innovadora, no sólo para el lado tecnológico de la empresa, sino para sus operaciones de *marketing*, desarrollo de negocios y todo tipo de funciones. Y esa gente estaba en Boston", afirma Florida.[5]

¿Y dónde se congrega la gente creativa?, se preguntó Florida acto seguido. La respuesta que encontró es que no siempre las mentes innovadoras se congregan alrededor de las mejores universidades ni de las grandes empresas. Tras estudiar el caso de Silicon Valley, concluyó que los innovadores tienden a juntarse en lugares que les permiten trabajar "fuera de las reglas de las corporaciones tradicionales, fuera de la burocracia, allí donde pueden controlar los medios de producción y donde les ofrecen capital de riesgo que sea capital, y no deuda".[6] Y, según me comentó en una entrevista, en los años siguientes encontró varios lugares muy prometedores en Latinoamérica.

EN ARGENTINA, BRASIL O MÉXICO
PUEDE HABER UN SILICON VALLEY

Florida me dijo que es mucho más optimista que muchos de sus colegas sobre la posibilidad de que florezca la innovación en Latinoamérica. Aunque las universidades de Buenos Aires, Ciudad de México o São Paulo no figuran entre las mejores del mundo, ni sus países tienen el mejor ambiente para hacer negocios, tienen ciudades vibrantes llenas de gente creativa. Tras estudiar como pocos la geografía de la innovación, Florida dijo: "Llegué a la conclusión un tanto controversial de que los lugares más propicios para la innovación son aquellos donde florecen las artes, las nuevas expresiones musicales, donde hay una gran población gay, donde hay buena cocina, además de universidades que pueden transformar la creatividad en innovación".

Florida se dedicó, durante años, a estudiar la innovación en el mundo de la música —es un fanático del rock— y descubrió varias enseñanzas que se pueden aplicar a las ciencias y a la tecnología. "Lo interesante de nuestros estudios acerca de la música es que encontramos que los ecosistemas que permiten la innovación son los que propician una constante combinación y recombinación de la gente. Las bandas de rock se juntan, se separan y se recombinan constantemente. Jack White, el músico creador de White Stripes, lo dijo mejor que nadie cuando definió el éxito como el resultado de un proceso constante de combinación y recombinación. Tú fracasas, y buscas una nueva combinación. El éxito es la habilidad de encontrar un nuevo miembro de tu equipo que te ayude a llegar adonde quieres", dijo Florida.

La conclusión final de sus estudios es que los lugares donde florece la innovación por lo general glorifican el talento, más que el dinero. Y ésa es una buena noticia para Latinoamérica, porque es una característica de muchas de sus ciudades, agregó Florida. "Steve Jobs era reverenciado en Silicon Valley no porque fuera rico sino porque era bueno en lo que hacía —señaló Florida—. Eso suele ser una característica de los lugares que generan innovación. En Nueva York, por ejemplo, no vas a encontrar innovación en el distrito bancario de Wall Street, sino en el vecindario de los artistas de Chelsea. Lo mismo ocurre en casi todos los centros de innovación. En Latinoamérica, en especial en Brasil, México y Argentina, veo un ecosistema muy creativo, especialmente en la música y en las artes, y veo también esa característica de reverenciar a los talentosos, más que a los ricos", señaló.

EL MUNDO DEL FUTURO

Si varios países latinoamericanos ya tienen grandes reservas de mentes creativas, que son la condición esencial para las sociedades innovadoras, su gran desafío será mejorar la calidad y la inserción en el mundo de sus sistemas educativos, y crear sistemas legales mucho más tolerantes con el fracaso empresarial. El riesgo de no hacer nada será enorme y condenará a la región al atraso permanente, porque en los próximos años se producirá una extraordinaria aceleración de los avances científicos y tecnológicos que separarán aún más a los países de avanzada de los periféricos.

Según coincide la mayoría de los científicos, en la próxima década veremos inventos tecnológicos más revolucionarios que todos los que ha producido la humanidad desde la invención de la rueda alrededor del año 3500 a.C. El motivo es que la ciencia y la tecnología están creciendo de forma exponencial: cada vez más rápido. Hoy en día, un indígena en el sur de México o en el altiplano de Bolivia con iPhone tiene acceso a más conocimiento del que tenía el presidente de Estados Unidos, o la NASA, hace dos décadas. Y eso es sólo un anticipo de lo que se viene. Según la así llamada Ley de Moore —basada en un artículo de Gordon Moore, el cofundador de Intel, en 1965—, la capacidad de las computadoras se duplica aproximadamente cada dos años. Y lo mismo ocurre con casi todas las tecnologías actuales.

Miles de empresas de Silicon Valley —muchas de ellas lideradas por emprendedores veinteañeros, como Gates, Jobs y Zuckerberg en su momento— están lanzando al mercado innovaciones asombrosas, que cambiarán nuestras vidas tanto o más que la llegada de internet hace algunas décadas. Durante mi visita a Singularity University y a varias empresas de Silicon Valley tuve la oportunidad de ver algunas de las principales innovaciones que se vienen en los próximos años, y me quedé más boquiabierto de lo que esperaba.

Me mostraron, entre otras cosas, impresoras 3D que permitirán la manufactura casera e individualizada de casi cualquier objeto y que amenazarán con aniquilar la producción industrial en todo el mundo; robots como los que hasta ahora sólo veíamos en las películas de ciencia ficción, que se convertirán en nuestros asistentes, guardaespaldas, compañeros o servidores sexuales; automóviles sin conductor que remplazarán paulatinamente a los actuales y permitirán que podamos trabajar, leer o dormir mientras el automóvil nos lleva a nuestro destino, así como anteojos-computadoras, como el Google-glass, que nos permitirán mirar un jardín, por ejemplo, y ver en el cristal de nuestras gafas el nombre de cada planta, o mirar nuestro plato de comida y ver cuántas calorías tiene cada alimento, o entrar a una fiesta y ver el nombre de cada persona a la que saludamos. Todos estos inventos ya existen y algunos de ellos se vienen desarrollando desde hace varios años. Pero ya se están superando los problemas de costos y las barreras legales que impedían su venta masiva, algo que —al igual que ocurrió con las computadoras— pasará cada vez más rápido y dará lugar a cada vez más nuevas industrias.

LAS IMPRESORAS 3D QUE FABRICAN ZAPATOS

A las impresoras, que hasta hace poco imprimían sólo en papel, se suman ahora las impresoras 3D, que pueden reproducir zapatos, ropa, partes de automóviles, vajilla de cocina, joyas, juguetes, órganos del cuerpo y alimentos. Y esto, según me explicaron los líderes de la industria, traerá consigo una nueva Revolución Industrial que transformará la industria de la manufactura como la conocemos, permitiendo que cada uno de nosotros pueda producir lo que quiera —a nuestra medida— en nuestras propias casas. Una buena parte de la producción masiva será sustituida por la producción individualizada.

Las impresoras 3D saltaron a la fama en 2013, cuando el presidente Barack Obama se refirió a ellas en su Discurso del Estado de la Unión al Congreso —el discurso presidencial más importante del año en Estados Unidos— como un invento "que tiene el potencial de revolucionar la manera en que producimos prácticamente todo".[7] Aunque varios inventores estadounidenses habían estado experimentando —y algunos produciendo— impresoras 3D desde la década de los ochenta del siglo XX, Obama se refirió al Instituto de Innovación Aditiva Manufacturera que opera en un viejo galpón de Youngstown, Ohio, y que está colaborando con varias empresas para convertir a las impresoras 3D en aparatos de uso cotidiano, como las computadoras personales.

Actualmente, las impresoras 3D son utilizadas principalmente por arquitectos, ingenieros y diseñadores para elaborar maquetas de sus proyectos. Mientras que antes un arquitecto que estaba proyectando un edificio tenía que mandar a hacer una maqueta en alguna fábrica especializada —un proceso que costaba miles de dólares y que podía tardar varias semanas— hoy en día puede hacer esa maqueta en una impresora 3D en media hora, por menos de 10 dólares. Y si al arquitecto no le gusta como salió, la puede hacer nuevamente con los cambios que quiera.

Estas impresoras 3D también se están utilizando para la fabricación instantánea de objetos que uno necesita al instante. Si uno pierde un botón, o se le rompe la perilla del horno, o una pieza del automóvil, o la dentadura de la abuela, o quiere producir la parte de una máquina cuya producción ha sido discontinuada, puede producir estos objetos de inmediato con su impresora 3D casera. Basta tomarle una foto con el celular al objeto que quiera replicar, enviarlo por *e-mail* a la computadora, especificar en la pantalla las medidas y el material deseados, apretar la tecla "imprimir" y obtener el objeto deseado.

Vi funcionar estos aparatos por primera vez durante un programa de CNN que hicimos sobre las impresoras 3D, cuando un distribuidor trajo una al estudio y explicó cómo funcionaba. Su máquina no era más grande que una computadora de escritorio y parecía un híbrido entre una máquina de coser y el torno de un dentista, o una pistola de rayos láser. En el centro de la máquina había un espacio abierto y una aguja que disparaba hacia abajo un material plástico, capa tras capa, hasta formar el objeto deseado. No puedo decir que me quedé boquiabierto, pero sentí que estaba viendo una versión rudimentaria y en cámara lenta de una máquina que pronto será tan esencial como las computadoras personales, o como los teléfonos inteligentes.

En una visita a la sede de Autodesk —la gigantesca empresa de diseño automotriz y arquitectónico— en San Francisco, me mostraron una motocicleta fabricada en su totalidad con piezas de plástico hechas con una impresora 3D. El motor de la motocicleta era una réplica de plástico, pero sólo es cuestión de tiempo para que uno pueda fabricar las piezas en casa e incorporar un motor verdadero, según me explicaron allí. Gonzalo Martínez, director de investigaciones de Autodesk, afirma que ya existen 75 materiales que pueden ser utilizados por las impresoras 3D y que varias empresas están trabajando en nuevos "multimateriales" —combinaciones de plásticos con otros materiales— que cambiarán por completo la ingeniería.

"La NASA está colocando impresoras 3D en naves espaciales, de manera que cuando se rompa algo podamos reimprimirlo en el espacio. En lugar de llamar a Tierra y decir: 'Houston, tenemos un problema', diremos: 'Houston, envíenos un diseño en 3D y lo imprimiremos aquí' ", dijo Martínez.[8] "Lo mismo haremos nosotros en nuestros hogares cuando se nos rompa una pieza del refrigerador, o del auto, o de cualquier otro objeto", señaló Martínez.

Y la producción de casi todo lo que consumimos será cada vez menos masificada y más individualizada. MakerBot, una de las empresas que está vendiendo impresoras 3D al público, y que en 2013 abrió su primera tienda en Nueva York, vende impresoras 3D caseras de bajo costo llamadas Replicator con las cuales se pueden fabricar anteojos del tamaño, la forma y el color que uno quiera, según nuestro estado de ánimo ese día.

Cuando fui a visitar la tienda de MakerBot en el barrio neoyorquino de Soho, ya estaban vendiendo relojes y joyas producidas en 3D, y los turistas japoneses, alemanes y de varios otros países que llegaban en autobuses desde todos lados para ver la nueva tienda, se podían llevar un busto de su cabeza en 3D. En lo que quizás se convierta en el futuro de la fotografía, los vendedores de MakerBot ponen a los visitantes frente a una cámara de computadora, le escanean el rostro y, *voilà*, al rato imprimen la réplica de su cabeza, que los turistas se llevan a casa como un anticipo del mundo del futuro. Yo no pude resistir la tentación de ver mi imagen en 3D, me sometí al escaneo, y al poco rato recibí un pequeño busto que —según me dicen— es sorprendentemente parecido a mí.

Muchos vaticinan que las impresoras 3D eclipsarán la producción manufacturera en serie, como la conocemos desde que Henry Ford empezó a producir automóviles en cadena. Los países avanzados exportarán cada vez menos productos y cada vez más planos y diseños de productos. El nuevo mantra de las industrias manufactureras será "vender el diseño, y no el producto". O sea, vamos a comprar los diseños de nuestra ropa, nuestros muebles y hasta nuestros alimentos por internet, hacerles los cambios que queramos y —si no tenemos una impresora casera capaz de fabricarlos— los ordenaremos en una tienda de 3D en el centro comercial más cercano a nuestro hogar, donde pasaremos a recogerlos en cuestión de minutos.

La industria manufacturera va a tener que reinventarse. Las impresoras 3D, al tener la capacidad de fabricar nuestros productos a nuestro gusto, en nuestra computadora, en nuestra casa, obligarán a las empresas manufactureras a inventar nuevos productos, o perecerán en el camino. La consigna de las empresas, y de los países, será: "Crear o morir".

LOS DRONES QUE REPARTEN PIZZA

Los aviones no tripulados —o drones— que Estados Unidos ha utilizado en Iraq y Afganistán para atacar a terroristas de Al Qaeda revolucionarán la industria del transporte. Los drones comerciales ya están comenzando a ser usados para la vigilancia policial, el monitoreo de ganado en los campos y el rescate de personas que se están ahogando en el mar. Muy pronto serán utilizados también para repartir pizza a domicilio, o entregar paquetes de Fedex. La Administración Federal de Aviación de Estados Unidos (FAA) tenía planeado abrir todo el espacio aéreo de Estados Unidos para el uso de drones a finales de 2015, y tener más de 10 000 drones civiles circulando por los cielos del país en 2018. Los drones con fines comerciales deberán volar a menos de 100 metros de altura y mantenerse a cinco kilómetros de distancia de los aeropuertos, afirman funcionarios de la FAA.

"Casi todas las cosas que se pueden hacer hoy en día con aviones van a poder ser hechas con vehículos aéreos no tripulados en el futuro", señala Andrew R. Lacher, investigador de la Mitre Corporation, una organización que asesora al gobierno de Estados Unidos en materia de drones.[9] Algunos, como Benjamin M. Trapnell, profesor de la Universidad de Dakota del Norte, pronostican que los aviones no tripulados incluso remplazarán a los aviones tripulados para vuelos comerciales. Ya se están realizando experimentos en Gran Bretaña con vuelos regionales operados a control remoto, aunque llevan un capitán a bordo, "por las dudas", y por el momento no llevan pasajeros. Sin embargo, las aerolíneas pronto comenzarán a remplazar a sus dos pilotos en cada cabina por un piloto en tierra y otro en la cabina, y posteriormente por ambos pilotos en tierra. Será una transición parecida a la que ocurrió cuando los elevadores dejaron de ser operados por un ser humano, afirma Trapnell.[10]

Jordi Muñoz, el joven mexicano de 26 años que preside 3DRobotics y se ha convertido en uno de los principales empresarios de drones comerciales a nivel mundial —contaremos su asombrosa historia personal más adelante— afirma que los primeros en usar los drones comerciales cotidianamente serán los agricultores, la policía, los bomberos y los servicios de guardacostas, por ejemplo, para enviar un salvavidas a una persona que se está ahogando en el mar. En la industria de la agricultura, hoy en día, los agricultores no tienen la menor idea de qué está pasando en sus campos y eso los puede llevar a irrigar en exceso o poner demasiado pesticida o muy poco. Los drones están solucionando ese problema. La empresa de Jordi Muñoz ya vende drones por 500 dólares, que operan con un GPS y monitorean los campos para medir los niveles de agua del suelo y los pesticidas. Comparativamente, los agricultores pagan unos 1 000 dólares por hora por vuelos tripulados que cumplen las mismas funciones.

Pero eso apenas es el comienzo. Estudiantes de la Freie Universitaet de Berlín, en Alemania, ya crearon un helicóptero no tripulado para entregar pizza a domicilio. Los creadores del dron repartidor de pizza lo llamaron *Leonardo* y colocaron en YouTube un video que muestra el trayecto del helicóptero no tripulado volando desde la pizzería hasta la universidad, donde el profesor y los estudiantes lo estaban esperando sentados en una mesa al aire libre. El video termina con el profesor —el investigador mexicano Raúl Rojas González— y los estudiantes celebrando la llegada del vehículo no tripulado y disponiéndose a comer su pizza aerotransportada.

Cuando vi el video por primera vez, me pareció un divertimento. Pero Rojas González, que enseña inteligencia artificial en esa universidad alemana, me comentó que la tecnología para repartir pizzas, medicamentos o cualquier otro producto liviano ya existe y se está usando. Lo único que falta para que veamos estos drones a diario es resolver los problemas legales, como quién será responsable si se cae un dron en una ciudad, señaló. Varias empresas ya están perfeccionando el sistema para entregar las pizzas en las azoteas de los edificios, y Federal Express, UPS, entre otras empresas de envíos a domicilio, ya están contemplando el sistema y esperando la luz verde de las autoridades para entrar en acción.

Cuando realicé un programa en CNN sobre los drones comerciales, invité a Jordi Muñoz, el joven presidente de 3DRobotics, y le pregunté si el transporte de pizzas por drones no va a ser demasiado caro como para ser comercialmente viable. ¿Acaso no va a salir más barato hacernos traer la pizza con una limusina, que con un vehículo volador no tripulado?, le pregunté. Muñoz sonrió y respondió: "Para nada, porque los drones ahora utilizan baterías que son completamente recargables, por lo cual no requieren combustible. Y, además, no hay que pagar el salario del chofer, o piloto. Un dron es un aparato muy sencillo que utiliza partes muy simples y con su batería puede volar unos 30 o 40 kilómetros, dejar la pizza y regresar". Y agregó que apenas entren en vigencia las leyes que permitirán el uso comercial masivo de los drones, "sus aplicaciones serán infinitas".[11]

LOS AUTOS SIN CONDUCTOR

Si no hubiera visto el auto sin conductor de Google con mis propios ojos, no lo hubiera creído. Pero una demostración del auto —un Toyota Prius con una pequeña torre de control en su techo con tecnología de Google— que vi en Silicon Valley me convenció de que es muy posible que en la próxima década veamos cada vez más este tipo de autos en las calles de nuestras ciudades. Actualmente, algunos modelos de Mercedes Benz, Audi y Cadillac ya poseen sistemas de piloto automático que les permiten frenar y acelerar de manera autónoma en medio del tráfico, y hasta estacionarse por sí solos; pero todos estos autos todavía requieren que el conductor esté atento y preparado para intervenir en cualquier maniobra. En cambio, el auto sin conductor de Google, y otros que están siendo desarrollados en todo el mundo con sensores que miden la distancia con los autos más cercanos, funciona sin necesidad de que el conductor esté prestando atención. Como lo vi en la demostración a pocas cuadras de la sede de Google, el conductor ya no conduce: puede dormir, o trabajar, o dar vuelta a su asiento para conversar con otros pasajeros como si estuvieran en un tren.

Brad Templeton, miembro del equipo que está desarrollando el auto sin conductor de Google, me explicó que el principal motivo por el que este vehículo se impondrá es que es mucho más seguro. Hoy en día, los accidentes automovilísticos en Estados Unidos causan 34 000 muertes y 240 000 heridos por año, y a nivel mundial la Organización Mundial de la Salud (OMS) estima que causan 1.2 millones de muertos y 50 millones de heridos anualmente. En la mayoría de los casos, los accidentes de automóvil son causados por conductores que beben de más, se duermen al volante, o se distraen escribiendo mensajes de texto en sus celulares, dice la OMS. "Los robots por lo general no beben —bromeó Templeton—. Y no se duermen al volante. Los autos sin conductor son muchísimo más seguros que los que usamos hoy en día".[12]

Según Google, los autos sin conductor reducirán el número de muertes por accidentes automovilísticos en 90%, y disminuirán enormemente el número de vehículos en las calles, además de producir grandes ahorros en gasolina. Asimismo, permitirán un uso más eficiente del automóvil, porque podrán ser compartidos por varios pasajeros y ayudarán a descongestionar las ciudades. Podrán dejar a varias personas en sus respectivos lugares el trabajo y estacionarse en un lugar alejado, quizás fuera de la ciudad, para regresar a buscarlos al final del día. Las ciudades podrán usar los espacios que actualmente son empleados para estacionar automóviles y convertirlos en parques o áreas verdes. "El auto nos va a dejar en nuestro trabajo a las nueve de la mañana y nos recogerá a las seis de la tarde. Mientras tanto, podremos pedirle que vaya a la tintorería a buscar la ropa, o a recoger a los niños de la escuela, o que se estacione en algún lugar fuera de la ciudad", asegura Templeton.

Los ingenieros que desarrollan el auto de Google agregan que sólo en Estados Unidos se ahorrarán nada menos que 400 000 millones de dólares anuales en gastos relacionados con accidentes automovilísticos, sin contar con los ahorros en horas de trabajo que la gente pierde manejando todos los días.[13] Según un estudio citado por la revista *Forbes*, los congestionamientos de tráfico —muchas veces por accidentes— resultan en pérdidas de 4 800 millones de horas de trabajo y 1 900 millones de galones de gasolina por año en Estados Unidos.[14] Muy pronto podremos trabajar, o leer, o descansar, mientras el auto nos conduce a nuestro destino. Y varios estados como Nevada, Florida, Texas y California, anticipando los ahorros de todo tipo que podrían traer consigo, ya han aprobado legislaciones para autorizar los autos sin conductor en sus carreteras.

Claro que no todo será tan sencillo como lo pintan los ingenieros de Google. A mediados de 2011 se reportó el primer accidente de un auto de prueba sin conductor de Google cerca de la sede de Google, en Mountain View, California. La empresa dijo que el auto estaba siendo conducido por una persona en el momento del accidente, pero otro accidente pocos meses después —cuando otro auto de prueba de Google fue chocado por atrás cuando se detuvo ante una señal de alto— generó nuevas dudas sobre la seguridad del auto sin conductor. Sin embargo, en marzo de 2012 Google colocó un video en YouTube en el que mostró a un hombre ciego llegando con su bastón a su auto de Google, sentándose en el asiento del conductor, y paseándose alegremente por la ciudad, parando en un restaurante de comida rápida y en una lavandería, mientras el auto se conducía solo. Poco después, Google anunció que sus autos sin conductor experimentales —alrededor de una docena— ya habían recorrido unos 500 000 kilómetros sin sufrir accidente alguno. Y la demostración que vi en Palo Alto parecía garantizar que el auto funciona.

Los escépticos argumentan que hay otros factores que podrían retrasar la proliferación de estos autos sin conductor, como su alto costo y los problemas legales que se presentarán cuando haya un accidente y —al no haber conductor— las víctimas entablen juicios contra las empresas automotrices. Sin embargo, la mayoría de los expertos considera que el precio de los autos sin conductor caerá vertiginosamente, como ocurrió con las computadoras, y que los posibles juicios a las empresas automotrices no serán un problema, porque se encontrarán fórmulas legales mediante las cuales los dueños de los automóviles asumirán parte de la responsabilidad por el comportamiento de sus vehículos. Muy pronto, quizás en los próximos 10 años, el auto sin conductor cambiará la fisionomía de las grandes ciudades, permitiendo darle otros usos a los actuales parques de estacionamiento, y quizás ayuden a resolver en gran medida el problema del tráfico.

LOS MATERIALES AUTOSANEABLES

Junto con las impresoras 3D y los "multimateriales" que se están produciendo para alimentarlas, pronto saldrán al mercado "materiales autosaneables". O sea, materiales que se repararán a sí mismos y que por lo tanto podrán extender la vida útil de muchos productos, reduciendo la necesidad de remplazarlos o mandarlos a arreglar.

¿Se acuerdan de las películas *Terminator*, con Arnold Schwarzenegger, en las que la piel sintética de los robots se derretía tras sufrir un cañonazo del enemigo, pero se reconstruía de inmediato? Un grupo de investigadores liderados por Zhenan Bao, de la Universidad de Stanford, ha creado un material flexible, conductor de electricidad y sensible a la presión, basado en polímeros, que puede ser desarrollado para uso en armazones de robots o prótesis humanas, como piernas artificiales. Otras versiones más elementales de materiales autosaneables ya están saliendo al mercado, como capas de materiales anticorrosivos que se regeneran cuando sufren daños.

Según Joe Giuliani, de Autonomic Materials, una empresa que está trabajando en capas de materiales anticorrosivos autosaneables inventados por la Universidad de Illinois, sus productos ya están siendo usados en la industria naviera, sobre todo en barcos, muelles y plataformas petroleras. La capa anticorrosiva contiene dos microcápsulas, una de las cuales contiene un componente autosaneable, y la otra un catalizador. Cuando la capa anticorrosiva se daña, las microcápsulas se rompen y sus contenidos entran en contacto, reparando los daños.

Esta tecnología permite prolongar la vida útil de las plataformas marinas y submarinas, por ejemplo, y se está empezando a usar en lugares remotos, donde la manutención es difícil o enormemente costosa.[15]

¿Estaremos muy lejos de tener automóviles con pinturas que se autoreparen tras un rayón, o con chapas que vuelvan a su estado anterior tras un choque? Todo indica que ese día no está muy lejano. Por el contrario, varias empresas pronostican que pronto producirán vidrios autorreparables, que serán utilizados en la industria militar y automotriz. Estos nuevos vidrios contendrán un líquido que se infiltrará de inmediato en las grietas del parabrisas tras sufrir un impacto, y permitirán que el conductor no pierda la visibilidad tras un choque y pueda salir de una situación de peligro. La misma tecnología podría ser usada para nuestros teléfonos celulares y para varios otros productos. De ahí a los robots con cubiertas autosaneables, como los *cyborgs* de la película *Terminator*, hay sólo un paso, dicen los expertos.[16]

INTERNET DE LAS COSAS

Casi todos los objetos que nos rodean —desde los aparatos de cocina hasta la ropa— muy pronto tendrán microchips y estarán conectados entre sí a través de un nuevo ecosistema que se ha dado en llamar "internet de las cosas". De la misma manera en que internet conecta a las personas, este nuevo ecosistema conectará a las cosas entre ellas, para que, por ejemplo, la heladera cuyo filtro de agua esté vencido, le pueda ordenar directamente a la computadora de la fábrica de filtros un repuesto, sin la participación de un ser humano. Starbucks, la red de cafeterías, ya está planeando conectar sus heladeras al nuevo ecosistema para que las máquinas puedan ordenar directamente nuevas bebidas cuando se están quedando vacías. El próximo paso será que nuestras heladeras se den cuenta cuando se nos está acabando la leche, o los vegetales, y nos avisen, o hagan el pedido directamente al supermercado.

Los miles de millones de sensores que se pondrán en todas las cosas se convertirán en una industria de nueve trillones de dólares en 2020, cuando habrá más de 212 000 millones de objetos conectados al nuevo ecosistema, según la empresa de investigaciones tecnológicas International Data Corporation. Algunos de los impactos del "internet de las cosas" serán indiscutiblemente positivos: vamos a tener sensores en la ropa que permitirán, por ejemplo, que los ancianos que se desmayen ya no deban depender de que alguien llame a la ambulancia, porque sus propias vestimentas llamarán al servicio de emergencias.

También es probable que haya menos choques de aviones, porque cada una de las piezas de estos vehículos va a tener un microchip que avisará a una computadora central cuando esté al final de su vida útil para que puedan ser reparadas antes de que se dañen. Y los ahorros de energía y agua serán enormes, porque los microchips regularán el uso de luz y todos los artefactos del hogar, y avisarán —como ya se está haciendo en varias ciudades del mundo, como Barcelona— cuando hay una filtración de agua en una tubería.

En la Feria de Artículos Electrónicos de Las Vegas de 2014 se presentaron los primeros cepillos de dientes, raquetas de tenis y camas inteligentes. Los cepillos dentales inteligentes tienen sensores que registran la frecuencia y la forma con que nos limpiamos la dentadura, y luego envían los datos a nuestros teléfonos celulares con instrucciones sobre cómo mejorar nuestros hábitos de higiene dental. Las raquetas de tenis con sensores, a su vez, registran la forma en que agarramos la raqueta y cómo le pegamos a la pelota, y luego envían la información a nuestro celular con un video didáctico sobre qué errores estamos cometiendo y cómo mejorar nuestros tiros. ¿Qué pasará con los profesores de tenis?, nos preguntamos muchos. Las camas inteligentes tendrán sensores que registrarán nuestra respiración, nuestros movimientos, y cuántas veces nos despertamos cuando dormimos, y nos enviarán un *e-mail* con sugerencias sobre cómo dormir mejor.

Pero otros posibles impactos del "internet de las cosas" serán más preocupantes. Varias empresas farmacéuticas están proyectando poner microchips en las tapas de sus frascos de remedios para que el frasco le avise a la oficina del médico si el paciente no está tomando su medicina cuando la tapa no ha sido abierta en varios días. Podríamos terminar siendo vigilados por los objetos que nos rodean. Y también existe el peligro de que las cosas no funcionen como deberían. Podríamos llegar a recibir una avalancha de llamadas equivocadas de la heladera de un desconocido, para avisar que se ha quedado sin leche. Aún peor, en un mundo en el que llevaremos sensores en el cuerpo, y en nuestra ropa, el terrorismo cibernético podría ser más peligroso que nunca. ¿Qué pasará cuando un *hacker* se infiltre en la computadora del médico que regula los marcapasos de sus pacientes? ¿O cuando algún *hacker* quiera divertirse cambiando las instrucciones a nuestra ropa inteligente, para que nos den más calor o más frío de lo que estaban programadas? Las consecuencias pueden ser escalofriantes. Pero, al igual que lo que ha pasado con internet hasta ahora, lo más probable es que estos peligros no logren frenar el avance de los objetos conectados al "internet de las cosas".

BIG DATA: EL ORO DEL SIGLO XXI

La información será, más que nunca, una fuente de poder y dinero en el siglo XXI, porque con la expansión de internet, las redes sociales y el "internet de las cosas", habrá más datos que nunca en el ciberespacio sobre cada uno de nosotros, y sobre qué cosas compramos, qué nos gusta leer, qué películas vemos, qué comemos, qué tipo de ropa nos gusta, adónde viajamos, quiénes son nuestros amigos, cuál es nuestra posición política y cuáles son nuestras preferencias sexuales.

Cada vez que compramos algo por internet o con nuestra tarjeta de crédito, o cuando escribimos algo en Twitter o en Facebook, o ponemos una dirección en un GPS, estamos dejando una huella con nuestros datos en el ciberespacio, y la posesión y el procesamiento de estos datos —el *big data*— tendrán un enorme valor para quienes quieran vendernos cualquier cosa, desde un auto hasta un partido político.

Tal como lo señaló un estudio del Foro Económico Mundial, el crecimiento del volumen de datos y su procesamiento producirá un *boom* parecido al de la fiebre del oro en San Francisco en el siglo xix, o al *boom* petrolero de Texas en el siglo xx. Los datos se han convertido en el nuevo equivalente del oro o del petróleo. Y los países mejor preparados para acumular, procesar y analizar estos datos —estableciendo no sólo nuestros hábitos de consumo actuales, sino proyectando cuáles serán nuestras preferencias futuras— serán los más prósperos.

La buena noticia es que el *big data* permitirá detectar epidemias antes de tiempo —por ejemplo, alertando a los gobiernos cuando hay más gente de lo normal realizando búsquedas por internet sobre síntomas de la gripe, o comprando una determinada medicina— o hacer más soportable el tránsito en las grandes ciudades, al descubrir patrones de tráfico con sensores en las calles que permitan sincronizar mejor los semáforos, según la cantidad de gente que transite por cada intersección. "Vamos a poder colectar, medir y analizar más información que nunca sobre todos nosotros y todas las cosas, para poder tomar mejores decisiones a nivel individual y colectivo", afirma el estudio del Foro Económico Mundial.[17] La mala noticia, por supuesto, es que la proliferación de información en el ciberespacio podría prestarse a un espionaje gubernamental más intrusivo del que pensábamos, como el que se reveló sobre la Agencia Nacional de Seguridad de Estados Unidos, y en una pérdida generalizada de nuestra privacidad.

RELOJES QUE TOMAN EL PULSO CARDIACO

La medicina como la conocemos, en la que el médico nos diagnostica una enfermedad, nos receta una medicina con base en sus estudios y su experiencia, pronto pasará a la historia. La nueva medicina será digitalizada y personalizada, y los médicos de carne y hueso tendrán un papel de supervisores de los programas de computación automatizados que nos harán los diagnósticos y prescribirán los medicamentos que más se adecuen a nuestro ADN.

Cientos de empresas están sacando al mercado sensores que ya están a la venta para ser usados en forma de relojes, o pulseras, y que constantemente leen el pulso y transmiten información sobre nuestro ritmo cardiaco a un banco de datos que da una señal de alarma ante cualquier anormalidad. Y la información de los nuevos sensores no sólo servirá para alertarnos sobre posibles emergencias, sino que también nos permitirá —gracias a la inteligencia artificial— obtener mejores diagnósticos y curas mucho más eficientes de las que actualmente nos pueden ofrecer los médicos tradicionales. En lugar de que un médico nos recete una medicina basado en su experiencia con sus pacientes, poderosas bases de datos acumuladas en la Cloud —la computación en la nube, que permite almacenar una cantidad casi infinita de información y procesarla de manera personalizada para cada uno de nosotros— nos prescribirán la medicina que mejor ha funcionado en casos como el nuestro con base en resultados estadísticos de millones de personas que fueron tratadas antes por la misma dolencia.

"Mientras que la medicina del pasado era episódica y reactiva, la medicina del futuro será continua y proactiva", me explicó Daniel Kraft, un médico, inventor y emprendedor de nuevas tecnologías de uso médico de la Universidad de Stanford, en Silicon Valley. "Antes íbamos al médico cuando nos dolía algo y él nos prescribía algo para curar esa dolencia. Ahora podemos monitorear nuestra salud constantemente gracias a sensores que llevamos puestos en el reloj, o en nuestro teléfono celular, o en la ropa, y podemos actuar antes de que nos duela algo. Hoy mismo, yo estoy revisando mi salud todo el día, ya que veo mis datos vitales en la pantalla de mi teléfono cada vez que reviso mis *e-mails*".[18]

Kraft me mostró su reloj con sensores, que le lee el pulso y alerta a su médico de cabecera sobre cualquier problema. Ya hay docenas de compañías que venden estos relojes por menos de 45 dólares en internet, señaló. Acto seguido, sacó del bolsillo su iPhone y me pidió que pusiera mis dedos durante unos segundos sobre una delgada franja de metal en la parte de atrás de la cubierta del teléfono, que había comprado en internet a una empresa llamada AliveCor. Inmediatamente,

Kraft me envió por *e-mail* los resultados del examen del pulso cardíaco que me acababa de hacer desde su celular.

Luego me mostró un medidor de presión arterial, de una empresa llamada Withings, una banda de goma que se conecta al teléfono inteligente. Inmediatamente, el teléfono envía los datos por *e-mail* a uno mismo, o al médico que uno quiera, o a un archivo del banco de datos que conserva nuestra historia médica. El medidor de presión arterial, al igual que otro parecido que ofrece la empresa iHealth, es uno de los varios que se pueden comprar desde hace años por internet, ahora por menos de 100 dólares. Kraft llevaba a cuestas todo un hospital, pero concentrado en su reloj y en su teléfono celular. "Antes, el médico nos prescribía remedios. Ahora, nos va a prescribir aplicaciones de iPhone para encontrar qué remedios tomar", me dijo con una sonrisa, bromeando tan sólo a medias.

Y muy pronto incluso los relojes con sensores que me mostró Kraft pasarán a la historia y serán remplazados por minisensores implantados en nuestro cuerpo. Estos minisensores reportarán nuestra temperatura y el funcionamiento de nuestros órganos a super computadoras, las cuales nos alertarán con gran antelación sobre cualquier problema en ciernes. Ya existen varias compañías, como Biohack, que desarrollan implantes para transmitir de manera permanente nuestros datos desde varias partes del cuerpo y hacer que la medicina —hoy en día dedicada principalmente a curar enfermedades cuando a menudo ya es muy tarde— se vuelva cada vez más preventiva.

LA SUPER COMPUTADORA QUE PRESCRIBE MEDICINAS

En las convenciones de médicos estadounidenses, las grandes luminarias son cada vez menos las eminencias de la medicina de carne y hueso, y cada vez más las máquinas como la super computadora Watson de IBM, que fue presentada por primera vez en la reunión anual de la Sociedad de Sistemas de Información y Gerencia de la Salud realizada en Las Vegas en 2012. Watson ya era famosa: así como la super computadora Deep Blue de IBM le ganó un partido de ajedrez al campeón mundial Garry Kasparov en 1997, Watson derrotó a otros dos finalistas del famoso programa de preguntas y respuestas de televisión *Jeopardy,* en 2011, ganando el primer premio de un millón de dólares.

Pero lo más notable de la victoria de Watson en *Jeopardy* fue que respondía a las preguntas del conductor sin estar conectada a internet. Watson tenía almacenado en su disco duro unas 200 millones de páginas de información de todo tipo —incluidas varias enciclopedias— y podía responder preguntas buscando las respuestas en su propia base de datos. En 2013, poco después de su presentación en sociedad en Las Vegas, IBM lanzó al mercado su primera aplicación comercial de Watson para usos médicos, destinada a procesar información para pacientes de cáncer de pulmón. De ahí en más, muchos comenzaron a preguntarse si estamos cerca del día en que vayamos al médico y una enfermera salga a la sala de espera para decirnos: "Adelante, el robot lo está esperando".

Aunque ya existen cientos de sitios de internet para consultas médicas, como WebMD, los inventores de Watson afirman que esta super computadora puede procesar mucha más información con mayor rapidez, porque tiene la habilidad de manejar información —incluyendo registros con la historia médica de millones de personas— y hacer diagnósticos basados en una experiencia mucho mayor que la de cualquier médico humano. Mientras un médico humano diagnostica y receta con base en su experiencia personal, que en la mayoría de los casos consiste en haber tratado a algunos miles de pacientes, Watson puede diagnosticar y recetar con base en sus datos acumulados de muchos millones de pacientes.

Según Marty Kohn, uno de los médicos que "entrenan" a Watson para servicios de salud, gran parte de los errores que cometen los médicos en sus diagnósticos se debe a la tendencia humana a fiarse demasiado de una pequeña parte de los datos que están a su disposición.[19] Según explicó Kohn a la revista *The Atlantic* sobre los usos médicos de Watson, todos los días en los hospitales los doctores realizan sus diagnósticos con base en dos o tres síntomas e inconscientemente descartan otros que podrían llevar a un diagnóstico diferente. Watson, en cambio, puede ofrecer al médico un menú más variado de posibles diagnósticos, permitiéndole ver posibilidades que quizás no tomó en cuenta. Muy pronto, los médicos llevarán consigo a Watson —ya sea en la forma de una laptop, una tableta o un robot— como ahora llevan sus estetoscopios, señaló Kohn.

¿Esto significa que Watson remplazará a los médicos de carne y hueso? Probablemente no. Pero esta super computadora y sus competidores serán herramientas extraordinarias que ayudarán a los médicos a tomar decisiones más informadas. El propio Kohn describe a Watson como un "soporte técnico" que con toda seguridad, muy pronto, será indispensable para cualquier médico. Y con la información que reciban de los sensores que todos llevaremos —en nuestros relojes, en nuestras pulseras o implantados en nuestro cuerpo— estas super computadoras podrán alertarnos si estamos desarrollando una enfermedad y aconsejarnos qué hacer al respecto mucho antes de que caigamos enfermos.

LA EDUCACIÓN PERSONALIZADA

Gracias a la tecnología, pero muy especialmente al crecimiento de la educación en línea por internet, las escuelas del futuro funcionarán exactamente al revés que las actuales: en lugar de que los niños vayan a la escuela a estudiar y hagan sus tareas en casa, estudiarán en casa —con videos y programas interactivos de computación— y luego harán sus tareas en la escuela, trabajando en equipo con sus compañeros y con el asesoramiento de sus maestros. O sea, los jóvenes harán en su casa lo que ahora hacen en la escuela, y en la escuela lo que ahora hacen en su casa.

Las así llamadas *flipped schools*, o "escuelas al revés", ya están proliferando en Estados Unidos, tras el descubrimiento de que los niños aprenden mucho más si pueden estudiar solos mirando videos —que pueden detener y rebobinar cuando se topan con algo que no entienden— y realizando ejercicios prácticos en sus computadoras, y luego resolver en la escuela los problemas que quedaron pendientes, con la ayuda de sus profesores.

Las escuelas que funcionan "al revés" comenzaron a propagarse tras el *boom* de las clases gratuitas en línea de Salman Khan, un joven banquero que comenzó a colocar videos gratuitos con clases cortas de matemáticas y álgebra en YouTube para ayudar a su prima que tenía problemas en la escuela. Al poco tiempo se encontró con que millones de jóvenes en todo el mundo estaban mirando sus clases. Como me lo contó Khan —y como veremos más en detalle en el capítulo 8—, se vio inundado de *e-mails* de jóvenes que le agradecían el haberlos ayudado a entender los problemas de matemáticas y álgebra que no lograban descifrar, y que decían que estaban aprendiendo mucho más con sus videos que en clase. En 2008 Khan fundó su Khan Academy de videos gratuitos en línea, y en 2014 ya estaba ofreciendo videos gratuitos en 28 idiomas a unos 10 millones de estudiantes cada mes. Poco después aparecieron sitios parecidos con clases gratuitas en línea para estudiantes universitarios, como Coursera y Udacity, que al igual que el Khan Academy están revolucionando el sistema educativo mundial.

"Casi todos [los expertos] están de acuerdo con la premisa de que la estrategia de invertir las clases funciona", señalaba *The New York Times* en un artículo de primera plana sobre las *flipped schools*.[20] El periódico citaba a Justin Reich, un investigador de tecnologías educativas del Centro Beckman de la Universidad de Harvard, quien afirmaba que las "escuelas al revés" son "el único tema del que escribo en el que hay un amplio consenso a favor".[21]

En algunos estudios de casos concretos, como el de la escuela secundaria Clintondale de Detroit, una de las peores de su distrito, invertir los tiempos y las funciones de las aulas permitió reducir significativamente el número de estudiantes reprobados en apenas un año. Mientras que 30% de los estudiantes de la escuela terminaban el año reprobados antes del cambio, el porcentaje se redujo a 10% al año de invertirse la función de las aulas, y el número de jóvenes que entraron en la universidad tras graduarse de la escuela subió de 63 a 80%, de acuerdo con el artículo.

Pero según me confesó Khan en una entrevista, lo más importante de su academia no son los videos, sino las nuevas tecnologías que permiten personalizar la educación para adaptarla a las necesidades de cada niño. El Khan Academy ya ofrece, además de videos educativos, ejercicios prácticos para los estudiantes que permiten que cada uno avance a su propio ritmo. Gracias a un algoritmo que inventó Khan, parecido al que usa Netflix para recomendar películas con base en las preferencias previas de cada persona, las lecciones avanzan al ritmo de la velocidad de aprendizaje de cada estudiante. Y los maestros pueden ver en sus computadoras los avances de cada alumno, lo que les permite individualizar la educación para adecuarla a los ritmos y a las preferencias de cada estudiante.

Todo esto hará que la educación —que no había cambiado prácticamente en nada desde que el rey de Prusia introdujo lo que hoy se llama el "modelo prusiano", en el siglo XVIII— cambie de manera radical. El modelo prusiano tenía el propósito de enseñar obligatoria y gratuitamente a todos los niños a leer y a escribir, y —aunque no lo decía de un modo tan explícito— crear una clase trabajadora dócil de gente que se acostumbrara desde muy joven a levantarse temprano, ir a trabajar y aceptar la autoridad de sus jefes. Desde entonces, casi nada ha cambiado: la mayoría de las escuelas sigue agrupando a niños de la misma edad en un aula, donde todos los alumnos están sentados mirando en dirección al maestro, en clases que empiezan y terminan con el sonido de un timbre. Y al terminar el día de clase, los niños se llevan a casa las tareas para el día siguiente. Hasta las vacaciones de verano, que fueron creadas cuando la sociedad era agraria para que los niños pudieran ayudar a sus padres en las granjas, siguen intactas como si el mundo no hubiera cambiado hacia sociedades urbanas.

Pero según Khan y la mayoría de los futurólogos de la educación, eso se acabará pronto. La escuela del futuro no tendrá nada que ver con la actual, porque hay una aceptación cada vez mayor de que cada uno de nosotros tiene una forma distinta de aprender. Algunos estudiamos mejor en la mañana, otros en la noche. Algunos aprendemos más visualmente, y otros de manera más auditiva. Algunos preferimos estudiar en tramos de una hora seguida, y otros aprendemos más si podemos estudiar en tramos de 20 minutos. Las nuevas tecnologías educativas permitirán que cada uno de nosotros estudie a su propio ritmo, de la manera en que más nos guste. Y lo que antes llamábamos "ir a clase" para escuchar una disertación del maestro se convertirá en una sesión de tareas supervisadas en la que el maestro ayudará a los estudiantes a resolver los problemas que no hayan podido resolver en su casa.

LOS VIAJES A LAS ESTRELLAS

La exploración espacial, que pasó a segundo plano durante casi 50 años tras el primer viaje tripulado a la Luna del Apolo 11, en 1969, muy pronto volverá a ser noticia y muy probablemente dará mucho de qué hablar en los próximos años. Aunque Barack Obama anunció en 2010 que la nueva directiva de la NASA se centrará en enviar un vuelo tripulado a un asteroide antes de 2025, y un vuelo tripulado a Marte a mediados de la década de 2030, varios líderes de la industria espacial pronostican que estos vuelos podrían realizarse antes de los plazos fijados. Algunos de ellos, como veremos en los capítulos siguientes, me dijeron que esperan importantes anuncios del gobierno de Estados Unidos en 2019, cuando se cumplan 50 años del primer viaje tripulado a la Luna.

La irrupción de la industria privada en la exploración espacial —con compañías de turismo espacial como Virgin Galactic, del excéntrico magnate británico Sir Richard Branson, y SpaceX, del fundador del sistema de pagos por internet PayPal, Elon Musk— ya está revolucionando la industria astronáutica. Con ayuda de la NASA, que ha destinado 6 000 millones de dólares a ayudar a desarrollar la industria espacial privada, Virgin Galactic, SpaceX y otras empresas están construyendo naves espaciales "reutilizables", que en lugar de destruirse como las de antes podrán ser usadas muchas veces, como los aviones.

Estas naves serán utilizadas para transportar carga a estaciones espaciales, para la colonización del espacio con satélites que abaratarán el costo de internet y las comunicaciones telefónicas, para el turismo espacial —que se espera se convertirá en una industria cada vez más importante a medida que bajen los costos de los viajes— y para lanzar misiones público-privadas a otros planetas.

Cuando le pregunté a Branson durante una entrevista si su compañía Virgin Galactic y otras empresas de turismo espacial no son simplemente un entretenimiento para millonarios —los viajes de dos o tres horas al espacio cuestan 200 000 dólares por pasajero— que harán pocas contribuciones científicas, me respondió con una sonrisa, como si hubiera estado esperando el momento para responderla. Me dijo que a lo largo de la historia muchos de los principales avances tecnológicos fueron hechos por gente rica como los hermanos Wright, los pioneros de la aviación, que hicieron cosas que en su momento parecían imposibles y que terminaron beneficiando a toda la humanidad.

"Mira, cuando el hombre empezó a cruzar el Atlántico en avión, fue la gente rica la que lo hizo —me dijo Branson—. Gracias a que esa gente rica fue pionera en los viajes de avión, hoy en día mucha gente más puede permitirse viajar en avión, y los precios han bajado." Acto seguido, el magnate británico aseguró que gracias a su empresa privada de turismo espacial "no sólo estaremos llevando a gente al espacio, sino que estaremos haciendo una gran cantidad de investigaciones científicas. Podremos colocar satélites en el espacio por una fracción de lo que cuesta hoy en día, lo cual hará que baje significativamente el costo de tus llamadas telefónicas, que baje significativamente el costo de tu conexión de internet y de tu wi-fi".[22]

Musk, por otro lado, ya estaba trabajando en planes aún más ambiciosos, como una misión tripulada a Marte. El empresario dijo públicamente, con toda seriedad, que su plan era empezar a construir la infraestructura para crear una colonia permanente de 80 000 personas en Marte. Y no sólo lo dijo, sino que ya estaba invirtiendo decenas de millones de dólares en ese proyecto.

"TECNO-UTÓPICOS" *VS.* "TECNO-ESCÉPTICOS"

¿Mejorará nuestra calidad de vida con todas estas innovaciones tecnológicas? ¿O, por el contrario, las impresoras 3D caseras, los autos que se manejan solos, las super computadoras que remplazarán a los médicos y los viajes intergalácticos nos llevarán a un mundo cada vez más dividido entre ricos y pobres, más dependiente de la tecnología y menos humano?

Para los innovadores de Silicon Valley y otros centros de innovación mundiales, se trata de una pregunta superada hace mucho tiempo. No hay la menor duda de que los adelantos tecnológicos son el principal motor de la reducción de la pobreza y de la mejora en nuestra calidad de vida, aseguran. La pobreza en los países en desarrollo ha caído más de la mitad, de 52% de la población en 1980 a 20% de la población en 2010, según datos del Banco Mundial, en gran parte gracias a la "revolución verde" —el conjunto de tecnologías creadas desde la década de 1960 para maximizar los cultivos de granos— que permitió que países que sufrían hambrunas, como India, se convirtieran, en pocos años, en exportadores netos de alimentos. Si uno mira las estadísticas de expectativa de vida, el promedio mundial subió de 31 años a principios del siglo xx a casi 70 años en nuestros días, y hasta en las naciones más pobres del mundo la gente vive más tiempo gracias a los adelantos de la medicina.

Y si uno mira la calidad de vida en el mundo, hoy no sólo vivimos más sino que vivimos mejor: ni en los países más pobres ya la mayoría de la gente camina descalza, ni carece de ropa para protegerse contra el frío. Imagínense la diferencia que hay entre ir a un dentista hoy, en que nos dan una inyección de anestesia local que ni siquiera sentimos para arreglarnos un diente, con lo que habrá sido hace apenas 100 años, cuando nos tenían que arrancar las muelas con una tenaza sin anestesia, argumentan los optimistas.

Bill Gates, el hombre más rico del mundo, quien hoy en día está dedicado de lleno a combatir la polio y otras enfermedades en los países más pobres, señaló recientemente que, gracias a las nuevas vacunas y a otros avances tecnológicos, "hemos tenido más progreso en la última década que nunca antes". Gates agregó que "en la década de 1960 un tercio de la humanidad era rica, y dos tercios era pobre. Ahora, el bloque más grande de la población mundial es de clase media: Brasil, México, Tailandia y China. La proporción de los muy pobres en el mundo es mucho menor".[23] Y esto se debe fundamentalmente a los avances tecnológicos en la agricultura y en la salud pública, que fueron los principales factores que permitieron que estos países salieran de la pobreza, explicó. Para 2035 "prácticamente no habrá países pobres", vaticinó Gates en su carta pública anual de 2014.

¿LA ERA DE LA ABUNDANCIA?

Los "tecno-utópicos" piensan que la última década apenas es un pequeño anticipo del progreso que se viene. En su libro *Abundancia: el futuro es mejor de lo que usted cree*, Peter H. Diamandis, presidente de Singularity University y cofundador de la Universidad Espacial Internacional, y su coautor Steven Kotler afirman que la humanidad "está entrando ahora en un periodo de transformación radical, en el que la tecnología tiene el potencial de mejorar sustancialmente los niveles de vida promedio de cada hombre, mujer y niño en el planeta. Dentro de una generación seremos capaces de darles bienes y servicios que en el pasado estaban reservados para unos pocos ricos a todos quienes los necesiten o los deseen. La abundancia para todos está a nuestro alcance".[24]

Sin embargo, muchos escépticos ven a Diamandis y a otros paladines de las tecnologías del futuro como vendedores de utopías. Aunque no hay duda de que los adelantos médicos, como la vacuna contra la polio, la viruela o, más recientemente, los tratamientos contra el sida, han salvado cientos de millones de vidas, el hecho es que todas las transformaciones tecnológicas de los últimos 200 años no han logrado eliminar la pobreza en el mundo, y que todavía hay millones de personas que siguen muriendo cada año por enfermedades relativamente fáciles de vencer, como la diarrea y la neumonía, argumentan los pesimistas.

"Los gurúes de la tecnología, al igual que tantos evangelistas de tiempos pasados, son alocadamente optimistas sobre las cosas que pueden lograr sus aparatitos en los lugares más pobres del mundo", dicen Charles Kenny y Justin Sandefur, del Centro para el Desarrollo Global, una institución de estudios independiente en Washington, D. C. "La débil conexión entre los avances tecnológicos y la reducción de la pobreza no debería sorprender a nadie, porque la mayoría de las tecnologías ha sido inventada en los países ricos para solucionar los problemas de los países ricos", agregan.[25] El iPhone, el iPad, las impresoras 3D y los autos que se manejan solos no van a cambiarles la vida a los miles de millones que todavía viven en la pobreza, señalan. Y los escépticos también alertan sobre los peligros que traen consigo muchas de las nuevas tecnologías, como el potencial destructivo que tendrán las impresoras 3D caseras cuando cualquiera pueda fabricar un arma en su casa. O el día que los aviones no tripulados para uso comercial no sólo lleven pizzas, sino que puedan ser usados para arrojar una bomba a cualquiera.

¿Quién tiene razón, los "tecno-utópicos" o los "tecno-escépticos"? Ambos esgrimen buenos argumentos y el debate depende de si se quiere ver el vaso medio lleno o medio vacío. Pero lo cierto es que, nos guste o no, el avance de estas nuevas tecnologías es imparable, y que por más que algunos países traten de ponerles freno —como lo hizo el gobierno de George W. Bush en Estados Unidos con las investigaciones sobre células madres— otros tomarán su lugar. Como lo explicó Susan Fisher, profesora de la Universidad de California: "La ciencia es como un torrente de agua, porque siempre encuentra su camino".[26] El gran desafío es cómo canalizar las nuevas tecnologías para que beneficien al mayor número de gente posible.

DEL "TRABAJO MANUAL" AL "TRABAJO MENTAL"

Los avances científicos que se acelerarán en los próximos años no sólo cambiarán cada vez más nuestras vidas, sino que también determinarán cuáles naciones progresarán más, y cuáles se quedarán cada vez más atrás. Esto se debe a que estamos en la era del conocimiento, en la que los países que desarrollan productos con alto valor agregado serán cada vez más ricos, y los que siguen produciendo materias primas o manufacturas básicas se quedarán cada vez más atrás.

Como ya lo decía en mis libros anteriores *Cuentos chinos* (2005) y *Basta de historias* (2010), el mundo ha cambiado, y los presidentes latinoamericanos que dicen que sus países prosperarán vendiendo petróleo, soja y metales, o ensamblando piezas para la industria manufacturera se están engañando a sí mismos o están engañando a sus pueblos. Mientras hace 50 años la agricultura y las materias primas representaban 30% del producto bruto mundial, en la actualidad representan una cifra muchísimo menor y todo indica que su peso en la economía mundial seguirá decreciendo. Según el Banco Mundial, hoy en día la agricultura representa 3% del producto bruto mundial, la industria, 27%, y los servicios, 70 por ciento.[27] Cada vez más, estamos yendo de una economía global basada en el trabajo manual a una sustentada en el trabajo mental.

Por eso no es casual que empresas como Google o Apple tengan un producto bruto mayor que el de muchos países latinoamericanos. Ni tampoco es casual que pequeños países que no tienen materias primas, como Singapur, Taiwán o Israel, tengan economías muchísimo más prósperas que las de países riquísimos en petróleo, como Venezuela, Ecuador o Nigeria; o que los hombres más ricos del mundo sigan siendo empresarios como Bill Gates, Carlos Slim o Warren Buffet, que producen tecnología o servicios, pero no materias primas. Esta tendencia se acelerará aún más durante los próximos años, debido a que la tecnología progresa en forma exponencial.

EL REZAGO TECNOLÓGICO EN LATINOAMÉRICA

La evidencia más clara del rezago tecnológico latinoamericano es el insignificante número de patentes de nuevas invenciones que registran los países de la región. En lo que hace a patentes de nuevos inventos, que es uno de los principales medidores de la innovación y el avance tecnológico, estamos en los últimos puestos del mundo. Contrariamente a los cuentos chinos que refieren muchos presidentes latinoamericanos cada vez que inauguran un nuevo parque tecnológico, o cuando le dan la bienvenida a una nueva empresa de tecnología, el atraso tecnológico de la región es alarmante. Hasta pequeños países como Corea del Sur e Israel producen —cada uno— más patentes por año que todos los países de América Latina y el Caribe juntos, según datos de las Naciones Unidas.

Corea del Sur, un país que hace 50 años tenía un producto per cápita más bajo que el de casi todos los países latinoamericanos, registra unas 12 400 solicitudes de patentes internacionales por año ante la Organización Mundial de la Propiedad Intelectual (OMPI) de las Naciones Unidas, e Israel unas 1 600. Comparativamente, todos los países de América Latina y el Caribe juntos apenas llegan a 1 200 patentes (de las cuales 660 son de Brasil, 230 de México, 140 de Chile, 80 de Colombia, 26 de Argentina, 18 de Panamá, 13 de Perú, nueve de Cuba y una de Venezuela), según la OMPI.[28]

Las cifras de los países latinoamericanos son aún más preocupantes si las comparamos con las solicitudes de patentes internacionales de los países más poderosos: Estados Unidos registra unas 57 000 solicitudes de patentes internacionales por año ante la OMPI, Japón 44 000, China 22 000 y Alemania 18 000.[29]

El otro gran indicador de la innovación mundial, el registro de patentes por país de la Oficina de Patentes y Marcas de Estados Unidos, ofrece cifras semejantes. Según el reporte 2014 de esta oficina, en el último año se habían registrado allí unas 148 000 patentes provenientes de Estados Unidos, 54 000 de Japón, 17 000 de Alemania, 16 000 de Corea del Sur, 12 100 de Taiwán, 6 600 de China y 3 200 de Israel. Comparativamente, en el mismo año se registraron 290 patentes de Brasil, 200 de México, 80 de Argentina, 60 de Chile, 20 de Colombia, 13 de Cuba, nueve de Costa Rica, ocho de Ecuador, tres de Perú y dos de Bolivia.[30]

¿Por qué los países latinoamericanos, con todo el talento humano que tenemos, no registramos más patentes de nuevas invenciones?

Hay muchas razones, incluyendo el hecho de que no hay una "cultura de registrar patentes" en las universidades y en las empresas, y por la escasez de créditos e inversiones de riesgo para la investigación y el desarrollo de nuevos productos. Otro motivo es la falta de respeto a la propiedad intelectual. ¿Para qué voy a gastar tiempo y dinero en patentar mi invención, si de todos modos me van a robar la idea?, se preguntan muchos inventores.

Cuando le pregunté a Carsten Fink, el jefe de economistas de la OMPI, con sede en Ginebra, Suiza, a qué se deben las pocas patentes internacionales que registra Latinoamérica, respondió que "el desafío de los países latinoamericanos es crear un ecosistema donde pueda florecer la innovación". Y agregó: "Eso implica tener un buen sistema educativo, incentivos fiscales para estimular la investigación y el desarrollo, mecanismos financieros para respaldar el capital de riesgo y políticas que favorezcan la movilidad de personas altamente calificadas, para atraer talentos de otros lugares".[31] Sin embargo, la mayoría de estos problemas puede subsanarse con relativa rapidez, como lo han demostrado Corea del Sur, Singapur y otros países que hasta hace poco padecían los mismos problemas que las naciones latinoamericanas.

LAS CAPITALES DE LAS CIENCIAS

La *Scientific Reports* —publicación de investigaciones de *Nature*—, una de las revistas más prestigiosas en círculos académicos mundiales, publicó en 2013 un mapa mundial de las ciudades más importantes en investigación científica. Cuando la vi, no pude evitar sentir una mezcla de frustración y tristeza. Aunque no pensaba descubrir muchas ciudades latinoamericanas en este mapa, esperaba ver a algunas. Pero los países latinoamericanos y sus ciudades brillaban por su ausencia. A pesar de todas las especulaciones sobre el ascenso de los países emergentes, y de los golpes de pecho de muchos líderes latinoamericanos sobre los avances tecnológicos logrados por sus gobiernos, el mapa mostraba el hemisferio norte del planeta lleno de luces, y el sur, oscuro.

Era un mapa especialmente significativo porque no se trataba de la opinión subjetiva de los editores de la revista, sino de un estudio basado en más de 450 000 artículos y citaciones científicas provenientes de más de 2 000 ciudades de todo el mundo y publicados en revistas de la American Physical Society en los últimos 50 años. Según el artículo que acompaña el mapa, el porcentaje de estudios de física originado en Estados Unidos ha caído de 86% del total mundial, en la década de 1960, a menos de 37% en la actualidad, pero Estados Unidos sigue estando a la cabeza del mundo. Boston, Berkeley y Los Ángeles siguen siendo los centros de producción científica más importantes del mundo en la física, pero les siguen Tokio (Japón) y Orsay (Francia). La lista de las 20 principales ciudades del mundo incluye a Chicago, Princeton, Roma (Italia), Londres (Inglaterra) y Oxford (Inglaterra).

Pero no hay ninguna ciudad latinoamericana entre las primeras 100 ciudades productoras de conocimiento científico del mundo, según la publicación. Una tabla que aparece junto al mapa detalla que 56% de las 100 primeras ciudades productoras de trabajos científicos del mundo se encuentra en Estados Unidos y Canadá, 33% en Europa, y 11% en Asia. ¿Se habían olvidado de incluir a Latinoamérica en esa tabla?, me pregunté.

Tras leer estas cifras, llamé al doctor Nicola Perra de la Universidad Northeastern, uno de los investigadores responsables del estudio, para comprobar si había leído bien la tabla. "Efectivamente, no nos olvidemos de ninguna. No hay ninguna ciudad latinoamericana entre las primeras 100", me corroboró.[32] El mapa muestra que no sólo en materia de patentes, sino también en publicaciones científicas, los países latinoamericanos y sus ciudades más importantes no figuran en los principales mapas de la investigación científica.

¿LAS PEORES UNIVERSIDADES?

Las cosas no han cambiado mucho desde que empezamos a llamar la atención en *Cuentos chinos*, en 2005, acerca de que las universidades latinoamericanas se encuentran en los últimos puestos de los *rankings* internacionales de las mejores universidades. En 2013 no había una sola universidad latinoamericana entre las 100 mejores del mundo, en ninguno de los tres principales *rankings* internacionales, a pesar de que varios países de la región están en el G-20 —el grupo de las economías más ricas del mundo— y de que Brasil fue la sexta economía mundial, y México la catorceava, en ese año.

Los tres *rankings* —que miden, entre otras cosas, el porcentaje de profesores que tienen doctorados, la cantidad de trabajos publicados en revistas científicas internacionales y el número de patentes registradas— coinciden en colocar a las universidades de Estados Unidos en la mayoría de los 10 primeros puestos, y colocan a varias instituciones de educación superior de Singapur, China, Corea del Sur y otros países emergentes de Asia, en los primeros 50 puestos. Las latinoamericanas, en cambio, comienzan a aparecer detrás del puesto número 100, y se pueden contar con los dedos de una mano.

En el *ranking* del Suplemento de Educación Superior del *Times* (THE), el pionero de este tipo de estudios, la primera universidad latinoamericana que aparece es la de São Paulo, Brasil, en las instituciones agrupadas entre los puestos 226 y 250.[33] En el segundo *ranking*, conocido como Ranking QS de las mejores universidades del mundo, la primera universidad latinoamericana que figura también es la de São Paulo, pero en el puesto 127.[34] El tercer *ranking*, hecho por la Universidad Jiao Tong de Shanghai, China, coloca como las universidades latinoamericanas mejor situadas a la de São Paulo, en el grupo de las universidades agrupadas entre los puestos 101 y 150, y a la Universidad Nacional Autónoma de México (UNAM) y a la Universidad de Buenos Aires (UBA) en el grupo de instituciones agrupadas entre los puestos 151 y 200.[35]

SOMOS TODOS FILÓSOFOS, SOCIÓLOGOS Y POETAS

Algunos de los motivos del mal desempeño de las universidades latinoamericanas en los *rankings* internacionales son que nuestros países invierten relativamente poco en investigación científica, con muy poca participación del sector privado, lo que se traduce en menos publicaciones científicas internacionales y menos patentes registradas. En América Latina estamos produciendo demasiados filósofos, sociólogos, psicólogos y poetas, y muy pocos científicos e ingenieros.

Según estadísticas de la Red de Indicadores de Ciencia y Tecnología (RICYT), Iberoamericana e Interamericana, 63% de los dos millones de jóvenes que egresan anualmente de las universidades de Latinoamérica y el Caribe se gradúan en carreras de ciencias sociales y humanidades, mientras que apenas 18% egresan con licenciaturas en ingeniería, ciencias exactas y ciencias naturales, y el resto se gradúa en medicina, agricultura y otras disciplinas.[36] En algunos países, como Argentina, las grandes universidades públicas tienen tres veces más estudiantes de psicología que de ingeniería, lo cual significa que el país está formando tres psicólogos para curarle el "coco" —como los argentinos llaman a la cabeza— a cada ingeniero.[37] Comparativamente, las universidades de China y de la mayoría de los países asiáticos están graduando muchos más ingenieros y técnicos que licenciados en ciencias sociales o humanidades.

Y la inversión de los países latinoamericanos en investigación y desarrollo, a nivel mundial, es patética. Apenas 2.4% de la inversión mundial en investigación y desarrollo tiene lugar en América Latina, según datos de la Organización de Estados Iberoamericanos (OEI), con sede en Madrid. Comparativamente, 37.5% de la inversión mundial en investigación y desarrollo tiene lugar en Estados Unidos y en Canadá, 32.1% en la Unión Europea y 25.4% en Asia.[38] Con tan poca inversión nacional y extranjera en investigación, y con un porcentaje muy pequeño de la inversión en investigación proveniente del sector privado, no es casual que Latinoamérica registre tan pocas patentes de nuevos inventos a nivel mundial.

ÚLTIMOS EN LOS TESTS PISA

Gran parte del rezago tecnológico latinoamericano proviene de la escuela primaria y secundaria, donde la calidad educativa se ha quedado cada vez más atrás del resto del mundo. Según la prueba internacional PISA de alumnos de 15 años, que mide los conocimientos de los jóvenes en matemáticas, ciencias y capacidad de lectura, los estudiantes latinoamericanos están en los últimos puestos de los 65 países participantes.

Los estudiantes de China y de otros países asiáticos obtienen los mejores puntajes a nivel mundial en todas las categorías de la prueba. En matemáticas, los jóvenes de Shanghái, en China, obtienen el primer puesto, seguidos por los de Singapur, Hong Kong, Taipéi, Corea del Sur y Japón. Más abajo en la lista están Suiza (9), Finlandia (12), Alemania (16), España (33), Rusia (34), Estados Unidos (36), Suecia (38), Chile (51), México (53), Uruguay (55), Costa Rica (56), Brasil (58), Argentina (59), Colombia (62) y Perú (65). Los resultados en ciencias y comprensión de lectura fueron similares.[39]

La falta de una buena educación en matemáticas, ciencia y tecnología ha contribuido al atraso tecnológico de los países latinoamericanos, a su excesiva dependencia de las exportaciones de materias primas y —en la segunda década del siglo XXI, cuando dejaron de crecer los precios de estas últimas— a su desaceleración económica. Ahora, es cuestión de crear una obsesión nacional por la educación, con especial énfasis en las matemáticas y en las ciencias, para diversificar sus fuentes de ingresos e insertarse en la nueva economía del conocimiento.

¿Esto significa que Argentina y Brasil deberían dejar de producir soja, o que Chile debería comenzar a olvidarse del cobre, o que México debería abandonar las manufacturas básicas para dedicarse de lleno a la alta tecnología? Por supuesto que no. Lo que deben hacer es agregar valor a sus materias primas y a sus manufacturas —para lo cual hacen falta más ingenieros, científicos y tecnólogos— y, al mismo tiempo, desarrollar innovaciones en áreas en las que pueden tener ventajas competitivas.

EL EJEMPLO DEL CAFÉ

El ejemplo del café ilustra muy bien este punto. Cuando escribí *Cuentos chinos*, cité a un profesor de Harvard según el cual de una taza de café que se vendía en tres dólares al consumidor en Estados Unidos, apenas 3% regresaba al cultivador de café en Colombia, Brasil, Costa Rica, Vietnam o en cualquiera de los otros países exportadores de esta semilla. El 97% restante iba a los bolsillos de los responsables de la ingeniería genética del café, el procesamiento, el mercadeo, la distribución, la publicidad y otras tareas que forman parte de la economía del conocimiento.

Cinco años más tarde, cuando escribí *Basta de historias*, afirmé que el fenómeno del declive relativo de las materias primas respecto de los productos con alto valor agregado se estaba acentuando. Contaba en aquel libro que uno de los principales productores de café de El Salvador se me acercó al final de una conferencia en San Salvador y me dijo: "Estás equivocado, Andrés. El porcentaje que queda para el productor no es 3%. La cifra real está más cerca de uno por ciento".

Desde entonces, la tendencia se ha acelerado aún más: los países que han agregado valor al café —produciendo cafés con sabores exclusivos, cafés medicinales, galletas de café, licores de café, máquinas para hacer café con cartuchos de café, o abriendo cadenas de distribución y ventas en el exterior— se han beneficiado enormemente, mientras que los que siguen vendiendo sólo la materia prima se han quedado cada vez más atrás.

Según un estudio de Bain & Company, "el café es un ejemplo de cómo un producto de baja tecnología se puede mejorar para crear mayor valor económico". Mientras una taza de café simple en Estados Unidos se vende en unos 50 centavos de dólar, una taza de café *premium* que ofrece una cadena como Starbucks se vende hasta en cuatro dólares. Si a lo anterior agregamos otras innovaciones como las máquinas de café expreso —que se venden, en promedio, en 300 dólares— y el nuevo mercado de cartuchos de cafés especiales para estas máquinas, la industria del café se ha disparado en los últimos años para convertirse en un mercado de 135 000 millones de dólares anuales. Mientras que el consumo de café en el mundo aumentó sólo 21%, las innovaciones han hecho aumentar el valor de la industria 80%, según el estudio.[40]

LOS MOTORES DE LA INNOVACIÓN

¿Qué hace que algunos países sean más innovadores que otros? Como decíamos en páginas anteriores, hay una constelación de factores —lo que los expertos llaman un *ecosistema*— que hace posible la innovación. Para que pueda existir ese ecosistema tiene que haber educación de calidad, empresas y universidades que inviertan en investigación y desarrollo de nuevos productos, centros de estudios globalizados que atraigan talentos de todos lados, una interacción constante entre las empresas y las universidades, un ambiente económico que propicie las inversiones de riesgo, una legislación que aliente la creación de nuevas empresas, y una concentración de mentes creativas en la misma ciudad.

Pero el factor clave, del que se habla mucho menos, y sin el cual es difícil producir sociedades innovadoras, es una cultura de tolerancia social con el fracaso individual. La tolerancia con el fracaso individual es un factor común que —salvo contadas excepciones, como Japón— encontré en los principales centros mundiales de la innovación, ya sea en Estados Unidos, Gran Bretaña, Alemania, Francia, Finlandia o Israel. La famosa definición que dio el primer ministro británico Sir Winston Churchill de que "el éxito es el resultado de ir de fracaso en fracaso, sin perder el entusiasmo" es una de las principales características comunes de las sociedades innovadoras.

LA GENTE EN SILICON VALLEY SE VANAGLORIA DE SUS FRACASOS

Una de las cosas que más me llamó la atención durante mis visitas a Silicon Valley fue la naturalidad con que la gente habla de sus fracasos. Muchos de los emprendedores que conocí allí me contaron voluntariamente sobre sus fracasos y sus éxitos, con la misma sonrisa en el rostro. En algunos casos hablaban de sus fracasos casi con orgullo.

Cuando en una de mis primeras noches en San Francisco, durante una recepción en la empresa de diseños Autodesk, le pregunté a un joven empresario a qué se dedicaba, me contó con la mayor naturalidad que era un creador de *software*, e inmediatamente agregó —sin que yo se lo preguntara— que había iniciado cinco empresas, cuatro de las cuales terminaron en bancarrota. Cuando notó mi cara de sorpresa, se apresuró a agregar que, por suerte, a una de sus empresas le estaba yendo muy bien. La admisión del fracaso era, según pude comprobarlo en esa y en otras conversaciones aquella noche, una típica carta de presentación de los emprendedores de Silicon Valley.

"La gente aquí se vanagloria de sus fracasos", me dijo, encogiéndose de hombros, Wadhwa, el profesor que me había recibido en Singularity University, y alertado sobre la importancia del factor humano en la innovación. "En Silicon Valley, cuando enumeras tus fracasos es como si estuvieras enumerando tus diplomas universitarios. Todo el mundo aquí entiende que con cada fracaso aprendiste algo, y que por lo tanto eres más sabio que antes."[41]

En Palo Alto, California, existe la mayor concentración de innovadores del mundo. Allí, más de 50% de la población del área nació en otro país, me dijo Wadhwa. "Hay una cultura muy diferente a la de la mayoría de los países del mundo, y de gran parte de Estados Unidos. En Nueva York, los banqueros van de traje y corbata, y alardean de sus éxitos, reales o imaginarios. Aquí, en Silicon Valley, los empresarios más ricos y los científicos más prestigiosos andan en jeans, o bermudas y ojotas, y hablan con la mayor naturalidad de sus fracasos. Es otro mundo."

Wadhwa estaba en lo cierto. Pocos días antes, en Miami, lo comprobé personalmente cuando tuve la oportunidad de entrevistar al magnate inmobiliario neoyorquino Donald Trump para CNN. La constante autopromoción de sus éxitos —y la negación de sus fracasos— contrastaba agudamente con la sinceridad que encontré en los emprendedores más exitosos de Silicon Valley. Los empresarios innovadores de California y los grandes empresarios de Nueva York parecían venir, efectivamente, de dos mundos diferentes.

DONALD TRUMP: "LOS MÍOS NO FUERON FRACASOS"

Trump, el magnate que en 2012 aspiró brevemente a la candidatura presidencial republicana, había venido a Miami a promocionar su compra por 200 millones de dólares de un destartalado hotel y un campo de golf, para renovarlos y convertirlos en un destino turístico super exclusivo. En el marco de una entrevista sobre la burbuja inmobiliaria de la que recientemente estaba saliendo Estados Unidos, le pregunté a Trump qué había aprendido de sus fracasos.

Poco antes de entrevistarlo, había leído varios artículos sobre la trayectoria de Trump, la cual estaba poblada de fracasos. Varias de sus empresas se habían declarado en bancarrota. Además, Trump había iniciado una aerolínea, Trump Airlines, que fracasó estrepitosamente, así como una marca de vodka que no logró sobrevivir mucho más allá de su lanzamiento. Sin embargo, para mi sorpresa, cuando le pregunté qué había aprendido de sus fracasos, reaccionó con enojo. Meneando la cabeza, al punto de sacudir la melena rubia que se cansaba de insistir ante la prensa que no era un peluquín, me dijo: "Yo no fracasé para nada".

"Pero usted se declaró en bancarrota tres veces…", repliqué de la manera más cordial que pude. "No fueron fracasos, lo que hice fue aprovecharme del sistema legal", respondió.

Obviamente, me decepcionó su falta de sinceridad y de sofisticación intelectual. Pero no fue hasta la semana siguiente, hablando con Wadhwa en Palo Alto, que pude apreciar de lleno la gran diferencia entre los magnates del mundo de la innovación de California, Seattle y otros estados de la costa oeste de Estados Unidos —como Gates, Jobs y Zuckerberg— y los magnates del mundo de los negocios inmobiliarios y financieros de Nueva York.

Los primeros vestían jeans, camisetas y sandalias, trataban de salvar el mundo con sus innovaciones y sus fundaciones de caridad, y hablaban con orgullo de sus fracasos. Los segundos, como Trump, vestían camisas blancas almidonadas con corbatas acartonadas, no le prestaban mucha atención a las causas sociales, y negaban sus fracasos comerciales como si se tratara de derrotas vergonzosas. Y mientras muchos de los primeros minimizaban sus fortunas, los otros las magnificaban. Trump le había hecho un juicio por 5 000 millones de dólares a *The New York Times* —posteriormente desestimado por un juez— por haber escrito en 2006 que su fortuna era sólo de 150 millones a 200 millones de dólares, en lugar de los miles de millones de dólares que afirmaba tener el magnate. En la cultura empresarial de Nueva York, a diferencia de la de California, lo importante eran las apariencias.

LOS MIL FRACASOS DEL INVENTOR DE LA BOMBILLA ELÉCTRICA

La tolerancia social con el fracaso individual que tanto me llamó la atención en Silicon Valley, según pude aprender después, ha sido una constante en las sociedades innovadoras a lo largo de la historia. Casi todos los grandes inventos de la humanidad fueron precedidos por grandes fracasos. Thomas Alva Edison, el empresario que inventó el foco eléctrico de uso masivo y patentó más de 1 093 productos —incluyendo el fonógrafo y la filmadora de cine— realizó más de 1 000 intentos fallidos para inventar una lamparita eléctrica de uso masivo antes de lograrlo, según sus biógrafos. De ahí que muchos le atribuyen haber dicho que "no fracasé 1 000 veces, sino que la invención de la bombilla eléctrica requirió 1 000 etapas".

Alexander Graham Bell, el inventor del teléfono, fue rechazado por la compañía que hoy se llama Western Union cuando ofreció venderle su patente del teléfono por 100 000 dólares. Según una historia que figura en el libro *La historia del teléfono*, publicado por Herbert N. Casson en 1910, el ejecutivo de la Telegraph Company (hoy Western Union) que recibió la propuesta preguntó con la mayor cortesía que pudo: "¿Para qué le serviría a nuestra empresa comprar un juguete eléctrico?"[42] Otra versión de esta historia, probablemente apócrifa pero que es utilizada en las principales escuelas de negocios del mundo, afirma que el comité de Western Union a cargo de estudiar la propuesta de Bell había concluido que la idea del teléfono era "una idiotez". Según el texto del presunto memorándum del comité que evaluó la propuesta, los ejecutivos de la Western Union habrían dicho que la calidad de la transmisión del aparato de Bell era tan mala que su proyecto no servía para nada. "¿A quién se le ocurriría usar este torpe aparato cuando se puede enviar a un mensajero a la oficina de telégrafo y remitir un mensaje escrito con total claridad?", habría dicho un miembro del comité.

Los hermanos Orville y Wilbur Wright, a quienes se identifica como los pioneros de la aviación, hicieron 163 intentos fallidos antes de realizar su primer vuelo tripulado exitoso, en diciembre de 1903.[43] Varios de sus predecesores tuvieron menos suerte: murieron en el intento. Y el pionero de la industria automotriz, Henry Ford, fabricó más de una docena de modelos de automóviles antes de inventar el Ford T, el primer auto de uso masivo producido en serie. Sus biógrafos dicen que llamó a su modelo el Ford T porque había empezado con un modelo "A" y tuvo que perfeccionarlo 19 veces —entre prototipos y autos terminados— antes de llegar a la letra T.

Prácticamente todas las historias de éxito son culminaciones de historias de fracasos, no sólo en el mundo de la tecnología sino también en el del comercio, la política y el arte. Winston Churchill, el primer ministro británico, recordaba constantemente a sus audiencias la importancia de no dejarse vencer por los fracasos. El estadista había sido un mal alumno que repitió de grado, transitó por tres escuelas, y fue rechazado dos veces en el examen de ingreso a la Academia Militar Real de Sandhurst. En su famoso discurso del 29 de octubre de 1941, durante su visita a la escuela Harrow, donde se distinguió por haber sido uno de los peores de su clase, le dijo a los estudiantes: "¡Nunca se den por vencidos! ¡Nunca se den por vencidos! ¡Nunca, nunca, nunca, nunca! En nada, ya sean las cosas grandes o pequeñas, nunca se den por vencidos, salvo ante las convicciones que surjan del honor y el sentido común".

¿LA CREATIVIDAD ES GENÉTICA?

Quizás no sea casualidad que tantos inventores e innovadores a lo largo de la historia hayan sido perseverantes, obstinados, excéntricos y a menudo insoportables, como lo fue el propio fundador de Apple, Jobs. Según varios estudios de la psicología de la creatividad, las personalidades innovadoras se distinguen por ser extrovertidas, abiertas a la experimentación, no muy preocupadas por agradar a los demás, y algo neuróticas. En otras palabras, el estereotipo del "genio loco" no está muy alejado de la realidad.

Según Shelley Carson, profesora de psicología de Harvard, y una de las más conocidas estudiosas de las características psicológicas de la creatividad, Albert Einstein recogía restos de cigarrillos de las calles para llenar su pipa con tabaco; el compositor Robert Schumann creía que su música le era transmitida por Beethoven y por otros compositores fallecidos desde sus tumbas, y el escritor Charles Dickens caminaba por las calles de Londres tratando de quitarse de encima con su paraguas a niños delincuentes que sólo existían en su imaginación. "Los individuos creativos no son únicamente excéntricos ante los ojos de la gente común: ellos mismos se ven como diferentes, e incapaces de adaptarse a la sociedad", afirma Carson. "Los últimos descubrimientos de las imágenes cerebrales y la biología molecular, junto con las investigaciones psicológicas, sugieren que la creatividad y la excentricidad van de la mano" y son producto "de la forma en que el cerebro filtra la información que le entra", señala.[44]

Carson cita los estudios de Leonard Heston en 1966 —que demostraban que los hijos de madres diagnosticadas con esquizofrenia suelen escoger profesiones más creativas que los hijos de mujeres que no padecen esquizofrenia— y varios otros posteriores, según los cuales la gente creativa tiene una personalidad especial, que es una versión leve de otros desórdenes psiquiátricos. Esto no es nada nuevo: ya Platón en la antigua Grecia había advertido que los poetas y los filósofos sufrían "locura divina", un trastorno que les había sido otorgado por los dioses, pero una locura al fin, afirma Carson. Y Aristóteles ya había sugerido que había una conexión entre los poetas y la melancolía, que es lo que hoy catalogamos como depresión, agrega.

UN POCO DE LOCURA Y MUCHA AUDACIA

Entonces, ¿es cierto que la gente creativa tiene una dosis de locura? Según Carson, sus propias investigaciones en Harvard no concluyen que estos rasgos genéticos en sí mismos promuevan la creatividad, pero afirma que este tipo de personalidades poseen menos filtros mentales, lo que ayuda a explicar los momentos de "eureka" que tienen los genios cuando realizan un nuevo descubrimiento. Las mentes de estas personalidades especiales, al tener menos filtros, permiten que ideas —tanto alucinaciones como pensamientos o intuiciones que luego resultan ser genialidades— pasen del estado inconsciente al consciente, afirma Carson.

Es el caso del Premio Nobel de Economía, John Forbes Nash, inmortalizado en la famosa película de Hollywood *Una mente brillante*, quien, cuando le preguntaron cómo había hecho su descubrimiento científico, comentó con la mayor naturalidad que las ideas matemáticas le venían a la mente de la misma forma como le llegaban sus visiones de seres sobrenaturales o extraterrestres. Todos estos descubrimientos sobre la creatividad hacen que "hasta en el mundo de los negocios ya haya una creciente apreciación de la relación entre el pensamiento creativo y el comportamiento no convencional, y haya una cada vez mayor aceptación de este último", afirma Carson.

Por ese motivo, a medida que las empresas valoran más las mentes creativas, los países, las ciudades y las empresas más avanzados están haciendo cada vez más excepciones a sus reglas para acomodar y asimilar a los excéntricos, y están proliferando cada vez más comunidades con una alta concentración de artistas, escritores, científicos, nerds cibernéticos y emprendedores que asumen riesgos, señala. Y cada vez se valora más la originalidad y la audacia. "Los gerentes de estas comunidades toleran las vestimentas estrafalarias, dejan de lado los protocolos sociales tradicionales y permiten horarios de trabajo no convencionales en aras de promover la innovación", afirma.

LAS TRES "T" DE LA INNOVACIÓN: TECNOLOGÍA, TOLERANCIA Y... TESTÍCULOS

Según me dijeron varios de los innovadores más exitosos que entrevisté, la innovación requiere, además de la tolerancia para el fracaso, el entusiasmo por el riesgo. Casi todos ellos, en algún momento de su vida, estuvieron a punto de irse a la bancarrota, o asumieron riesgos que muchos de nosotros no tomaríamos. Sir Richard Branson, el fundador de Virgin Records, de la compañía de turismo espacial Virgin Galactic y cientos de otras empresas de todo tipo, me explicó que las empresas exitosas fomentan una cultura de la tolerancia con sus empleados que lanzan proyectos que terminan fracasando, y de incentivos a la toma de riesgos. El miedo al fracaso aniquila la innovación. Hay que asumir riesgos constantemente, insistió.

La vida de Branson, como veremos más adelante en este libro, ha sido una montaña rusa de grandes éxitos y estrepitosas caídas. Desde niño le pronosticaron que terminaría en una prisión, o se haría millonario, o ambas cosas. Y, de hecho, como él mismo lo contó pasó por lo menos una noche entre rejas. Él siempre arremetió contra rivales mucho más poderosos, ya fueran las compañías disqueras, o un gigante como Coca-Cola. Llegó a alquilar un tanque de guerra para llevarlo al centro de Times Square en Nueva York y apuntar su cañón hacia un enorme letrero de Coca-Cola para llamar la atención de los medios de comunicación.

Hasta en su vida privada, Branson adora los deportes de riesgo. Como veremos más en detalle en el capítulo siete, este hombre batió récords de navegación cruzando el Océano Pacífico en un globo, atravesó el Atlántico en un pequeño velero, y fue de una costa a otra del Canal de la Mancha haciendo *sky surfing*. Cuando le pregunté qué lo lleva a practicar deportes tan riesgosos, dijo: "Ser aventurero y ser empresario no es muy diferente. En ambos casos, uno se propone vencer problemas aparentemente gigantescos, se prepara para superarlos, y al final cierra los ojos y dice: 'Que sea lo que Dios quiera'", me dijo. Tanto en los deportes como en los negocios, uno trata de hacer que los sueños se conviertan en realidad, y eso requiere tomar riesgos, agregó.

Elon Musk, uno de los grandes competidores de Branson en la conquista del espacio, ha estado varias veces al borde de la bancarrota después de haber apostado sus primeros 100 millones de dólares a su proyecto espacial SpaceX, con el que espera llegar a Marte y

—fuera de broma— crear una colonia con 80 000 personas allí. Cuando un periodista del programa *60 Minutes* de la cadena CBS le preguntó si después de varios vuelos fallidos de SpaceX no pensaba salvar lo que pudiera de sus bienes para retirarse a una vida más cómoda, Musk respondió: "Jamás… Yo nunca me rindo".[45] Poco después, Musk volvería a arriesgar sus últimos 40 millones de dólares en su empresa de automóviles eléctricos, Tesla.

Branson y Musk son los prototipos del empresario innovador que toman riesgos, pero hay pocos innovadores exitosos que no tengan algo en común con ellos. Como suele bromear el profesor Florida —el economista según el cual las empresas no atraen a las mentes creativas, sino viceversa—: los grandes innovadores suelen tener tres cualidades que empiezan con la letra T: tecnología, tolerancia y… testículos.

EL ENTORNO CREA A LOS GENIOS Y NO AL REVÉS

Pero lo más interesante de los estudios psicológicos sobre la creatividad es que los genios, aunque nazcan con una inteligencia extraordinaria, no producen inventos transformadores para la humanidad por sí solos, sino cuando están rodeados de mentores, colaboradores y competidores, y cuando fueron apoyados por su familia, y tuvieron una educación propicia. Y cada vez más, como lo veremos en las siguientes páginas, la innovación es un proceso colaborativo, y menos el producto de un acto de genialidad individual. Incluso Albert Einstein, el primer nombre que nos viene a la cabeza cuando pensamos en un genio, fue producto de un entorno colaborativo.

Einstein empezó a hablar a los cuatro años, fue un estudiante mediocre y sólo pudo lograr escribir sus trabajos científicos gracias a la ayuda temprana de su tío Jacobo y de otros mentores que lo ayudaron y lo estimularon en su juventud. Y, según la profesora Vera John-Steiner, autora de *La colaboración creativa*, hay fuertes indicios de que la primera esposa de Einstein, Mileva Maric, fue una gran ayuda en sus investigaciones iniciales. Las cartas de amor entre ambos muestran que

Einstein y Maric, que habían sido compañeros en el Instituto Politécnico Suizo, compartían "un sueño de intereses comunes y colaboración
científica", según John-Steiner.[46]

Al igual que Einstein, la mayoría de los grandes innovadores científicos, tecnológicos y artísticos fue resultado de un proceso colaborativo. Incluso Picasso, otro genio comúnmente visto como un creador
solitario que rompió con todos los parámetros de su época, fue el resultado de un proceso de interacción con sus pares. Aunque la historia lo
recuerda como el padre del movimiento cubista, Picasso se benefició
enormemente de su estrecha amistad y colaboración con el artista Geor-
ges Braque. El propio Picasso confesó, muchos años después, que "casi
todas las tardes iba al estudio de Braque, o Braque me venía a la mente.
Cada uno de nosotros tenía que ver lo que el otro había hecho durante
el día. Nos criticábamos las obras de cada uno. Una tela no estaba lista
hasta que el otro le diera su visto bueno", escribió John-Steiner.[47]

Y lo mismo, o más, ocurre con los innovadores tecnológicos de
nuestra época, como Gates, Jobs o Zuckerberg. La mayoría de nosotros admiramos a Zuckerberg por haber inventado Facebook, pero
su empresa fue una variante innovadora de otras que la antecedieron,
como Friendster y MySpace.

Como lo señalan John-Steiner, Florida, Wadhwa y varios otros
estudiosos de la creatividad, la idea del genio solitario es un mito. Las
grandes innovaciones no son chispazos de genialidad en medio de la
nada, sino que son el resultado de mentes creativas que se nutren de
otras mentes innovadoras en ciudades o vecindarios llenos de energía
creadora, experimentan incansablemente nuevas tecnologías, toleran
los fracasos, y tienen la audacia necesaria para imponer sus invenciones
ante mil obstáculos.

LA *GENIA* DE LOS NÚMEROS

El mundo está lleno de personas con inteligencias extraordinarias, que
no hacen ninguna contribución notable a la humanidad por carecer

de un entorno favorable. Shakuntala Devi, una mujer nacida en 1919, en Bangalore, India, era una de las personas más inteligentes del mundo. Su padre, que trabajaba periódicamente en un circo, descubrió que desde muy pequeña la niña poseía una capacidad extraordinaria para resolver cálculos matemáticos y muy pronto la puso a trabajar frente al público. Primero en India y luego ante audiencias internacionales, Devi se volvió famosa. En una de sus demostraciones en Londres, Devi multiplicó mentalmente, en 30 segundos, la cifra de 7 686 369 774 870 por 2 465 099 745 749, y dio la respuesta correcta: 18 947 668 177 995 426 462 773 730. Era una computadora humana.

Sin embargo, tras su muerte a los 83 años, a mediados de 2013, la revista *Time* señaló que, a pesar de su inteligencia sobrenatural, Devi "no hizo ninguna contribución duradera… La niña prodigio se convirtió en una adulta admirable, pero no influyente". "¿Qué hubiera sido de Devi si su padre en lugar de ser un artista de circo hubiera sido un ingeniero de Google?", se pregunta el artículo de *Time*. ¿Y qué hubiera pasado si en lugar de criarse en Bangalore a principios del siglo XX se hubiera criado en Silicon Valley en el siglo XXI? La respuesta es obvia: probablemente su vida hubiera tomado un giro muy diferente.[48]

Un reciente estudio de psicólogos estadounidenses y alemanes, publicado en el *Journal of Personality and Social Psychology*, confirma que los genios —y las mentes creativas en general— suelen florecer en las mismas ciudades o en los mismos espacios dentro de las mismas ciudades.[49] El estudio examina la creatividad y la propensión a crear emprendimientos de más de 600 000 personas en Estados Unidos, y concluye que los innovadores tienden a juntarse entre sí. "Las personalidades emprendedoras tienden a estar agrupadas geográficamente", afirma, agregando que el mismo estudio en Alemania y en Gran Bretaña llegó a la misma conclusión.

Lo mismo ocurre en América Latina, donde están surgiendo enclaves dentro de las ciudades con grandes aglomeraciones de jóvenes atraídos por la tolerancia a los estilos de vida extravagantes, y donde está floreciendo la creatividad y la innovación, según me señalaron Wadhwa y Florida. Antes, en el mejor de los casos, estas zonas bohemias eran vistas como atracciones turísticas. Hoy deben ser vistas como valiosos semilleros de innovación productiva, con un enorme potencial económico, y probablemente mucho más importantes para el futuro de los países que los costosos parques tecnológicos y científicos creados por muchos gobiernos. De esos barrios de São Paulo, Buenos Aires, Ciudad de México, Santiago de Chile, Bogotá y muchas otras ciudades latinoamericanas y europeas saldrán grandes emprendedores globales, afirman Wadhwa y Florida. Y como lo pude comprobar cuando salí a recorrer el mundo para entrevistar a algunos de los grandes innovadores del momento, eso ya está empezando a ocurrir.

2

Gastón Acurio: el chef que regala sus recetas

El cocinero que no divulga sus recetas, desaparece

Una de las principales lecciones que aprendí cuando empecé a entrevistar a varios grandes innovadores empresariales, tecnológicos y científicos, es que la colaboración con sus rivales, más que la competencia, ha sido una de las claves de su éxito. A diferencia de lo que todavía se enseña en muchas escuelas de negocios, sobre las virtudes de la competencia y la ley del más fuerte, hoy en día cada vez más innovadores alcanzan el éxito siguiendo el camino contrario: colaborando con sus competidores, bajo la premisa de que agrandando el pastel se benefician todos, en especial los mejores. Y hay pocos ejemplos que ilustren mejor este fenómeno que el caso del chef peruano Gastón Acurio.

Acurio es el chef latinoamericano más conocido en el mundo. Ha construido un emporio de 37 restaurantes peruanos en 11 países —incluyendo algunos de los más conocidos de Nueva York, San Francisco, Miami, Madrid, Buenos Aires y Bogotá— que facturan más de 100 millones de dólares anuales.[1] Es un visionario que ha convertido algo tan trivial como la gastronomía en un fenómeno económico y social, además de una industria millonaria que hoy en día representa 9.5% del producto interno bruto peruano. Según escribió el Premio Nobel Mario Vargas Llosa, Acurio ha triunfado gracias a sus logros como cocinero y empresario, pero "su hazaña es social y cultural".

Desde que Acurio inventó, o descubrió, la nueva cocina peruana, a mediados de los años noventa del siglo xx, y comenzó a difundirla

71

con una pasión de evangelista, Perú pasó de no tener ninguna escuela de cocina en 1990 a tener más de 300 escuelas de gastronomía hoy en día, con alrededor de 80 000 alumnos.[2] Tan sólo en Lima, la capital, cada año se gradúan unos 15 000 cocineros, según la Asociación Peruana de Gastronomía (Apega).[3] Hoy en día, en buena parte gracias al *boom* de la cocina peruana iniciado por Acurio, en Perú hay más estudiantes de cocina que en la mayoría de las carreras tradicionales. Y la ciudad de Lima —hasta hace poco tan gris y aburrida que el poeta César Moro la calificó de "Lima, la fea"— se ha convertido en una ciudad global, que pretende convertirse en la capital gastronómica mundial en 2021, pasándole por encima a París y a Roma.

Muchos viajeros —me cuento entre ellos— vamos a Perú atraídos en buena medida por sus restaurantes y por la originalidad de su comida, una amalgama de sabores amazónicos y asiáticos que siempre sorprende a los comensales con nuevas ideas y sabores que no se encuentran en ningún otro lado del mundo. Perú ha revalorizado productos andinos como los ajíes, las papas nativas, el olluco, la yuca, la quinoa, los pallares, el cuy y pescados de todo tipo, y —junto con el fenómeno de la nueva cocina peruana— los ha convertido en uno de los principales motivos de orgullo nacional. Cuando se les pregunta a los peruanos hoy en día sobre los principales motivos que tienen para estar orgullosos de su país, la gastronomía ocupa el segundo lugar, después de Machu Picchu, y muy por encima de la cultura, el arte, los paisajes naturales y la historia.[4]

Y, de la noche a la mañana, la gastronomía se ha convertido en un pilar del desarrollo económico del país, que emplea a 380 000 peruanos. El *boom* gastronómico ha hecho que el número de restaurantes en Perú se haya disparado de 40 000 en 2001 a unos 80 000 en 2012, y hay más de 300 restaurantes peruanos en Argentina, 105 en Chile, más de 500 en Estados Unidos y por lo menos 47 en Tokio, según datos de Apega. La prestigiosa revista británica *Restaurant Magazine*, dirigida principalmente a chefs y dueños de restaurantes de lujo, recientemente publicó un *ranking* según el cual nada menos que siete de los mejores 15 restaurantes *gourmet* de toda Latinoamérica están en la ciudad de Lima.

"SI TE LLEVAS TU RECETA A LA TUMBA, NO EXISTES"

Pero quizás lo más interesante de la historia de Acurio no es la nueva cocina que inventó ni su éxito profesional —hoy en día tiene la cadena Astrid & Gastón, que fundó con su mujer, y otras nueve cadenas de restaurantes— sino la forma en que construyó su imperio gastronómico. Contrariando lo que pregonan los manuales de administración de empresas, desde sus comienzos en Lima, Acurio no ocultó sus recetas a sus competidores. Todo lo contrario: las divulgó a todo el mundo, con la idea de que si otros restaurantes comenzaban a impulsar la noticia de que había una nueva cocina peruana, se beneficiarían todos.

Cuando lo conocí en Miami y me contó por primera vez la historia de su éxito, lo presentó como una tarea colectiva. "El cocinero que no divulga sus recetas está condenado a desaparecer", me dijo. "La figura del cocinero ha cambiado. Antes, era visto como 'ese cocinero que se ha llevado sus secretos a la tumba'. Pero eso es cosa del pasado. Hoy, solamente si tú divulgas tus recetas —en las redes, en los medios— existes".

Acurio debe haber percibido mi escepticismo, porque antes de que se lo pidiera pasó a explicar las razones de tanta generosidad. Según me dijo, "hoy en día, tu receta es efímera por naturaleza. Si tú te llevas tus recetas a la tumba, eres un fenómeno aislado, y desapareces. Entonces, en el mundo de la innovación, en el terreno gastronómico, tienes que crear un movimiento. Nosotros, los cocineros peruanos, no competimos, sino que compartimos. Estamos construyendo una marca que es de todos y de la que nos beneficiamos todos". Lo miré con una mezcla de asombro y admiración, aunque no quedé convencido del todo. Antes de pedirle más detalles sobre la receta de su éxito, le rogué que empezara contándome sus comienzos como chef, en la época en que ser chef en Perú era visto como un oficio muy menor.

"MI PAPÁ QUERÍA QUE FUERA ABOGADO"

Acurio proviene de una familia acomodada. Se crio en la calle Los Laureles del barrio de San Isidro, una de las zonas más elegantes de Lima. Su papá, Gastón Acurio Velarde, era un ingeniero que venía de una familia de hacendados y que había dedicado su vida a la política. En 1965 fue nombrado ministro de Fomento y Obras Públicas, durante el primer gobierno de Fernando Belaúnde Terry. En 1980 fue electo senador nacional, y reelecto en 1985 y 1990. En la casa de los Acurio, los políticos entraban y salían. Se respiraba la política a todas horas.

Gastón era el único hijo varón del senador Acurio Velarde y tenía cuatro hermanas mayores. De niño, aunque le interesaban vagamente las conversaciones de su padre con otros políticos, no le apasionaban. Era un chico algo regordete, al que le gustaba comer, y comer bien. "A los seis o siete años, me iba con mi bicicleta y me compraba calamares en el supermercado", recuerda hoy. "En mi casa nadie cocinaba. Ni mi mamá, ni mis hermanas. Entonces yo me compraba mis calamares, agarraba los libros de mi abuela, los leía, hacía las recetas, y me los cocinaba. Y mi padre me miraba de lejos, de reojo, así como pensando que el chico estaba 'jugando a algo raro'."

Acurio no sabe muy bien de dónde le salió esta afición por la cocina, pero especula que puede haber sido un refugio del mundo de la política, o de tantas mujeres que había en su casa. "Como mis hermanas tenían su vida, yo no pasaba mucho tiempo en la cocina. Ahí podía estar un poco escondido del mundo de mis hermanas. Quizás ahí pudo haber surgido una relación con la cocina. Como que ahí me aislaba", afirma.

El senador Acurio Velarde no estaba orgulloso del tiempo que su hijo pasaba en la cocina. "Mi papá quería que yo fuera abogado, y político. Desde chiquito me llevaba a los *meetings,* a ver los debates en el Congreso, me imagino que con la ilusión de formar a un futuro político de la nueva generación de su partido", recuerda Acurio.

"ME ECHARON DE LA UNIVERSIDAD"

Como lo esperaba su padre, Acurio se graduó con buenas calificaciones del Colegio Santa María, uno de los más tradicionales de Lima, e ingresó en la Universidad Católica para seguir la carrera de derecho, aunque —confiesa— hizo todo lo posible para que no lo dejaran ingresar. En lugar de estudiar día y noche para aprobar el examen de ingreso, apenas asistía a la academia preparatoria en la que se había inscrito para aprobar el examen de ingreso a la universidad.

"Hice todo para no ingresar. Copiaba en los exámenes de preparación, y ya. Pero resulta que el examen de ingreso de la Universidad Católica era de mucha formación humana y yo había recibido en mi casa todos los días el machaque de la política. Me habían hecho leer desde chiquito todos los libros sobre la ética protestante, el espíritu del capitalismo, todas esas cosas. Entonces, cuando llegó el día del examen de ingreso, obviamente respondí lo que sabía, y aprobé. Casi me agarra un ataque, porque ingresé a un lugar al que no quería ingresar. Y me fregué", recuerda Acurio. Para gran orgullo de sus padres, el hijo del senador Acurio Velarde aprobó el examen de ingreso con uno de los mejores puntajes, en el puesto 70 de entre unos 4000 postulantes.

Pero muy pronto, cuando empezó a estudiar derecho, Acurio descubrió que eso no era lo suyo. Las clases lo aburrían y los estudios aún más. Aunque había sido un muy buen alumno en la secundaria, comenzó a reprobar las materias. "En realidad, hice que me echaran. Es la misma universidad de donde echaron a Jaime Bayly. Me desaprobaron en todos los cursos. Y si desapruebas de todos los cursos durante un año, te echan", recuerda Acurio.

"Cuando mi papá se enteró de que me habían expulsado, casi le agarra un ataque. Y entonces le dije: 'Me voy a España'. Y en un intento por enderezarme, me mandó a seguir mis estudios de derecho en la Universidad Complutense de Madrid", recuerda Acurio.

CAMBIO DE RUMBO EN MADRID

Durante su primer año en la Universidad Complutense de Madrid, quizá por el sentimiento de culpa que tenía hacia su padre, Acurio obtuvo notas sobresalientes en todas las materias. "Pero acababa absolutamente quemado —recuerda—, pues estudiar derecho romano, derecho canónico, derecho natural, en España, que es memorista, es terrible."

Así fue como, en las noches, comenzó a trabajar en restaurantes, y a hacer cenas para la embajada de Perú y para otros eventos sociales. Y en el segundo año, sin decir nada a sus padres, Acurio se cambió de colegio y comenzó a estudiar cocina en la Escuela de Hotelería de Madrid. "Viví tres años así, estudiando hotelería sin decir nada a mis padres", recuerda Acurio.

"Y cuando venían a visitarte a Madrid, ¿qué les decías?", le pregunté.

"Cuando venían a visitarme escondía los libros de cocina, y ponía los de derecho, y decía que iba todo bien, que no había problema, que todo estaba en orden —respondió—. Cuando me gradué, tuve que darles la noticia."

Como en los chistes de la buena y la mala noticia, Acurio le dijo a su padre que finalmente se había graduado, pero no como abogado, sino como cocinero. "Obviamente, fue un escándalo, pero creo que ya sospechaban algo. Después me confesaron que algo se olfateaban porque los amigos les decían: 'Oye, qué buenas comidas hace tu hijo para la embajada', y cosas por el estilo. Pero como que no querían ver…" Sin embargo, ante el hecho consumado, "mis padres me apoyaron. Yo les dije que mi sueño era continuar mi formación en Francia, porque en ese momento la meca de la cocina era Francia, y me ayudaron… Terminados mis estudios en España, me apoyaron para que pudiera ir a Francia y estudiar en Le Cordon Bleu en París", recuerda Acurio.

"EN PARÍS, HACÍAMOS MARAVILLAS"

A los 21 años, Acurio entró en el prestigioso instituto Le Cordon Bleu de París, donde pronto obtuvo uno de los mejores promedios de su clase. De noche trabajaba en el restaurante de la esquina de la escuela, de cuyo dueño se había hecho amigo. "Yo terminaba de estudiar y entraba a trabajar ahí en las noches. Con lo cual, claramente, había encontrado mi mundo, porque mi rutina empezaba a las siete de la mañana y terminaba a las dos de la mañana del siguiente día. Pero era un mundo absolutamente perfecto y feliz", recuerda.

Con el tiempo, fue ascendiendo, hasta llegar a ser jefe de cocina: "Era fascinante, yo era peruano y era jefe de cocina en París a los 23 años. Era un sueño hecho realidad. Hacíamos maravillas en la cocina; inventábamos platos constantemente", rememora.

Fue en París donde Acurio conoció a Astrid, una alemana que estudiaba con él en Le Cordon Bleu, con quien luego se casaría y crearía su famoso restaurante Astrid & Gastón. Astrid hablaba español, además de su alemán natal y francés, y tenía una fascinación por Perú. Los dos estudiantes de cocina tenían mucho en común, por lo cual al poco tiempo decidieron hacer su vida en común, en Perú.

EL REGRESO A PERÚ

Acurio y Astrid se casaron y decidieron montar un restaurante en Lima, y paralelamente ayudar a crear una escuela Le Cordon Bleu en Perú. "No tuve que hacer mucho para convencerla: en realidad ella había decidido venirse conmigo, y nos vinimos", recuerda Acurio. "Mis padres estaban muy molestos. Yo tenía 24 años, mi esposa estaba embarazada, y no teníamos un centavo. Y volvíamos a un mundo absolutamente distinto a lo que es hoy en día el mundo de la gastronomía en Perú", recuerda Acurio. Ser chef en Perú era un oficio de muy poco estatus, sobre todo para un joven criado en San Isidro.

El dueño de la escuela de cocina Le Cordon Bleu, un heredero de la familia Cointreau, le había tomado cariño a su estudiante peruano, y le pidió ayuda para encontrar a alguien que quisiera montar una escuela Le Cordon Bleu en Perú. Acurio encontró un candidato, le ayudó a crear la escuela, y mientras tanto comenzó a buscar un local para su restaurante.

En ese momento, Acurio y su mujer no tenían la menor intención de crear un restaurante de cocina peruana. Deseaban tener un restaurante francés. "Los buenos restaurantes de todo el mundo en ese momento eran franceses. Y a los cocineros del mundo nos formaban para ser franceses. Entonces, nuestro sueño era tener un restaurante francés", recuerda Acurio. Mientras Gastón ayudaba en la creación de Le Cordon Bleu y Astrid trabajaba en una pastelería, ambos buscaban un local para abrir su propio restaurante. Y al cabo de un año Gastón y su mujer abrieron su restaurante francés, que llamaron Astrid & Gastón.

"LE PEDÍ DINERO A TODOS MIS FAMILIARES"

Acurio pidió dinero prestado a sus padres, a sus cuñados, a sus tíos, a todo el mundo para abrir su restaurante. Algunos se lo prestaron pensando que estaban haciendo una obra de caridad. Según recuerda Acurio: "Todos me prestaron el dinero en ese momento como resignados a perderlo, como diciendo: 'Pobre, este chiquito que quiere ser cocinero y no nos queda otra más que ayudarlo', pero convencidos de que ese dinero nunca lo iban a recuperar. Me lo dieron con pena". Hoy en día, esos mismos familiares deben estar lamentando no haberle prestado más dinero, a cambio de acciones en el emporio de los restaurantes de Acurio en todo el mundo. Según recuerda éste, sus prestamistas tenían tan poca fe en su proyecto, que a ninguno se le ocurrió exigir una parte del negocio. Si lo hubieran hecho, hoy en día habrían ganado muchos millones de dólares.

El restaurante Astrid & Gastón abría de lunes a sábado. Acurio llegaba los lunes a las siete de la mañana y regresaba a su casa a las dos de la mañana del siguiente día. "Y los domingos, que estaba cerrado, me iba a las nueve de la mañana para hacer las cuentas que no podía hacer durante la semana porque estaba cocinando, y mi esposa estaba atendiendo al público. Hacíamos todo. La cosa es que pudimos pagar rápidamente todos los préstamos que habíamos recibido. Y como tuvimos mucho éxito con nuestro restaurante de comida francesa, empezaron a llegar propuestas", afirma.

En un principio, Acurio rechazó todas las propuestas para abrir nuevos restaurantes. Quería tener el mejor restaurante francés de Lima y no quería dispersarse en nuevos proyectos. Pero muy pronto, influidos por lo que estaba ocurriendo en el mundo de la gastronomía fuera de Perú, Acurio y su mujer comenzaron a experimentar con un nuevo tipo de cocina.

El chef barcelonés Ferran Adrià y otros habían revolucionado el mundo de la gastronomía a finales de los años noventa, apartándose de la cocina francesa para crear sus propios estilos basados en sabores y colores locales. En España se estaba cultivando la marca del "sabor del Mediterráneo". Algunos lo llamaban "cocina molecular". Otros, "cocina deconstructivista". Pero no importa cómo se llamara, algunos chefs europeos habían empezado a abandonar el dogma de la cocina francesa y a cambiar los ingredientes, la forma y las texturas de sus platos. Y la joven pareja de chefs peruanos, que seguía muy de cerca estas tendencias, decidió que quería hacer lo mismo con la comida peruana.

"Nos dimos cuenta de que cuando abrimos el restaurante francés, estábamos buscando desesperadamente los hongos deshidratados que me habían enseñado a usar en Francia. Mis ojos no eran capaces de ver a mi alrededor, ni de darme cuenta de que somos un país con más de 500 frutas diferentes para hacer los sabores más inimaginables", recuerda Acurio. "Buscaba la pimienta verde de Madagascar, cuando en realidad tenía cortezas, raíces y hierbas en todo el Amazonas con las cuales podía encontrar sabores tanto o más potentes."

Alentado por la posibilidad de utilizar productos selváticos peruanos, Acurio se dedicó a viajar por todo Perú en 2002 en busca de nuevos ingredientes. Dejando a su mujer a cargo del restaurante por tres meses, fue de pueblo en pueblo por los Andes, y por el Amazonas, descubriendo qué había en las bodegas y los restaurantes, y terminó escribiendo un libro que tituló *Perú, una aventura culinaria*. Según recuerda: "Ahí cerré el círculo… Dije: 'Ya, éste es el camino'".

LA TRANSICIÓN DEL *FOIE GRAS* AL CUY

Los Acurio comenzaron a innovar en su restaurante Astrid & Gastón, remplazando la manteca y las cremas que le daban el sabor a los platos franceses por ajíes y hierbas peruanas del Amazonas. Astrid & Gastón comenzó su proceso de transformación que lo llevó de tener al *foie gras* (el paté de ganso) como su plato estelar, a ofrecer cuy, el conejillo de Indias que se come en Perú y que hoy en día es el plato más vendido en el restaurante.

"¿Pero cómo lograron convertir eso en un negocio de cientos de millones de dólares?", le pregunté a Acurio. Le recordé que en México hay un restaurante de comida prehispánica llamado Don Chon, en el Centro Histórico de la Ciudad de México, donde se comen chapulines, carne de lagarto, gusanos de maguey, huevos de mosca, escamoles y todo tipo de comidas exóticas que comían los aztecas. Le comenté que cuando visité el restaurante Don Chon y escribí una crónica, en los años noventa, venían autobuses llenos de turistas europeos que bajaban del vehículo, comían sus gusanos, se sacaban fotos muertos de risa y se regresaban. Pero dos décadas después el restaurante seguía siendo un negocio pequeño y, más que nada, un objeto de curiosidad. La comida mexicana prehispánica no se había impuesto en México ni a escala internacional como lo había hecho la peruana.

"¿Qué hicieron diferente ustedes?", le pregunté a Acurio.

"La diferencia es que nosotros no abrimos un restaurante, sino que generamos un movimiento —respondió—. En un movimiento, uno es parte de una actividad. Genera un movimiento económico mucho mayor."

"En términos prácticos, ¿qué significa eso?", pregunté.

"En términos prácticos significa que en la medida en que se genera un movimiento, no estás hablando sólo de un cocinero sino de muchos cocineros que empiezan a tener un diálogo entre sí. En el terreno personal, íntimo, nos dábamos cuenta de que cuando abríamos el restaurante usábamos 30 kilos de mantequilla y 50 litros de crema, y años después no usábamos ni uno, porque no era propio del estilo que estábamos creando. Del estilo afrancesado pasábamos a un estilo en que los ajíes son los que dan los sabores, las hierbas peruanas. Y la cultura local es la que generaba las ideas", señaló.

"O sea, crearon un movimiento que beneficiara a todos los chefs…", le comenté.

"Y más que a los chefs. Porque además estábamos empezando a dialogar con los productores locales para entender un poco lo que va sucediendo en el campo, lo que hay en la biodiversidad local. Y estábamos empezando a intentar sumar al comensal", agregó Acurio.

"NOSOTROS NO COMPETIMOS, NOSOTROS COMPARTIMOS"

Según Acurio, el movimiento de la nueva cocina peruana no fue generado únicamente por él, sino que había otros chefs del país que paralelamente se estaban encaminando en la misma dirección. Uno de ellos era Pedro Miguel Schiaffino, que había estudiado en el Culinary Institute of America de Nueva York, trabajó cinco años en Italia, regresó a Perú en 2001 y vivió un año en la ciudad de Iquitos, en el Amazonas, para estudiar la comida selvática y fundar, en 2004, su famoso restaurante Malabar, hoy en día uno de los mejores de Lima.

Otro era Rafael Piqueras, el joven fundador del restaurante Maras, que estudió en Le Cordon Bleu de Perú y en Piamonte, Italia. Piqueras había trabajado en el legendario restaurante El Bulli de Barcelona antes de regresar a Perú y comenzar a experimentar con fusiones de platos extranjeros, con ingredientes típicos peruanos. Al igual que Acurio, estos jóvenes chefs regresaron a Perú más o menos al mismo tiempo y con muchas ganas de revolucionar la gastronomía peruana. Muy pronto los tres chefs, junto con varios otros, comenzaron a intercambiar ideas y a hacer programas de gastronomía en televisión donde con frecuencia se invitaban unos a otros y publicitaban las innovaciones culinarias que cada uno estaba gestando en su propio restaurante.

Escuchando a Acurio hablar sobre este movimiento idílico de jóvenes dueños de restaurantes que se ayudaban entre sí, no pude menos que mirarlo con escepticismo. El sentido común me decía que, lejos de ayudarse entre ellos, los dueños de restaurantes —en Perú y en todas partes del mundo— se matan entre sí.

—Ustedes eran competidores. ¿Cómo puedo creer que se ayudaban tanto entre sí? —le pregunté.

—Es que nosotros no competimos, nosotros compartimos. Nosotros estamos construyendo una marca que es de todos —contestó Acurio.

—¿Desde el principio?

—Sí.

—¿Cómo fue eso?

—Empezamos a reunirnos, entre los años 2000 y 2003, para dialogar. La mayoría de nosotros andaba por los 30 años, ya teníamos nuestros restaurantes de alta cocina, y salíamos en las revistas, estábamos en las entrevistas, y empezábamos a tener protagonismo en la televisión. Yo empecé a tener un programa en la televisión. Empezamos a tener una voz y una cierta influencia mediática en los comensales, que nos beneficiaba a todos —respondió.

—¿Con qué excusa comenzaron a reunirse?

—Decíamos: tenemos que juntarnos, tenemos que hacer cosas, tenemos que promocionar nuestros productos, tenemos que construir un lenguaje propio; tenemos que hacer un discurso, unos principios, unos valores comunes. Tenemos un patrimonio incalculable, como sólo lo tienen 10 o 12 países en el mundo, y tenemos que aprovecharlo. Porque si no, nuestro destino va a ser seguir siendo peruanos haciendo cocina francesa dentro de Perú, o sea, nada —contestó Acurio.

—¿Se reunían espontáneamente, a tomar un café, o era una cosa sistematizada? —pregunté.

—Ambas cosas. Nos reuníamos y nos comunicábamos, sobre todo, tratando de articular lo que luego se convertiría en un discurso, y luego en un movimiento. Pero básicamente era acelerando el proceso, por ejemplo, de transformación de nuestra cocina. Es decir, *desafrancesándola* en nuestros propios restaurantes.

—Pero, por ejemplo, ¿qué cosas concretas convenían? ¿Cosas como mandar un representante a ferias gastronómicas internacionales?

—Sí, cosas como ésa, y muchas otras. Por ejemplo, cosas como ponernos de acuerdo para generar una mayor conciencia ecológica en los comensales. En Perú, por ejemplo, en enero empieza la temporada de veda de camarones. Y hasta ese momento el comensal, cuando empezaba la veda de camarones, iba a un restaurante a pedir que le sirvieran camarones, porque era más rico un producto prohibido. Y el cocinero, temeroso, sucumbía ante eso. Entonces nosotros agarramos y dijimos: "Está bien, a partir de ahora vamos a juntarnos y vamos a decirles: 'Señores, es horrible, ilegal e inmoral vender camarones. Como cocineros tenemos la responsabilidad de conservarlos en esta temporada y vamos a estar muy vigilantes de que esto se cumpla y tratar de que los demás cocineros lo cumplan'". Le pedimos a nuestros mozos que dijeran: "Señores, ya empezó la temporada de veda de camarones y es muy importante que se cumpla porque el mar en todo el mundo está amenazado. Y si no la cumplimos no vamos a tener camarones el año que viene".

—¿Y funcionó?

—Ésa fue una prueba de fuego, y los comensales nos siguieron. Ya teníamos una llegada mediática, que iba más allá de la gente que se acercaba después de la comida a decir: "¡Te felicito, qué rico cocinas!" Y la campaña funcionó, porque además convocamos a los demás cocineros. Y hoy en día la veda se respeta absolutamente. ¡Eso es fantástico! —respondió.

—¿Pero cómo evitaron hacerse la guerra entre ustedes? Porque era obvio que el restaurante que decidiera vender camarones en enero le iba a ganar a los demás... —le señalé.

—Al principio es difícil. ¿Qué reina? La desconfianza. El ego. La vanidad. Eso genera muros que hacen imposible el diálogo, la construcción… Entonces empiezas a aislarte, a hacer tu propio mundo… Pero una vez que todos predicábamos lo mismo en los medios, se hacía difícil decir una cosa en televisión y luego ofrecer camarones en nuestro restaurante…

SI TE QUEDAS CON UNA RECETA, NO EXISTE

A esta altura de la entrevista, todavía me costaba trabajo creer la historia de Acurio acerca de que los jóvenes chefs que iniciaron el movimiento de la nueva cocina peruana no sólo se habían puesto de acuerdo en promocionar la cocina amazónica, sino que incluso se intercambiaban recetas.

—¿Acaso los cocineros no se llevan sus recetas a la tumba? —le pregunté, incrédulo. Acurio respondió con una sonrisa, y me dijo nuevamente que "esos eran otros tiempos", y que, hoy en día, el cocinero que no divulga sus recetas y las hace trascender está condenado a desaparecer.

—Si tú te apropias de la receta y te quedas con ella, no existe. Hay una necesidad casi paranoica de que cuando haces algo tienes que soltarlo, porque es la única manera de hacerlo trascender. Eso es lo que pasa hoy en el mundo gastronómico, en el mundo de la innovación —dijo Acurio.

—Interesante, porque quizá has hecho intuitivamente lo que están haciendo cada vez más los científicos y los tecnólogos en todo el mundo. Las grandes innovaciones, como los aviones no tripulados y las impresoras 3D, ahora se desarrollan cada vez más con fuentes abiertas para todos en internet —le comenté.

—Tienen que ser abiertas, compartidas. Porque así te conviertes en un icono, eres un modelo a imitar, generas tendencias. Si tú inventas un ceviche y si al año siguiente ese ceviche está en todo Miami, entonces tú existes: hay una necesidad urgente de que lo que hagas, lo hagan otros —respondió Acurio.

—¿Y qué pasa con la competencia? —pregunté.

—Lo que había antes de nuestro movimiento era una competencia por migajas. Nuestra premisa fue: o nos peleamos por migajas, o intentamos construir un mundo nuevo que nos beneficie a todos. Ésa fue la premisa. Si la cocina china, japonesa, italiana y francesa ya existen en el mundo, ¿por qué la peruana no? Ése fue nuestro punto de partida —respondió.

CÓMO EVITAR LAS GUERRAS INTERNAS

Además de la amenaza de competencia entre los restaurantes innovadores, existía el peligro de una guerra silenciosa de los restaurantes tradicionales contra los jóvenes chefs que, como Acurio, estaban inventando una nueva cocina.

—¿Cómo evitar que algún competidor les hiciera una guerra sucia, por ejemplo, filtrando a los medios informaciones que los pudieran perjudicar, como críticas negativas, o sugiriendo que algunos de los nuevos ingredientes que ustedes usaban podrían ser dañinos a la salud? —le pregunté.

—Nosotros desde el principio tratamos de derribar esta absurda pelea creada entre la tradición y la innovación. El cocinero tradicional se sentía amenazado por quienes hacíamos innovación. Eso pasa siempre y en todo el mundo. Y esto nosotros lo identificamos desde el principio. Salíamos demasiado en las revistas. La innovación es lo que jala, lo que pone, y eso les generaba frustración. Entonces, personalmente creo que el programa de televisión ayudó mucho en ese sentido. Yo también ponía a los cocineros tradicionales como estrellas todo el tiempo. Para que cuenten su historia, para que salgan adelante, para que tengan reconocimiento. Eso fue generando confianza —respondió Acurio.

—¿Y hoy en día?

—Llegó un momento, en 2003, en que todas esas barreras de las que hablábamos al comienzo habían sido derribadas. Entonces, el cocinero popular sentía respeto y cariño por el cocinero de alta cocina. Y viceversa. Nos mirábamos como iguales. Es decir, somos una industria. Y vamos a construir todos juntos esta industria, incluyendo cada vez a más sectores —respondió.

—¿Como cuáles?

—Como cada vez más productores. En este momento ya hemos logrado pasar la etapa del productor anónimo al productor protagonista. Hoy en día finalmente la ciudad aplaude al productor del campo; le reconoce su labor, porque es muy importante para generar nuevos vínculos comerciales. Desde 2007, en Lima organizamos una feria gastronómica llamada Mistura, que ya es la más grande de América Latina, en la que se reconoce no sólo a los restaurantes y a los chefs, sino también a los productores. Y vienen unas 500 000 personas por año —señaló.

—¿Y cómo reconocen a los productores?

—El evento más importante de la feria Mistura es una premiación a la excelencia. Ya hace dos años decidimos premiar a una docena de fabricantes de productos emblemáticos de Perú, como café, cacao, quinoa, papa y ají. Productores que se habían destacado por distintos motivos. Antes, por nuestra ignorancia, pensábamos que los productores venían a la feria sólo en busca de nuevos mercados. Que esto les iba a generar nuevos mercados y era lo único que les importaba. Pero me acuerdo de una anécdota que cambió todo: un productor de quinoa se me acercó y me expresó la emoción que sintió cuando la gente, el público de Lima que nunca los había tenido en cuenta, le aplaudió. Y este señor me dijo que me daba la mano en "nombre de mi pueblo, porque hemos esperado 500 años para este momento". Me dejó frío. Ahí entendimos que teníamos que restablecer la confianza entre el campo y la ciudad —respondió.

Volviendo al tema sobre cómo se logró que todos los chefs trabajaran juntos en lugar de pelearse "por migajas", Acurio señaló que la feria gastronómica de Mistura es un excelente ejemplo de cómo todos

—tanto los chefs jóvenes e innovadores como los tradicionales, al igual que productores y consumidores— se han beneficiado del *boom* culinario en Perú. Durante la feria, que dura 10 días, se celebra la cocina de todas las regiones del país, además de las europeas, las chinas, las africanas y las de todas partes del mundo, y son invitados los mejores chefs del mundo. El evento se ha convertido en un acontecimiento nacional, en el que se presentan nuevos platillos y nuevas ideas que se convierten en noticias de primera plana y que despiertan la curiosidad —y el hambre— de los comensales. "Ganamos todos", concluyó Acurio.

EL ROL DEL GOBIERNO

Curioso por saber cuánta ayuda recibió del gobierno de Perú para crear el movimiento que revolucionó la industria gastronómica peruana, le pregunté a Acurio cual había sido el papel del gobierno en los inicios del proyecto. ¿Recibieron dinero de las autoridades federales, o del municipio, o de alguna otra entidad para crear el movimiento? ¿Hasta qué punto la ayuda gubernamental fue un factor clave para fomentar la innovación?, le pregunté.

Según Acurio, "el Estado se sumó" cuando el movimiento ya estaba armado, no antes, y ayudó a promocionarlo.

—En 2007, fundamos la Apega. Y ahí ya estábamos todos unidos. La foto es memorable, porque en ella aparece la ministra de Comercio y Turismo, el productor de papas, la señora que vende brochetas en una esquina y los cocineros de vanguardia. La ayuda del gobierno se limitó a la promoción, apoyando la participación de chefs peruanos en festivales gastronómicos en el exterior, pero nada más. En otros países, la participación del gobierno es mucho mayor —dijo Acurio.

—¿Por ejemplo? —pregunté.

—En Suecia, por ejemplo, tú entras a la página web del gobierno sueco, y corroboras que tiene un plan de 20 años: quieren ser el país más importante del mundo en gastronomía. El caso de ese país es muy interesante, porque tiene poca diversidad y escasa cultura gastronómica. No obstante, se han planteado que a partir de la innovación tienen que convertirse en una potencia gastronómica —respondió.

—¿Cómo esperan lograrlo? —pregunté.

—En Suecia ya le bajaron 50% a los impuestos a los restaurantes, siempre y cuando trasladen los ahorros a la innovación. ¿Cuál es el objetivo de esa política? Generar grandes cocineros. Hay un plan interesante ahí.

"¿SI FRACASÉ? ¡CLARO QUE SÍ! TODO EL TIEMPO"

Como muchos otros visionarios exitosos, Acurio no tiene empacho en admitir que sufrió varios fracasos a lo largo de su carrera. Cuando le pregunté si alguna vez había fracasado, respondió de inmediato: "Todo el tiempo". Acto seguido, me relató la historia de su malogrado intento de hacerle la competencia a McDonald's con una cadena de comida rápida peruana.

—En esta vorágine de concentrarnos en todo "lo peruano", en 2007 creamos una cadena de sándwiches que se llamaba Los Hermanos Pascuales. Dijimos: "Vamos a hacerle la competencia a McDonald's". Pero lo hicimos mal. En lugar de crear un mundo nuevo, nuestro error fue hacer una tienda de sándwiches peruanos con *look* estadounidense, pensando que toda la comida rápida debe tener ese formato, con luces de neón, y que la gente tenga que comprar su comida en un mostrador. Inauguramos siete restaurantes en un año. Fue un error, una locura —recordó.

—¿Que aprendieron?

—A raíz de ese fracaso, otros han corregido esos errores y están desarrollando una industria. Los sándwiches peruanos le están haciendo una batalla increíble y hermosa a la comida rápida estadounidense. Están vendiendo sándwiches peruanos, pero ya con formatos que toman en cuenta la cultura local. Han creado un estilo propio. Esto es super.

—Pero, en ese momento, ¿cuánto te afectó a ti?

—El fracaso no te debe vencer. Hay que arriesgarse. Otras veces lo hemos hecho y nos fue muy bien. Por ejemplo, cuando abrimos el restaurante en San Francisco, en 2008. En el momento en que estaban quebrando todos los bancos de Estados Unidos, nosotros inauguramos un restaurante frente al mar, que nos costó varios millones de dólares, donde teníamos que pagar 60000 mensuales de alquiler. Ese día quebraba Norteamérica. Y nosotros teníamos nuestra bandera peruana ahí.

—¿Y cómo les fue?

—Bueno, ese restaurante, que se llama La Mar, es el que más vende de todos los que tenemos. Vende 10 millones de dólares cada año —señaló.

"LA INNOVACIÓN TIENE QUE SER CONSTANTE"

Yo había escuchado que en cada una de las cadenas de restaurantes de Acurio los cocineros tienen la consigna de inventar constantemente, pero no sospechaba que no se trataba de una orientación sino de una orden. Según me contó Acurio, en cada uno de sus restaurantes los cocineros deben cambiar el menú cada seis meses y —lo que es un desafío aún mayor— inventar cinco nuevos platillos por semana.

—¿Pero la orden es inventar un platillo en la cocina para que lo prueben los cocineros, o inventar un platillo para ofrecerlo al público? —pregunté.

—Para el público, claro. Cada platillo se pone en una pizarra. ¿Cómo inventas un platillo en Astrid & Gastón? Me llegó un frijol nuevo, un frijol morado. Con ese frijol morado hago, por ejemplo, una galleta, que convierto en un postre. Entonces, estoy inventando algo nuevo: llevando un frijol, que es del mundo salado, al mundo dulce. Cada cocinero tiene que inventar todo el tiempo. La innovación tiene que ser constante —explicó.

—¿Y cuál es tu papel en todo este proceso?

—Mi trabajo consiste en que los cocineros entiendan cuál es su territorio. Porque yo no puedo hacer un platillo de Astrid & Gastón en La Mar. Son lenguajes culinarios y estilos completamente diferentes. Y todos los chicos, cuando son jóvenes, quieren ser cocineros de Astrid & Gastón, porque hay una sed de creatividad. Entonces lo que yo necesito es explicarles que la creatividad está en todas partes, pero que cada restaurante tiene un territorio diferente. En algunos, la creatividad está en la cocina tradicional, en que tú estés buscando libros antiguos, revisando recetas de hace 50 o 100 años, y dándoles un lenguaje moderno. Con eso estás innovando en el seno de la propia tradición. Mientras que, en otros restaurantes, hay que hacer otra cosa —señaló.

"NUESTRO PRIMER OBJETIVO: HACER CRECER LA MARCA PERÚ"

Quizá lo más sorprendente del fenómeno gastronómico iniciado por Acurio es que ha logrado que los cocineros peruanos no sólo realicen un mejor trabajo y se sientan orgullosos de su labor, sino que lo hagan con fervor patriótico, como si fueran los paladines de una causa superior. Según Acurio: "Nosotros tenemos que, como primera misión de nuestra empresa, desarrollar la cocina peruana en el mundo. Si tú entras a mi compañía y preguntas cuál es su misión, la respuesta que recibirás es ésta: 'Desarrollar la cocina peruana en el mundo'". Incrédulo, le dije que me costaba trabajo creer que ésa fuera la primera misión de su empresa.

—¿Seguro? —le pregunté—. El principal objetivo de un restaurante, o de cualquier otra empresa, es que gane dinero...

—Sí, pero nuestro primer objetivo es promover la marca Perú, porque en la medida en que se conozca la cocina peruana abriremos más restaurantes, desarrollaremos más nuestra compañía, y nos va a ir mejor. Ahora, si la pregunta es por qué tenemos la misión de desarrollar la cocina peruana en el mundo, seguimos tres objetivos. El primero: promover la marca Perú, y lo que produce Perú, es decir, la gastronomía peruana como una herramienta de promoción de los productos nacionales para fortalecer la imagen del país, con las consecuencias positivas que implica en el mundo.

—¿Cómo es eso?

—Si yo genero confianza a través de Perú como marca, entonces todos los productos y todas las actividades de Perú generan confianza. Yo siempre cuento la anécdota de la vez que establecimos nuestro restaurante en Madrid y un día se me acercó un chico que me dijo: "Quiero darte las gracias". Cuando le pregunté por qué, me respondió: "Porque tu restaurante está en el Paseo de la Castellana y en la puerta dice: 'Cocina peruana'. Y yo tengo una joyería de platería peruana cerca de la Puerta del Sol, y no vendía nada hasta que tú abriste". Fíjate cómo está relacionado.

—¿Cuáles son los otros dos objetivos?

—El segundo es atraer la mayor cantidad de personas a Perú impulsando el turismo, esto es, promover, mediante la gastronomía, el destino Perú. O sea, Perú compite con el resto de América para atraer turistas de Europa. Antes, ¿por qué venía la gente a Perú? Por Machu Picchu. ¿Por qué viene la gente ahora a Perú? Porque visitan Machu Picchu y porque vienen a comer rico. Ya son dos motivos. Hay un motivo más. Pues a nivel regional también compite: ¿adónde voy a ir? ¿Voy a realizar un recorrido por Europa desde América Latina, o me voy a un país vecino de América Latina? Entonces, por eso es que los cocineros de América Latina empezamos a buscar estándares mutuos, para que sea un destino muy fuerte regionalmente.

—¿Y el tercer objetivo?

—El tercer objetivo es integrar a los peruanos a través de la cocina: hacer de la cocina peruana un vehículo de integración para los peruanos por medio de las distintas actividades que llevamos a cabo —respondió.

"NO HAY QUE PELEARSE POR MIGAJAS"

Para Acurio, "hacer dinero es una consecuencia de que la promoción de la 'marca Perú' está funcionado. Si ésta no funciona, no hacemos dinero y en lugar de hacer crecer el negocio para todos volveremos a pelearnos por migajas. Yo quiero que la cocina peruana tenga un valor, el mismo valor que posee la cocina italiana en el mundo. ¿Sabes cuál es el valor de la cocina italiana en el mundo? Es de 500 000 millones de dólares; ése es el valor de la cocina de Italia. El hecho de que haya pizzerías italianas en Miami, o de que haya una salsa de tomate italiana en el supermercado, o una marca de pizza internacional, tiene un valor de mercado conjunto de 500 000 millones de dólares".

—Pero la comida italiana tiene siglos de tradición. No es una marca que se haya consolidado en una generación —repliqué.

—Son 100 años de tradición de la comida italiana —respondió—. La comida japonesa, que tiene 40 años, tiene un valor de mercado de 200 000 millones de dólares. Hace 40 años había 500 restaurantes japoneses en el mundo; hoy en día hay 50 000. Hace 40 años los niños de Occidente no tenían la más remota idea de lo que era la comida japonesa. Si le decías a un pequeño que le darías dinero si comía algas, wasabi o pescado crudo, te hubiera dicho: "Está loco". Eso sucede hoy en día en cualquier lugar del mundo.

—¿Entonces?

—Entonces, con esa premisa se pueden desarrollar comidas nacionales en pocos años. Hoy en día, la cocina de Perú tiene un valor de mercado de 10 000 millones de dólares, incluyendo las exportaciones de alimentos. Tenemos muchísimo por hacer.

"EL *BOOM* HIZO AUMENTAR LA AUTOESTIMA DE LOS PERUANOS"

Hacia el final de nuestra entrevista, cuando le pregunté a Acurio qué es lo que más le enorgullece del movimiento que ha creado, su respuesta fue inmediata: "Lo mejor de todo es que ha sido uno de los motores más importantes para la recuperación del orgullo de ser peruano, de la confianza que —como cultura y como nación— tenemos en nosotros mismos para ser protagonistas".

Acurio explicó que cada vez que la cocina peruana gana un premio internacional —como cuando Lima fue nombrada el destino gastronómico de 2012 en Inglaterra, o cuando la cocina peruana fue designada una de las cinco con mayor futuro del mundo por la World Travel Guide— es como si el país ganara un premio Oscar: ese premio es de todos los peruanos.

"Que la cocina peruana, como un hecho cultural peruano, tenga reconocimiento en el mundo, es una especie de grito de libertad. Y siendo la confianza en uno mismo la clave para cualquier cosa, entonces ése es quizás el gran aporte para poder mirar hacia el futuro con seguridad, con proyectos comunes.

"Claramente, en los últimos *rankings* de confianza y orgullo por lo propio, hemos pasado de estar en la retaguardia a estar a la cabeza de América Latina, superando a México. Lo habrás notado cuando vas a Perú. La gente te recibe con orgullo. Hace 20 años te habrían llevado a un restaurante francés y te hubieran tratado de mostrar cuán parecidos éramos a Miami. Ahora no. En eso, la gastronomía ha contribuido enormemente", concluyó Acurio.

Meses después de esta entrevista, en un viaje a Perú, pude comprobar hasta qué punto los peruanos reconocen el rol que ha jugado Acurio en mejorar la autoestima del pueblo peruano: en círculos políticos se estaba hablando seriamente de la posibilidad de que el chef sea uno de los próximos presidentes del país. Acurio negaba ante la prensa que le interesara el puesto, pero muchos políticos de primer nivel lo tomaban muy en serio: ninguno de ellos tenía niveles de popularidad tan altos como los del chef que comparte sus recetas.

3

Jordi Muñoz y el movimiento de los *makers*

La explosión de la innovación colaborativa por internet

Lo que el chef peruano Gastón Acurio hizo con sus recetas de cocina —hacer públicos sus secretos y colaborar con sus competidores en lugar de competir contra ellos— es algo que vienen haciendo cada vez más los innovadores tecnológicos de Silicon Valley. Uno de los movimientos que más está creciendo allí es el de los *makers* (o "hacedores"), cuyos seguidores publican en internet sus proyectos y sus secretos, con la premisa de que les conviene más compartir su trabajo con todo el mundo, y recibir sugerencias de todo el mundo, que mantenerlo en secreto. Todo esto me parecía un concepto muy romántico pero poco realista, hasta que conocí a Jordi Muñoz, un joven mexicano de 26 años, que desde hacía tres años era el presidente de una de las principales empresas de drones comerciales —o aviones no tripulados para uso civil— de Estados Unidos.

Si alguien le hubiera dicho a Muñoz cuando tenía 19 años que a los 23 años sería el presidente de 3D Robotics, una empresa de California con más de 200 empleados, 28 000 clientes y ventas proyectadas de unos 60 millones de dólares en 2015, se hubiera muerto de risa. Lo habría tomado como una broma cruel para presionarlo a que dejara de ser un adolescente sin rumbo y sentara cabeza. Sin embargo, a los 23 años Muñoz ya era el CEO de 3D Robotics y se codeaba con los grandes de la industria aeroespacial en Estados Unidos. Su trayectoria había sido de película.

94

SIN PAPELES, SIN EMPLEO, SIN TÍTULO

Muñoz llegó a Estados Unidos a los 20 años procedente de Tijuana, México. No tenía empleo, ni papeles, ni un título universitario. Era uno de los tantos jóvenes "ni-ni", como llaman en México a los millones de jóvenes que no estudian ni trabajan. Además, acababa de tener un hijo no buscado con su novia, Priscila.

Los dos jóvenes, temiendo la ira de sus padres y sin tener un futuro claro en México, decidieron abandonar sus estudios y largarse hacia Estados Unidos, aprovechando que ella tenía ciudadanía estadounidense. Una vez en Los Ángeles, Muñoz no podía trabajar mientras esperaba sus papeles de residencia, y pasaba los días en su casa, cuidando al bebé, y escribiendo en blogs de amateurs de computación, robótica y drones, temas que lo habían apasionado desde pequeño. Sus expectativas para el futuro no eran muy alentadoras. Cuando mucho, según confesaría tiempo después, esperaba ser un vendedor en la sección de computación de la cadena Best Buy, y probablemente trabajar allí con un salario mínimo el resto de su vida.

Pero no fue así. La obsesión de Muñoz por la tecnología aeronáutica, su participación en la comunidad de los *makers* —el creciente mundo de los internautas que comparten públicamente sus proyectos y sus descubrimientos— y una pizca de suerte lo convirtieron de la noche a la mañana en uno de los empresarios más prometedores de Estados Unidos. Su padrino empresarial y socio Chris Anderson, el ex director de la revista *Wired* que renunció a su puesto en 2012 para crear 3D Robotics junto con Muñoz, calificó a su joven socio en su libro *Makers: The New Industrial Revolution* [*Hacedores: la nueva Revolución Industrial*] como "uno de los principales expertos mundiales en robótica aérea".[1]

Cuando entrevisté a Muñoz por primera vez, 3D Robotics ya era una empresa consolidada, de la que hablaban muchas revistas especializadas en aeronáutica civil. Entre otras cosas, la compañía estaba vendiendo aviones no tripulados para vigilancia aérea policial, filmaciones desde el aire para canales de televisión, envíos de medicamentos a lugares remotos, sobrevuelo de campos agrícolas para detectar plagas, o para hacer llegar salvavidas en las playas a personas que se estaban ahogando. Pero eso era apenas el principio: la industria de los drones civiles promete dispararse en 2015, cuando la Administración de Aviación Federal de Estados Unidos tiene previsto dar a conocer sus reglamentos para permitir que empresas como Domino's Pizza, Amazon.com o Fedex puedan usar drones para transportar todo tipo de productos.

¿Cómo pasó Muñoz en pocos meses de inmigrante desempleado a presidente de una empresa que muy pronto podría ser puntera en la industria aeroespacial? Su historia, como me la contó en tres entrevistas separadas, es apasionante e ilustrativa del ascenso de los *makers* en el mundo tecnológico.

"TENÍA PROBLEMAS EN LA ESCUELA"

Lejos de ser un buen alumno, Muñoz fue un estudiante mediocre. De niño, lo diagnosticaron con trastorno de déficit de atención con hiperactividad. Pasó por un total de cinco escuelas antes de graduarse de la secundaria. Hijo único de una familia de profesionales de clase media —su padre es un médico neuropsiquiatra y su madre es contadora—, Muñoz pasó su niñez en Ensenada y Tijuana, Baja California, México. Sus recuerdos de la escuela primaria no son muy felices.

"Tenía problemas en la escuela —me contó—. Padecía trastorno por déficit de atención. No me podía concentrar. Las maestras hablaban de una cosa y yo siempre estaba distraído, pensando en otra cosa. En la escuela de monjas era problemático y muy revoltoso. Era el chamaco distraído y revoltoso al que las maestras no querían".[2]

Su padre, preocupado por las calificaciones de Jordi, lo cambió de escuela y lo colocó en un plantel de Montessori. "Pero el tiro le salió por la culata. Se supone que la Montessori es una escuela donde los niños hacen lo que quieren, pero resultó que yo era un niño difícil de domar hasta para la Montessori", recuerda Jordi, divertido. En una de las varias oportunidades en que lo amonestaron por una fechoría, Jordi abrió la jaula donde estaban encerradas unas palomas blancas que, por supuesto, salieron volando de inmediato. "A mi papá le dijeron muchas veces que me medicaran, pero él se resistía y nunca me medicaron", recuerda. Jordi estaba obsesionado con los aviones y con la robótica en general, desde muy pequeño. Mientras las maestras daban clase, pensaba en avioncitos, en robots y hasta en bombas.

Su madre, Rosa Bardales, me contó que, desde niño, Jordi jugaba con legos y le encantaba armar y desarmar todo lo que había a su alrededor. "Hasta las vecinas traían sus licuadoras para que Jordi se las arreglara —recuerda su madre—. Su pasión eran los legos. Le habíamos regalado un lego didáctico cuando era un bebé, cuando tenía un año, y allí nació su creatividad. Se pasaba el día jugando con legos."[3]

Probablemente el niño adquirió el hábito de reparar cosas viejas de su padre, el doctor Jorge Muñoz Esteves, cuyo *hobby* siempre había sido comprar aparatos viejos en los mercados de pulgas para repararlos. Según recuerda el doctor Muñoz: "Yo siempre estaba comprando artilugios electrónicos que conseguía baratos y los arreglaba: era mi terapia para salirme del canal de mi trabajo como psiquiatra. Era lo que Jordi veía de niño. Nunca me imaginé que se le diera por ahí, pero por ahí salió".[4]

El doctor Muñoz Esteves estudió idiomas con la idea de ejercer en Estados Unidos o en Europa. Al terminar sus estudios de posgrado en la Ciudad de México, el padre de Jordi ganó una beca para perfeccionar su inglés en Filadelfia. Y ya estaba listo para viajar a Estados Unidos, pero el gobierno de México canceló la beca de último momento como parte de los drásticos recortes presupuestarios después de la crisis económica de 1982, y su proyecto de estudios quedó trunco. Curiosamente, o no tanto, el joven Jordi terminó haciendo, años después, las dos cosas que nunca terminó de hacer su padre: se dedicó de lleno a la innovación y se mudó a Estados Unidos.

"Los hijos siempre tratan de compensar alguna carencia, real o imaginaria, de sus padres —me comentó el doctor Muñoz Esteves, hablando como padre y como psiquiatra—. Jordi quizás percibió inconscientemente algún grado de frustración mía por no haber podido hacer mi beca en Estados Unidos y posiblemente terminó compensando esa carencia mía", agregó.[5]

"A LOS 11 AÑOS HICE UNA BOMBA"

De niño, Muñoz soñaba con tener una computadora. Pero sus padres, temiendo que se pasara el tiempo jugando y se distrajera aún más de sus estudios, sólo le compraron una computadora usada cuando tuvo 10 años. Al principio, Muñoz no sabía ni cómo encenderla, pero a los pocos días ya estaba fascinado con su nueva máquina. "Me quedaba 18 horas al día pegado a la computadora", recuerda.

Cuando no estaba frente a su computadora, el niño se divertía haciendo experimentos que a veces no le causaban ninguna gracia a sus padres. "Una vez, a los 11 años, hice una bomba con un control remoto —recuerda Muñoz, divertido—. Tomé unos cohetes, les saqué la pólvora, los metí en un tubo, le puse un circuito electrónico y la detoné en un terreno grande, lejos de todo."

Sus padres no sabían si estar orgullosos o alarmados con la vocación experimentadora del joven. "Mi papá me miraba con cara de que yo era un bicho raro", recuerda Muñoz.

A los 14 años, el joven ya estaba diseñando su primera página web y se interesaba por todo lo que tenía que ver con la aeronáutica. Como muchos niños con síndrome de deficiencia de atención que logran controlar o superar el problema en la adolescencia, Muñoz empezó a sacar mejores calificaciones en la escuela y a llevarse mejor con sus maestros. "Empecé a sacar buenas calificaciones a los 16 años y terminé la preparatoria a los 18. De milagro, nunca repetí ningún grado."

Una vez culminada la escuela preparatoria, y tras el divorcio de sus padres, Muñoz quiso mudarse a la Ciudad de México para estudiar en el Instituto Politécnico Nacional (IPN), que era la única universidad que tenía una carrera en ingeniería aeronáutica. Su padre no estaba muy feliz con la idea porque en ese momento la Ciudad de México era muy insegura. A pesar de las objeciones de su progenitor, y quizás molesto porque éste había formado una nueva familia con una mujer que tenía una hija pequeña, Muñoz se fue a la capital a tratar de ingresar en el IPN.

"NO ME ACEPTARON EN EL POLITÉCNICO"

El joven Muñoz presentó dos veces el examen de ingreso al IPN, pero fue rechazado en ambas oportunidades. Los cupos para estudiantes del interior del país eran más restringidos que para quienes salían de las preparatorias de la red de escuelas del Politécnico, y no le alcanzaba el puntaje para ingresar. "Perdí dos años tratando de ingresar al Politécnico, y no entré. Al final, regresé a Tijuana con la cola entre las patas", recuerda.

En Tijuana, algo frustrado por no haber entrado en la universidad que quería para estudiar ingeniería aeronáutica, Muñoz decidió cambiar de rumbo y abrir un restaurante de tacos. Vendió a su madre un carro Volkswagen que le había regalado su padre, e invirtió el dinero en un local para poner su taquería. Su padre, cuando se enteró, montó en cólera. "Le dije: '¿Tanto batallar para terminar de taquero?'", recuerda su padre. Según Jordi: "Mi papá se enojó, porque quería que yo estudiara una carrera en la universidad". Al poco tiempo, Jordi entró a estudiar ingeniería en computación en el Centro de Enseñanza Técnica y Superior (CETYS), una de las universidades privadas más prestigiosas de Baja California.

Muñoz estudió en el CETYS durante 12 meses, hasta que su novia y compañera de escuela quedó embarazada y los dos jóvenes, asustados y conscientes de que sus padres no aprobarían sus planes, decidieron dejar los estudios y probar suerte en Estados Unidos. Corría el año 2007.

"Fue muy estresante para los dos", recuerda Muñoz. "El niño estaba en camino, yo no tenía papeles y no teníamos dinero. Yo no podía trabajar durante siete meses, hasta que me llegara el permiso de residencia. Para colmo, la economía se estaba cayendo, y al poco tiempo estalló la crisis económica de 2008. Era muy difícil encontrar trabajo."

"EMPECÉ A ESCRIBIR EN BLOGS"

En 2008, encerrado en su casa y cuidando a su niño mientras su mujer trabajaba, Muñoz comenzó a escribir en blogs de la comunidad de innovación de fuentes abiertas en internet. Cada vez más, grupos de *makers* estaban creando nuevos sitios de internet y foros de discusión para compartir sus ideas, con el objeto de beneficiarse de la experiencia de otros y avanzar más rápidamente en sus proyectos. Algunos de estos sitios, como Wikipedia, la enciclopedia gratuita por internet, creada por una comunidad de aficionados que aportaban su tiempo libre en forma voluntaria para crear una alternativa a las enciclopedias comerciales, ya habían logrado fama mundial. Pero estaban surgiendo a diario miles de nuevos sitios de internet para las comunidades de aficionados a todo tipo de nuevos productos.

Así fue como Muñoz dio con un blog de Anderson, el entonces director de la revista *Wired*. Se trataba de un foro recién creado llamado DIY Drones, cuyo nombre era una abreviación de "Do It Yourself Drones", o "Drones hechos por uno mismo". En ese tiempo, el blog tenía apenas 14 miembros, todos ellos individuos que habían estado experimentando por su cuenta con aviones de juguete no tripulados, recuerda Muñoz. Como en casi todos los foros de este tipo, la mayoría de los participantes escribía bajo seudónimos.

La primera entrada de Muñoz en el blog de Anderson empezaba pidiendo disculpas por su mal inglés. Decía así: "El inglés no es mi primera lengua, de manera que les pido perdón por los errores que haga al tratar de explicar este proyecto". Acto seguido, Muñoz ofrecía su propuesta para solucionar un problema que había planteado Anderson, sobre cómo abaratar los costos de los pilotos automáticos para los drones hechos por amateurs.

Muñoz contó en el blog DIY Drones que él había fabricado un piloto automático a partir de piezas que sacó de sus videojuegos. Usando un helicóptero de juguete que le había regalado su madre, una plataforma de electrónica muy barata llamada Arduino, y piezas de su videojuego Nintendo Wii, Muñoz construyó un aparato que Anderson y otros fanáticos de la tecnología de Silicon Valley estaban produciendo a un precio muchísimo más alto. Mientras una plataforma normal costaba 500 dólares, la plataforma de Arduino, un producto casero pre-armado, costaba apenas 30 dólares. Muñoz explicó en el blog cómo había hecho volar a su helicóptero con partes de su videojuego y a los pocos días comenzó a postear fotografías y videos de su helicóptero volando a control remoto.

Anderson, el creador del blog, recuerda que la gente comenzó a tomar nota. Otro de los blogueros escribió: "Tu inglés es muy bueno, no te preocupes mucho por las traducciones. Una foto vale más que mil palabras, y estamos fascinados con tu video. Ese helicóptero que has hecho es excelente". Según Anderson: "Yo también quedé impresionado. Nunca había usado el Arduino, y esto me llevó a mirarlo más de cerca".[6]

COMIENZA LA COLABORACIÓN CON ANDERSON

Anderson se puso en contacto con el joven Muñoz por correo electrónico para hacerle más preguntas sobre la plataforma Arduino y ambos comenzaron a intercambiar sugerencias. "Me gustó su energía, y me impresionó su empuje para investigar sin miedo y la manera fácil con que resolvía problemas complejos de *software* que yo mismo estaba luchando por resolver. Tenía la sensación de que [Muñoz] estaba en camino de encontrar algo interesante", recuerda Anderson.[7]

A medida que pasaban los meses, el director de *Wired* y el joven mexicano se escribieron cada vez con más frecuencia. "Su instinto lo llevaba a descubrir tecnologías cada vez más apasionantes, desde cómo usar sensores que había encontrado hasta cómo usar algoritmos que había descubierto en las publicaciones más oscuras", dice Anderson.

Ambos comenzaron nuevos proyectos en el blog DIY Drones, como circuitos electrónicos para pilotear los drones. Todo lo que descubrían lo publicaban en internet, fieles a su creencia de que el beneficio de los aportes de los demás miembros de la comunidad de blogueros sería mayor que el peligro de que alguno de ellos perfeccionara sus ideas y las patentara para uso comercial. "Yo escribía entradas en mi blog describiendo nuestros progresos y documentaba los proyectos con tutoriales en línea, enseñando como hacerlos", afirma Anderson.[8]

A los tres o cuatro meses, Anderson le envió a Muñoz un cheque de 500 dólares por sus colaboraciones, con el propósito de mantenerlo interesado y —quizás— de iniciar un proyecto comercial juntos en el futuro. Poco después, Muñoz y Anderson se conocieron personalmente cuando el entonces director de *Wired* dio una conferencia en Los Ángeles. A partir de ese momento, la vida hasta entonces errática de Muñoz tomaría un rumbo mucho más definido.

LA INNOVACIÓN DE FUENTES ABIERTAS

Veinte años atrás, antes del nacimiento del buscador de Google, ¿cuál hubiera sido la posibilidad de que el director de *Wired* —la revista más leída por los nerds, con una circulación de 800 000 ejemplares— hubiera renunciado a su puesto para fundar una empresa con un joven de 20 años, recién llegado a Estados Unidos con apenas un diploma de la escuela preparatoria? Muy pocas. "Pero hoy es lo más natural", afirma Anderson, uno de los más entusiastas propulsores del movimiento de fuentes abiertas en internet, integrado por mucha gente que tiene otros empleos y cuyo *hobby* es la tecnología.

"La web le permite a la gente demostrar lo que sabe, independientemente de sus títulos universitarios u otras credenciales. Permite que se formen grupos y trabajen juntos fuera del contexto de una compañía, ya sea con empleos o sin ellos —dice Anderson—. Muchos de ellos tienen otros empleos y contribuyen no por dinero sino en calidad de voluntarios globales de un proyecto en el que creen."[9]

Tras renunciar a *Wired* para fundar 3D Robotics junto con Muñoz, en 2012, Anderson continuó divulgando sus recetas tecnológicas para aprovechar el talento de los aficionados a la tecnología en todo el mundo. Explicando su filosofía, señaló que gracias a que no opera como una empresa tradicional, que sólo contrata a sus empleados con base en su trayectoria académica o profesional, 3D Robotics puede reclutar mentes mucho más creativas.

Si 3D Robotics operara como una empresa tradicional, contratando a profesionales que ya están en el terreno, "nos hubiéramos perdido del trabajador automotriz y del diseñador gráfico que trabajan para una empresa brasileña, del tipo que maneja una compañía italiana de radios para ambulancias, del dueño retirado de una agencia automotriz, del español que trabaja para una compañía de energía en las Islas Canarias, y de todos los demás que se metieron en este proyecto con pasión, a pesar de que sus carreras los habían llevado a otro lado", explica.

"LOGRAMOS TENER MÁS GENTE, Y MÁS TALENTOSA"

Gracias a la innovación colaborativa que permite la comunidad de fuentes abiertas en internet, "logramos tener más gente, y más talentosa, trabajando para nosotros. Las redes sociales son el techo que nos cobija. El cubículo de al lado es Skype —afirma Anderson, y pregunta—: ¿Por qué pedirle consejo a la persona que está en el cubículo de al lado en la oficina, que puede ser la mejor persona para ese trabajo o no serlo, cuando se puede, con la misma facilidad, acudir a la comunidad en línea de un mercado global del talento?"

Según Anderson, "las compañías están llenas de burocracia, de procedimientos, de procesos de aprobación, de una estructura diseñada para defender la integridad de la organización. Las comunidades [de internet], por otro lado, se forman alrededor de intereses y necesidades comunes, y no tienen más procedimientos de los que necesitan. La comunidad existe para el proyecto, y no para mantener a la compañía en la que está el proyecto".[10]

Con todo, a pesar de la filosofía de Anderson de no contratar a gente con base en sus títulos universitarios, como lo hacen las empresas tradicionales, Muñoz no se resignó a no haber terminado sus estudios de ingeniería. A los 25 años, siendo CEO de 3D Robotics, y a pesar de las exigencias de dirigir una gran empresa y mantener dos familias —ya se había separado de Priscila y ahora estaba viviendo en San Diego con una ex compañera de México con la que acababa de tener otro niño— Muñoz empezó a estudiar en línea en DeVry University para obtener su título de ingeniero.

Cuando invité a Muñoz a *Oppenheimer Presenta* de CNN en español, en un programa que hicimos sobre los drones en 2013, le hice varias preguntas sobre su asombrosa carrera, que el joven respondió con gracia y sencillez. Pero hubo una pregunta que no le hice al aire, y que me había dejado intrigado durante nuestras conversaciones anteriores: ¿para qué seguía estudiando, si ya era el CEO de una gran empresa?

Su padre, el doctor Muñoz Esteves, me dijo que desde niño le había insistido a Jordi para que terminara una carrera universitaria. "Una vez, cuando lo regañé por haber dejado sus estudios, Jordi me dijo: 'Más vale un talento sin título, que un título sin talento'", recuerda el padre. Pero, a pesar de su ingeniosa salida, Jordi no había abandonado la idea de terminar sus estudios. ¿Lo haría para complacer al padre? ¿Para qué estaba estudiando en una universidad en línea, que no estaba entre las más prestigiosas de Estados Unidos, cuando tenía enormes responsabilidades al frente de una gran empresa, y con dos familias que mantener?

"Estudio por varias razones; entre ellas, porque no tener una carrera como la tienen mis papás podría hacerme sentir inferior, y porque una carrera te da más tranquilidad. Uno nunca sabe, pero 3D Robotics puede irse al caño, y un papelito puede ligeramente darme más posibilidades de seguir adelante —me dijo Muñoz—. Pero lo más importante es que para llegar más lejos es primordial tener fundamentos sólidos. Y al iniciar mi empresa me di cuenta de que muchos problemas de ingeniería que tuve que resolver me tomaron tres veces más tiempo de lo necesario, porque no tenía la capacitación adecuada. En la universidad te dan el conocimiento ya 'digerido', y ésa es una gran ayuda."[11]

¿PODRÁ SOBREVIVIR 3D ROBOTICS?

Tras conocer la historia de 3D Robotics, no pude dejar de preguntarme si esta empresa podrá seguir participando en la comunidad de fuentes abiertas y, al mismo tiempo, permanecer como una compañía comercialmente viable. ¿Acaso no es una idea un poco romántica pensar que una empresa puede prosperar si divulga todos sus secretos? Quizás es una filosofía empresarial que se entiende en el caso del chef Gastón Acurio —en donde la divulgación de sus recetas gastronómicas ayudó a promocionar la cocina peruana y a todos sus cultores—, pero en el campo de la tecnología es más difícil de entender.

Si 3D Robotics sigue publicando en internet todos sus proyectos de nuevas tecnologías para aviones no tripulados, ¿no le van a copiar sus productos en China en cuestión de horas y sacarlos al mercado mucho antes a precios más baratos? Claro que sí, responde Anderson. Eso ya está ocurriendo. Pero, fiel a su creencia casi religiosa en las virtudes de la comunidad de innovación abierta, cita varios factores por los que está confiado en que su empresa podrá seguir beneficiándose de la comunidad de fuentes abiertas y al mismo tiempo ser cada vez más rentable.

"Un producto que ha sido creado gradualmente en un ambiente de innovación abierta no tiene las mismas protecciones legales que una invención patentada, pero uno puede argumentar que tiene más chances de convertirse en un éxito comercial —señala Anderson—. Lo más probable es que ese producto haya sido inventado de una manera más rápida, mejor y más barata que si hubiera sido creado en secreto."[12]

"TENEMOS INNOVACIÓN Y DESARROLLO GRATUITOS"

Al poder recibir contribuciones de voluntarios de todo el mundo, en lugar de limitarse a la del ingeniero que ocupa el cubículo de al lado en la oficina, 3D Robotics se ahorra cientos de miles de dólares al año en investigación y desarrollo de nuevos productos, dice Anderson. Mientras que una empresa tecnológica tradicional gasta un dineral en equipos de ingenieros en sus departamentos de innovación, las empresas de la comunidad de innovación abierta reciben ideas gratuitamente.

"Durante el día, nuestros voluntarios son exitosos profesionales en sus respectivos campos, el tipo de gente que nos hubiera sido imposible contratar de todas maneras —dice Anderson—. Pero por las noches hacen lo que les apasiona y trabajan para nosotros como voluntarios. Lo hacen porque colectivamente estamos creando cosas que ellos quieren para sí mismos, y porque saben que al hacerlo con fuentes abiertas estamos creando un círculo virtuoso que acelera el proceso de innovación."[13]

Asimismo, los miembros de la comunidad de innovación abierta, al ser parte de los proyectos, se convierten en "evangelistas" de los mismos. O sea que empresas como 3D Robotics, además de contar con ingenieros que colaboran en calidad de voluntarios, también nacen con departamentos de control de calidad y de *marketing* gratuitos. "Cualquier producto que logra crear una comunidad a su alrededor antes de ser lanzado al mercado ya ha sido más examinado y aprobado que la mayoría de los productos patentados", dice Anderson.[14]

En algunos casos, como el de Jordi Muñoz cuando comenzó a colaborar en el blog de Anderson, el ex director de la revista *Wired* recompensa con un cheque de 500 dólares de premio a los miembros más valiosos de su comunidad de voluntarios. En otros casos, 3D Robotics premia a sus contribuyentes más sobresalientes con opciones de compra de acciones preferenciales en la empresa. En muchos otros casos, los voluntarios son profesionales exitosos que no quieren un cheque, porque creen que eso se trasladaría a los costos del producto e iría en contra del principio fundamental de la comunidad de fuentes abiertas, que es crear productos para la mayor cantidad de gente posible a los precios más económicos, afirma Anderson.

CÓMO EVITAR LA PIRATERÍA

Pero si se comparte el proceso de innovación de un producto en internet, ¿cómo se evita que sea pirateado de inmediato? Según Anderson, ese riesgo no le quita el sueño, porque 3D Robotics —o cualquier otra empresa que da a conocer por internet cómo fabrica sus productos— por lo general tiene varias ventajas sobre quienes los copian.

En primer lugar, es difícil que alguien en China, o en cualquier otro lado, pueda producir drones más baratos, dice Anderson. "Si alguien decide usar nuestros datos y manufacturar nuestros productos sin hacerles modificaciones o mejoras sustanciales, y simplemente quieren competir con nosotros fabricando los mismos productos, tendrían que hacerlos mucho más baratos para poder conseguir un mercado. Pero la realidad es que es muy difícil que eso ocurra. Nuestros productos ya son muy baratos, porque los robots que usamos para fabricarlos son los mismos que usan en China, al mismo precio", afirma.[15]

En segundo lugar, está el tema del soporte técnico. "Nuestra comunidad en línea es nuestra ventaja competitiva: nos da la mayor parte del soporte técnico, bajo la forma de foros de discusión y blogs. Si tú compras tu plataforma (para hacer funcionar los drones) de un clonador de China en eBay y no funciona, la comunidad en línea difícilmente te ayudará. Los contribuyentes lo verán como algo que sabotea al equipo que creó el producto original", señala Anderson.

En tercer lugar, hay un elemento clave que 3D Robotics no comparte con otros: su marca registrada. "Los productos clonados no pueden usar nuestro mismo nombre. La única propiedad intelectual que protegemos es nuestra marca registrada, de manera que si la gente quiere copiar nuestras plataformas, debe llamarlas de otra forma", dice Anderson. Es cierto que un pirata industrial puede fabricar la misma plataforma para manejar drones y ponerla en el mercado con la etiqueta de "compatible" con los productos de 3D Robotics, pero no puede venderla legalmente como un producto de 3D Robotics o usar el mismo logo. "Es una buena manera de mantener cierto control comercial sin por ello traicionar los principios fundamentales de la comunidad de innovación de fuentes abiertas", agrega.[16]

DRONES QUE LANZAN CERVEZA EN PARACAÍDAS

Si algo no le falta a 3D Robotics es la competencia. En parte debido a su condición de empresa innovadora de fuentes abiertas, que publica sus secretos en internet, casi no pasa una semana sin que aparezca un nuevo competidor de la empresa de Muñoz en alguna parte del mundo. Mientras Estados Unidos, Israel y algunos países europeos dominan la industria —mucho más grande— de los drones para uso militar, han surgido docenas de fábricas de drones comerciales en Latinoamérica, Asia y África.

En Northam, Sudáfrica, una compañía de drones sorprendió al público que participaba en el festival musical Oppikoppi a finales de 2013 lanzando desde uno de sus vehículos aéreos no tripulados vasos de plástico llenos de cerveza en paracaídas. En Japón, Argentina, Perú, Chile y varios otros países latinoamericanos, algunas empresas están fabricando drones para monitorear suelos para la agricultura, para realizar estudios arqueológicos y para preservar diversas especies animales en la selva.

Otros emprendedores han empezado a fabricar drones especializados en tareas de rescate en caso de desastres naturales, como incendios forestales, en que se hace imposible —o muy peligroso y costoso— enviar helicópteros tripulados para buscar a personas desaparecidas. En esos casos, o en tormentas en montañas donde se practica el esquí, un vehículo no tripulado puede sobrevolar grandes extensiones de terreno buscando a alguna persona extraviada con detectores de calor, permitiendo su localización y su posterior rescate.

A finales de 2013 la industria de los drones comerciales entró en un frenesí luego de que el gobierno de Estados Unidos emitió de manera anticipada las primeras dos licencias comerciales de vehículos aéreos no tripulados —un dron llamado PUMA para el monitoreo de derrames de petróleo y de especies en peligro de extinción en Alaska, y el Scan Eagle X200 para ayudar a la industria petrolera a seguir los movimientos del hielo y la migración de las ballenas en el Ártico— mucho antes de dar a conocer las reglas generales para la industria, programadas para 2015.

De la noche a la mañana surgieron grandes titulares que anunciaban la inminente invasión de drones de uso civil, casi todos haciendo referencia a un video que atrajo la atención en YouTube en el cual se muestra un dron que distribuye Domino's Pizza, el "Domi-Copter". Teal Group, una empresa consultora de la industria aeroespacial, proyectó que las ventas anuales de drones a nivel mundial se duplicarán para llegar a 11 400 millones de dólares anuales en 2022. Y, considerando el impacto económico total de la industria, incluyendo la compra de insumos y los servicios asociados, la Asociación Internacional de Sistemas de Vehículos no Tripulados (UAVSI) calculó que los drones podrían contribuir con 80 000 millones de dólares anuales tan sólo a la economía de Estados Unidos en la próxima década.[17]

DRONES QUE ENTREGAN PAQUETES A DOMICILIO

Jeff Bezos, el fundador de Amazon.com, anunció que su nueva compañía "Amazon Prime Air" será una de las primeras en usar drones masivamente para entregar paquetes a domicilio en sólo media hora. "Sé que suena a ciencia ficción, pero no lo es", dijo Bezos al programa de televisión 60 Minutos de la cadena CBS el 1° de diciembre de 2013.

Mostrando un video en el cual se veía a un minidron con ocho motores eléctricos a hélice que llevaba una caja amarilla y la depositaba en la puerta de una casa, Bezos explicó que su empresa podrá hacer envíos desde sus centros de almacenamiento hasta cualquier domicilio a 16 kilómetros de distancia en sólo 30 minutos. "Podremos llevar objetos de un máximo de cinco libras (2.3 kilos), que representan 86% de los paquetes que transportamos. De manera que en áreas urbanas podremos cubrir una parte muy significativa de la población", dijo Bezos.

"Y es muy ecológico, es mejor que los camiones", señaló, agregando que los drones funcionan con motores eléctricos. Acerca de cuándo comenzarán a volar los drones repartidores de paquetes de Amazon, Bezos dijo que podría ser en 2017 o 2018. "Esto va a funcionar, se va a convertir en realidad, y va a ser muy divertido", agregó.

"EL PROBLEMA ES QUE TE CAIGA UN DRON EN LA CABEZA"

Técnicamente no hay nada que impida que los drones ya comiencen a repartir pizza, cerveza o medicamentos, dicen los expertos. Los únicos obstáculos que han impedido su proliferación más rápida son de naturaleza legal, y los temores sobre la seguridad y la eventual utilización de estos robots para violar la privacidad de la gente.

"El principal problema con los drones son las regulaciones, porque si un robot que pesa tres o cuatro kilos está en el aire, hay que garantizar que no caiga en la ciudad, o sobre una casa o una persona", me explicó Raúl Rojas González, profesor de ciencias de la computación y matemáticas de la Universidad Libre de Berlín, Alemania, que encabeza un equipo que desarrolla autos autónomos, drones y otros robots experimentales que ha ganado varios premios internacionales. "Entonces, hace falta hacer el desarrollo tecnológico para garantizar que el equipo sea confiable."[18]

Rojas, que junto con su equipo colocó en YouTube un video con su dron repartidor de pizza mucho antes de que Domino's Pizza popularizara el suyo, agregó que la autorización de drones comerciales para rastrear la migración de las ballenas en el Ártico, o para monitorear campos para el cultivo, es relativamente sencilla, porque no plantea tantos problemas de seguridad. "Pero en el caso de drones repartidores de pizza, o medicinas, es más complicado", explicó.

Otros están igualmente preocupados por las posibles amenazas a nuestra privacidad cuando los cielos se llenen de drones. ¿A qué marido le va a gustar que un dron le tome fotos a su mujer mientras toma sol en *topless* en la piscina?, preguntan los críticos. O peor aún, ¿a quién le va a gustar que drones con cámaras infrarrojas tomen fotos de lo que ocurre adentro de nuestros hogares?, aunque en muchos países eso esté prohibido. Los voceros de la industria replican que cualquier persona hoy en día ya puede sacar una foto de la piscina de su vecino usando un palo de escoba con un teléfono inteligente en la punta. Y lo de las fotos infrarrojas está a la vuelta de la esquina. Sin embargo, los defensores de los derechos de la privacidad replican que si no se reglamenta bien su uso, no sólo los gobiernos sino también nuestros competidores profesionales o nuestros enemigos personales podrán meterse en nuestros dormitorios.

"Lo de los drones repartidores de pizza es una maravilla, pero ésa es la cara bonita de los drones", me dijo John de León, un abogado defensor de los derechos civiles y ex dirigente de la Unión Americana para las Libertades Civiles (ACLU). "Hay una cara mucho más fea y mucho más peligrosa. No queremos vivir en un país o en un mundo donde la policía nos esté vigilando en todas partes las 24 horas del día."[19]

LA REVOLUCIÓN DEL *CROWDFUNDING*

Anderson, el cofundador de 3D Robotics junto con Muñoz, está convencido de que hay un nuevo mundo de posibilidades para los innovadores, porque además de fuentes abiertas que permiten a todos estar al tanto de todo —o de casi todo lo que se está haciendo en otros lados—, también están surgiendo nuevas fuentes de financiamiento para los inventores. Hasta hace poco, uno podía ser muy innovador, pero lo difícil era acceder al financiamiento para convertir en realidad un proyecto. Pero ahora, gracias a Kickstarter y otros sitios de internet dedicados a recaudar dinero para nuevos proyectos mediante contribuciones masivas de pequeños inversionistas —lo que se ha popularizado con el nombre de *crowdfunding*— los recursos están al alcance de todos. Los sitios de *crowdfunding* en internet estaban recaudando unos 1 500 millones de dólares anuales de pequeños contribuyentes en 2013, y proyectaban una recaudación de 3 000 millones de dólares para 2014, según un estudio de la consultora Deloitte.

Kickstarter ha revolucionado el mundo de la innovación, afirma Anderson. Mediante el *crowdfunding,* o las inversiones colectivas, los pequeños innovadores que no tienen acceso a grandes inversionistas pueden colocar su idea en el website de Kickstarter o en otro portal de inventores, y vender su producto antes de que salga al mercado. Quienes pagan por el producto no están comprando una parte de la empresa, como ocurre con los inversionistas tradicionales, sino simplemente una o varias copias del producto final. Y si por algún motivo el proyecto no se concreta, todos los contribuyentes reciben la devolución de su dinero. El concepto no es muy diferente al que se usa para los conciertos, o las reservas de hoteles: uno prepaga su entrada o hace su reservación en un hotel con su tarjeta de crédito, y si se cancela el concierto, o el viaje, recibe su dinero de vuelta.

No es casual que Kickstarter naciera en 2009 como un portal de internet pensado para la industria musical y artística. Uno de sus fundadores era un joven músico y *disk jockey* de Nueva Orleans llamado Perry Chen. Algunos años antes, Chen intentó organizar un gran concierto de rock con algunos de los *disk jockeys* más famosos del mundo, pero no logró recaudar los 15 000 dólares que necesitaba para poner en marcha el concierto. Chen canceló el proyecto, pero empezó a idear cómo resolver el problema de la falta de inversionistas que afectaba a los músicos y organizadores de conciertos.

Algunos años después, se mudó a Brooklyn, Nueva York. Estaba trabajando como mozo en un restaurante, cuando le comentó su idea de recaudar fondos por adelantado para los conciertos a un comensal que solía desayunar en el establecimiento. La idea de prevender entradas hubiera sido muy complicada en el pasado, pero ahora se hacía mucho más factible gracias a internet, le habría dicho Chen. Al comensal, otro joven llamado Yancey Stickler, le gustó la idea. Al poco tiempo, ambos abrieron su sitio de internet, kicksarter.com.

Cuatro años después, Kickstarter se autopromocionaba como "la plataforma más grande del mundo para proyectos creativos", y ya había lanzado 108 000 invenciones al mercado, recaudando un total de 717 millones de dólares, con un promedio de 44% de proyectos exitosos, según datos de la empresa. Entre los proyectos exitosos de Kickstarter estaban la nueva película de Spike Lee —el afamado director de *Malcolm X*— que logró recaudar su meta de 1 300 000 dólares, y el reloj Pebble Smart, un reloj inteligente que vibra cuando uno recibe un correo electrónico y nos informa de quién proviene y de qué se trata, lo que nos permite saber si el mensaje es urgente o puede esperar, sin estar consultando nuestro teléfono celular a cada rato. El reloj Pebble Smart salió a competir por un precio más bajo con un reloj parecido de la Sony, y le ganó.

Pebble Smart nació con un video promocional del proyecto, que pedía 100 000 dólares para poder fabricar el reloj inteligente en serie. Para sorpresa de sus creadores, el proyecto de reloj logró su meta de recaudación tan sólo en dos horas. Al final del primer día había recaudado un millón de dólares y antes de terminar el mes recibió 10 millones de dólares, con una venta anticipada de 85 000 relojes.

"Lo que fue particularmente interesante del fenómeno del Pebble Smart fue la manera en que su equipo de diseño respondió a la comunidad de clientes", señala Anderson en su libro. [20] Los contribuyentes exigieron que el reloj fuera resistente al agua y que pudiera usarse para nadar, que tuviera una batería más duradera, entre varias otras modificaciones que fueron tomadas en cuenta antes de iniciarse la fabricación del reloj. El resultado final fue "un modelo superior, porque un pequeño equipo de personas, usando el *crowdfunding,* o la inversión colectiva, pudo avanzar más rápido en investigación y desarrollo, financiamiento y *marketing* que un gigante de la industria electrónica". [21]

EL *CROWDFUNDING* Y LOS *MAKERS*: FENÓMENOS EN EXPANSIÓN

Muy pronto surgieron docenas de sitios de internet dedicados al *crowdfunding* para todo tipo de proyectos, desde alta tecnología hasta emprendimientos inmobiliarios. Y también, en la misma época, surgieron sitios como Quirky, especializado en recaudar opiniones de la comunidad sobre cómo crear o mejorar un producto, y Etsy, un sitio que nació en 2005, antes que Kickstarter, especializado en vender productos artesanales como carteras de mujer, joyas u obras de arte. En 2012 Etsy ya tenía 300 empleados y reportaba ventas por 65 millones de dólares mensuales. Gracias a estos y a otros sitios, hoy en día los inventores tienen muchísimas más posibilidades de materializar sus ideas que antes.

Historias como la de los creadores del reloj Pebble Smart, o la de Muñoz, el joven ex desempleado que terminó siendo presidente de 3D Robotics, son cada vez más comunes. En el siglo de la innovación, gracias a las empresas de fuentes abiertas y al financiamiento vía *crowdfunding*, se han democratizado las oportunidades de poner en marcha nuevos proyectos. Cada vez más personas, en todas partes del mundo, tienen la posibilidad de concretar sus proyectos creativos. Y, cada vez más, están compartiendo en lugar de competir entre sí.

En 2014 la empresa de drones de Muñoz ya había recaudado 35 millones de dólares de inversionistas de riesgo, había tenido ingresos por 20 millones ese año y proyectaba triplicar sus ingresos en 2015. Muñoz ya era un joven millonario, por lo menos en papel. Cuando lo entrevisté por última vez, más de un año después de nuestra primera conversación, su compañía ya tenía plantas en California, San Diego y Tijuana, y acababa de comprar una nueva firma en Austin, Texas. La empresa había sacado al mercado un dron comercial llamado "Iris" para consumo masivo, de sólo 700 dólares, dirigido a aficionados de la fotografía y a reporteros que quieran hacer tomas desde el aire, o a arquitectos e ingenieros que, por ejemplo, requieren imágenes desde el aire para sus obras. "Seguimos siendo *makers*, y seguimos publicando todo nuestro *software* y los diagramas de nuestros helicópteros no tripulados, pero el nuevo modelo será sacar también otros programas más sofisticados que van a ser cerrados", me dijo Muñoz. [22]

Muñoz terminó sus estudios de ingeniería en línea —sólo le faltaba su tesis y esperaba graduarse en cuatro meses— y ya estaba pensando en retirarse como CEO para dedicarse más a lo que siempre le había interesado: la innovación. "Quiero ser el jefe de innovación de la empresa y divertirme un poco", me comentó Muñoz, agregando que en su cargo actual requería dedicar casi todo el tiempo a la administración y los negocios. Al despedirme de Muñoz, no pude dejar de pensar en la gran cantidad de jóvenes innovadores de Silicon Valley que se "retiran" antes de los 30 años, para divertirse con nuevos proyectos. Ojalá que su historia sea un motivo más de inspiración para miles de otros *makers*, que están colaborando entre sí para materializar sus proyectos colaborativos en todas partes del mundo.

4

Bre Pettis y la nueva Revolución Industrial

"Las impresoras 3D van a cambiar todo"

Las impresoras 3D que muchos vaticinan van a revolucionar el mundo son el ejemplo perfecto de que las grandes innovaciones mundiales suelen ser producto de procesos graduales, colaborativos y a menudo aburridos, y no —como suele creerse— el resultado de un momento "eureka" de algún genio solitario. Las impresoras 3D no son nada novedoso, aunque el presidente Barack Obama las lanzara a la fama cuando empezó a hablar de ellas en 2013. Estas máquinas, capaces de replicar objetos, habían sido inventadas en 1986 por el ingeniero estadounidense Charles *Chuck* Hull y otros que trabajaban paralelamente en tecnologías similares. Hoy en día, tras numerosas mejoras, están surgiendo como una de las innovaciones que tendrá más impacto en la economía global y en nuestros hogares.

Muchos economistas pronostican que las impresoras 3D producirán una Revolución Industrial comparable a la de la máquina de vapor, que dio paso a la producción industrial a comienzos del siglo XIX, o a la de la computadora personal, que transformó al mundo a finales del siglo XX. De la misma forma, las impresoras 3D personales muy pronto podrían eclipsar a la producción industrial masiva como la conocemos y remplazarla por la producción individualizada de bienes fabricados en nuestros hogares. Cada vez más, según auguran muchos, la consigna de las empresas será "exportar el diseño, no el producto", porque bajaremos los

diseños a nuestras computadoras y produciremos nuestros propios objetos —incluyendo zapatos, ropa y vajilla— en nuestras propias casas, cam-
biándoles las partes, los colores y los materiales que queramos.

Y así como Steve Jobs pasó a la historia como el pionero de las
computadoras personales, es probable que Bre Pettis pase a la historia como el hombre que popularizó las impresoras 3D personales. En
la época de Hull, el inventor de estos aparatos, las impresoras 3D eran
grandes máquinas que a veces ocupaban cuartos enteros, como las
computadoras antes de que surgieran los equipos personales. Fue Pettis
quien empezó a producir impresoras 3D más pequeñas y baratas en un
galpón de Nueva York, junto con varios otros amigos que surgieron
del movimiento de los *makers,* y quien luego las comercializó bajo la
marca MakerBot.

DE MAESTRO DE ESCUELA A MAGNATE

Pettis fue un maestro de escuela secundaria que se reinventó como
empresario de impresoras 3D. Apenas seis años después de dejar su trabajo de maestro y dedicarse de tiempo completo a su proyecto, en 2013
vendió su empresa en 604 millones de dólares. Su fórmula fue salir a
competir con las empresas que vendían impresoras 3D industriales
por más de 100 000 dólares cada una y producir impresoras personales
mucho más rudimentarias que vendía a sólo 1 500 dólares.

Tardé más de seis meses en conseguir una entrevista con Pettis.
Sólo cuando me la dieron, su jefa de prensa me dejó saber el porqué de
tanta demora: el creador de MakerBot había estado en negociaciones
secretas que recién ahora habían culminado en la venta de su empresa
a Stratasys, una de las compañías más grandes especializadas en impresoras 3D de uso industrial, que a su vez acababa de fusionarse con una
empresa de Israel llamada Objet. Según me informó, Pettis no había
querido dar ninguna entrevista hasta cuando se terminaran las negociaciones y se firmara el contrato de venta. Pero, como lo comprobé
cuando viajé a Nueva York para entrevistar a Pettis, probablemente

también había otra razón para tantos meses de demora: el nuevo multimillonario era un hombre introvertido, como muchos nerds, y resultó ser uno de los personajes más petrificados ante las cámaras que he entrevistado en mucho tiempo. Obviamente, no le gustaba mucho hablar con periodistas. Cuando me recibió en su nueva oficina que acababa de abrir en el centro de Brooklyn, a pocos minutos en metro de Manhattan, estaba visiblemente nervioso. Y la entrevista difícilmente podría haber empezado de peor manera.

"NO ME GUSTA QUE ME DIGAS MILLONARIO"

En las flamantes oficinas de MakerBot había un desorden total. La empresa acababa de mudarse allí y las oficinas todavía no estaban construidas, de manera que había docenas de jóvenes en jeans trabajando en los pasillos, y hasta en la entrada. En las pocas semanas que pasaron desde la venta de la empresa, su personal se había triplicado a unas 319 personas, pero aun así estaba claro que no alcanzaban a cumplir con sus compromisos. Desde que el presidente Barack Obama mencionó a las impresoras 3D como la industria del futuro en su discurso del Estado de la Unión, y poco después de que se anunció la venta de MakerBot a Stratasys, MakerBot y sus impresoras 3D personales se habían convertido en un centro de la atención mundial. La encargada de prensa de la empresa que me recibió me contó que no se daba abasto con tantos visitantes internacionales que llegaban de todo el mundo deseosos de poder ver con sus propios ojos la industria del futuro.

Dentro del desorden general en las oficinas, había algunos detalles interesantes. En la entrada, Pettis —un fanático de las series de televisión de ciencia ficción— había colocado una especie de cabina telefónica que luego me enteré era una réplica de la cápsula del tiempo que aparecía en la serie *Dr. Who*, un programa de la BBC de Londres de la década de los sesenta del siglo XX, cuyo protagonista viajaba a través del tiempo. La idea era que, al entrar en las oficinas de MakerBot, uno ingresaba en una nueva dimensión. Caminando hacia la oficina de Pettis, cruzamos varias salas de conferencias, casi todas con nombres sacados de las películas de *Star Wars*, como "Millenium Falcon" y "Cloud City". Al final de un pasillo llegamos a la oficina de Pettis, un pequeño cuarto de vidrio del mismo tamaño que las oficinas aledañas, con vista a la calle y repleto de objetos impresos en 3D.

Pettis nos estaba esperando y se paró al verme venir junto con un camarógrafo. Era un hombre alto, con una nutrida cabellera de pelo gris despeinado y unas patillas triangulares como las que se usaban en el siglo XIX. Vestía jeans negros, camisa negra y una camiseta también negra debajo de la camisa; además, usaba unas gruesas gafas negras que contribuían a darle un aire de nerd. Parecía un adolescente grandulón, de mirada esquiva y movimientos algo torpes. Tras las presentaciones del caso, cuando nos sentamos —él detrás de su escritorio— y comenzó nuestra entrevista, le hice una pregunta halagadora para iniciar el diálogo, pensando —equivocadamente— que era una buena forma de tranquilizarlo y de hacerlo sentir más cómodo al hablar ante las cámaras de CNN.

"Empecemos con tu historia de éxito —le dije—. ¿Cómo hace uno para pasar de ser un maestro de escuela a un multimillonario en un plazo de sólo seis años?"

Para mi sorpresa, Pettis se tiró para atrás, visiblemente incómodo. Acto seguido, le pidió al camarógrafo que empezáramos de nuevo, y dirigiéndose a mí visiblemente disgustado, me dijo: "¡Yo no haría la pregunta de esa manera! ¡No me gusta que me llames multimillonario! Si tienes que hacer esa pregunta, pregúntame cómo pasé de ser maestro de escuela a CEO de MakerBot".

Cuando vio que yo lo miraba entre asombrado y divertido, siguió con su andanada: "¿A ti te gustaría que te presenten como un multimillonario?" Yo me encogí de hombros, con una sonrisa, como diciendo: "Conmigo no hay peligro, porque no lo soy". Pettis prosiguió: "¡Bueno, a mí no me gusta que me presenten así!" Pettis, como muchos otros innovadores tecnológicos, era muy diferente a los magnates de la banca y de otras industrias, como Donald Trump, que se ofenden si no son reconocidos como billonarios. Para Pettis, su principal mérito era ser un innovador, no ser un millonario.

Decidí que era una pregunta por la que no valía la pena pelear, y se la volví a formular de la manera como él prefería. ¿Cómo había logrado pasar de ser maestro de escuela secundaria a presidente de MakerBot en sólo seis años? Pettis tomó aire y respondió: "Bueno, yo no podría ser un CEO si no hubiera sido maestro de escuela. Cuando se enseña en una escuela, se aprende mucho sobre cómo organizar a la gente y cómo hacer que las cosas funcionen. No tienes presupuesto. Hay muy pocos recursos, por lo que tienes que ser superingenioso. Fui maestro de enseñanza media, traté con jóvenes de 11, 12 y 13 años de edad, por lo que hay muchas cosas de la gestión que tienes que aprender. Por lo tanto, he aprendido un montón acerca de ser presidente de una empresa siendo maestro".[1] A continuación, me contó su historia.

"DE CHICO QUERÍA PODER ARREGLAR CUALQUIER COSA"

Durante su infancia en Ithaca, Nueva York, Pettis quería ser mecánico de automóviles. "Quería tener todas las herramientas, pues deseaba ser capaz de arreglar cualquier cosa —me contó, y agregó—: Tuve mi primera experiencia de innovación cuando tenía siete u ocho años, pues arreglé una bicicleta que estaba rota. Mi tío me había enseñado cómo funcionaba la bicicleta, y cuando se rompió, supe cómo arreglarla. Y eso me dio una gran alegría. Estaba rota, me sentí triste, la arreglé y me sentí feliz."[2]

"Y también era un nerd de las computadoras —añadió—. Fui uno de los primeros niños en la cuadra en tener una computadora. Mi familia tenía una empresa de *software* a principios de los años ochenta, lo que de muchas maneras me dio una ventaja, porque tenía conocimientos de informática a principios de esa década, cuando la mayoría de la gente creía que no le hacía falta tener una computadora."[3]

En la escuela, Pettis fue un alumno mediocre. "Yo no era un buen alumno. Cuando fui niño quería aprender cosas, pero no eran necesariamente las cosas que te enseñan en la escuela. Durante mucho tiempo me pasaba las noches leyendo libros, y después en las clases me quedaba dormido", recordó. Luego su familia se mudó al estado de Seattle, cuando era un adolescente; Pettis terminó la secundaria allí, se enroló en el Evergreen State College y se graduó en psicología, mitología y artes escénicas. "Cuando fui a la universidad, decidí estudiar lo que yo quería. Decidí seguir mi corazón: estudié historia, educación, etnomusicología, artes escénicas, psicología, mitología; todas las cosas que me resultaban interesantes", comentó y agregó que no pensó mucho en las posibilidades laborales a la hora de escoger su carrera.

Tras terminar la universidad, Pettis consiguió su primer empleo como asistente de producción en el Jim Henson's Creature Shop, la empresa de efectos visuales y muñecos conocida mundialmente por haber creado, entre otros, a personajes como Elmo de la serie de televisión *Plaza Sésamo*, y Miss Piggy de *Los Muppets*. Pettis comenzó como ayudante en un estudio de cine de la empresa que producía robots para películas. "Ahí aprendí un montón. Una de las cosas que se aprende cuando se trabaja en un set de filmación es que uno puede trabajar de 16 a 18 horas al día, siete días a la semana, durante un periodo de tiempo prolongado", recordó Pettis. "Ese ritmo de trabajo producía una adrenalina y un estado de excitación creativa que lo llevaba a uno a ser mucho más creativo. No había fines de semana, ni horarios de trabajo: en la industria del cine hay que cumplir con los plazos y no hay tiempo para tomar descansos. 'El show debe continuar'", explicó, agregando que luego trasladaría esa forma de trabajo a todos sus proyectos.

Como empleado de los talleres de cine del Jim Henson's Creature Shop, Pettis fue enviado a trabajar en películas a Londres, Praga, Los Ángeles y a varias otras ciudades de todo el mundo. "Cuando volví a visitar mi casa en Seattle, me di cuenta de que la extrañaba mucho", recordó. Con 27 años, y cansado de tantos viajes, Pettis decidió obtener su certificado de maestro y convertirse en profesor de arte en una escuela secundaria. Siempre le había gustado trabajar con jóvenes, y su experiencia de trabajo en la industria del cine lo convertía en un excelente candidato para cualquier escuela.

Durante los años siguientes, Pettis se ganó la vida como profesor en una escuela pública de Seattle. Pero fue un maestro muy inquieto, que pronto comenzó a producir videos para sus alumnos. "Me di cuenta de que ellos prestaban más atención si me veían en la televisión que si les hablaba en persona. Entonces comencé a hacer videos y a subirlos a internet", recuerda. Y con el tiempo sus videos educativos —en los que enseñaba a sus alumnos a fabricar todo tipo de cosas, desde libros con compartimentos secretos hasta muñecos de papel y cámaras fotográficas— comenzaron a ser vistos por mucha más gente que sus alumnos.

Pettis se convirtió en un activo integrante del movimiento de los *makers*, los innovadores que —como los pioneros de los drones Chris Anderson, Jordi Muñoz y tantos otros— inventaban cosas colectivamente, compartiendo todos sus secretos en sus sitios de internet y alimentándose mutuamente de sus respectivos descubrimientos. Después de algunos años, Pettis comenzó a complementar su sueldo de maestro publicando sus videos en el sitio de internet de una de las revistas virtuales del movimiento, *Make Magazine*, hasta que finalmente dejó su trabajo de maestro para dedicarse de lleno a los videos por internet.

DE LOS VIDEOS EDUCATIVOS A LAS IMPRESORAS 3D

En 2007, cuando tenía 33 años y se ganaba la vida haciendo videos de internet semanales para *Make Magazine*, Pettis realizó un viaje a Nueva York y decidió quedarse allí. "Vine por un mes, dije. Voy a conocer a la gente interesante de Nueva York y a grabar videos con ellos. Pensé que después de ahí podía seguir por Tokio o París o la Ciudad de México. Pero cuando estuve en Nueva York, me di cuenta de que aquí había una gran energía. La gente viene para hacer cosas. No es un lugar muy cómodo, no es un lugar muy relajante, pero si quieres hacer algo, es un lugar ideal", recuerda.

—¿Cómo pasaste de hacer videos educativos de internet a fabricar impresoras 3D? —le pregunté.

—Cuando me mudé a Nueva York, no tenía un grupo de amigos que tuviera herramientas y quisiera hacer cosas en conjunto. Necesitaba un taller y quería ser capaz de hacer cualquier cosa. Por lo tanto, recluté a las personas más inteligentes que conocí en Nueva York y comenzamos un club llamado NYC Resistor, o New York City Resistor, una especie de club para nerds de *hardware*, o nerds de *gadgets*. Allí conocí a todo tipo de gente, incluyendo a las personas con las que luego fundé MakerBot.

—Pero, físicamente, ¿dónde se reunían? —pregunté.

—Alquilamos un lugar a pocas cuadras de aquí. Lo pagábamos entre todos. Cada uno puso 1 000 dólares, y eso nos alcanzó para pagar la renta un par de meses. Con eso arrancamos. En la mayoría de los países del mundo la gente tiene un garaje o un sótano, un lugar de trabajo o un taller. Pero en Nueva York no hay mucho espacio.

—¿Y qué hacían ahí?

—Todos traíamos nuestras herramientas y nuestros equipos y los compartíamos. Podíamos hacer cualquier cosa porque contábamos con las herramientas y con los conocimientos necesarios.

—¿Pero cómo surgió la idea de hacer impresoras 3D personales? Cuando se juntaron en el taller y pusieron 1 000 dólares cada uno para pagar la renta, ¿ya tenían la idea de hacer impresoras 3D? —pregunté.

—No, la idea era tener un taller.

—¿Pero sin saber lo que iban a hacer con él? —insistí.

—Todos estábamos haciendo cosas de todas formas, solos en nuestros departamentos.

—Entonces, ¿era una especie de *hobby,* juntarse para divertirse?

—No. Estábamos creando tanta energía potencial, que algo tenía que pasar… La idea era construir energía potencial para que de allí surgiera algo.

—Estoy perdido —le confesé—. ¿Te reuniste con tus amigos y les dijiste: "Vamos a alquilar un espacio para juntarnos a hacer cosas", sin tener ninguna meta específica?

—Sí —contestó, encogiéndose de hombros, como si lo que había hecho fuera lo más natural del mundo—. Uno se junta con gente para pensar ideas, para generar energía. Y así, intercambiando ideas y proyectos, decidimos hacer un aparato que pudiera hacer cualquier cosa: una impresora 3D.

"LAS IMPRESORAS 3D TENÍAN EL TAMAÑO DE UN REFRIGERADOR"

Según me contó Pettis, la idea de fabricar una impresora 3D personal surgió en su taller cuando él y otros *makers* se propusieron comprar una de estas máquinas para poder fabricar sus propios objetos, pero se dieron cuenta de que no podían pagarla. "En ese momento, las impresoras 3D eran máquinas industriales, del tamaño de un refrigerador, o más grandes. Costaban 100 000 dólares. Obviamente, no nos alcanzaba el dinero para comprar una. Pero la queríamos. Entonces, si eres un *maker* y quieres algo pero no te alcanza el dinero para comprarlo, lo fabricas tú mismo —explicó, y agregó—: Tratamos, tratamos y tratamos, haciendo y deshaciendo", hasta que —con la ayuda de la comunidad de internet que participaba en el movimiento de los *makers*— lograron fabricar los primeras impresoras 3D económicas, para uso personal.

En 2009, cuatro años después de haber abierto el taller, Pettis y sus socios fundaron MakerBot, con 75 000 dólares de inversión que habían recaudado de amigos y familiares. En principio, la idea era fabricar impresoras para que todo el mundo —en especial, los *makers* como ellos— pudiera fabricar lo que quisiera. En el camino, descubrieron que estas pequeñas máquinas podrían ser de gran utilidad para arquitectos, ingenieros y diseñadores, quienes podrían usarlas para elaborar sus maquetas mucho más rápido y por menos dinero.

Hasta ese momento, un arquitecto que quería hacer una maqueta de su proyecto enviaba sus planos a una empresa en Singapur, en Taiwán o en Japón, que tenía que crear un molde, fabricar la maqueta y enviarla de regreso, lo que consumía varias semanas y podía costar hasta 5 000 dólares. Con la nueva impresora 3D, el mismo arquitecto podía hacer una maqueta en su oficina en pocas horas, y si no le gustaba el resultado cambiarla varias veces el mismo día, por menos de 10 dólares cada una, el costo del material plástico que utiliza la impresora.

"Nosotros innovamos para que otras personas puedan innovar —me explicó Pettis—. Hacemos máquinas que motivan a las personas a ser creativas. A nivel empresarial, significa que si querías diseñar algo, si querías hacer algo, si querías crear algo, antes tomaba una gran cantidad de capital de trabajo elaborar un prototipo. Era muy caro. Al tener un MakerBot, es muy asequible. Puedes hacer un prototipo que en lugar de tomarte un mes en su fabricación, te tomará sólo un par de horas. No hay que enviarlo por correo, esperar que lo devuelvan, descubrir que no está bien hecho y enviarlo a hacer de nuevo. Ahora lo puedes repetir varias veces al día. Por lo tanto, en el mundo de los negocios significa que se pueden crear productos mucho más rápido, se pueden cometer errores y corregirlos con más celeridad, de manera que se pueden desarrollar mejores productos."

REICHENTAL: "ÉSTA ES UNA REVOLUCIÓN INDUSTRIAL QUE CAMBIARÁ TODO"

Aunque Pettis y su impresora MakerBot estaban generando titulares en todo el mundo por su bajo costo y sus posibilidades de llegar a millones de personas, las compañías que fabrican impresoras 3D más importantes al momento de escribir estas líneas son las que producen impresoras 3D industriales para empresas aeroespaciales, automotrices y manufactureras. Y, entre ellas, junto con Stratasys, la más grande es 3D Systems —que aunque tiene un nombre parecido no tiene ninguna vinculación con 3D Robotics, la empresa de drones comerciales del joven mexicano Jordi Muñoz— que fue fundada por Chuck Hull, el inventor de esta tecnología, tres décadas atrás, y actualmente es presidida por Abraham Reichental.

Reichental es un israelí que fue mecánico de helicópteros de la fuerza aérea de Israel antes de mudarse a Estados Unidos cuando tenía unos 24 años de edad. Antes de ser reclutado por 3D Systems, había sido ejecutivo de una empresa de alimentos envasados. Cuando lo entrevisté, a mediados de 2013, estaba sacando al mercado su propia impresora 3D de uso casero, para hacerle competencia a Maker-Bot. Lo entrevisté vía satélite para CNN desde Tel Aviv —donde estaba de viaje de negocios— y de entrada se me hizo obvio que tenía una visión más global que Pettis sobre el futuro de las impresoras 3D, producto de su experiencia al trabajar para las grandes empresas multinacionales.

Según Reichental, las impresoras 3D "traerán consigo una nueva Revolución Industrial que va a cambiar todo".[4] Entre otras cosas, cambiará la forma en la que inventamos y fabricamos cosas, explicó. Ya hoy en día la NASA está usando impresoras 3D en el espacio para fabricar repuestos de piezas que se rompen en las naves espaciales, y la industria aeronáutica las está empleando para remplazar de inmediato piezas que no funcionan, en lugar de ordenarlas a un fabricante lejano que tardaba semanas en enviarlas, como ocurría antes, señaló.

En los barcos de transporte o de turismo, que hoy en día deben llevar todo tipo de repuestos en sus salas de máquinas, y a menudo quedan varados durante meses en algún puerto a la espera de que les manden alguna pieza rota, las impresoras 3D ahorrarán muchísimos gastos. Simplemente, llevaran a bordo una impresora 3D y replicarán allí mismo la pieza averiada. "Cada vez más veremos grandes empresas, como General Electric y otras, que empezarán a usar impresoras 3D para manufacturar más repuestos de motores de aviones, de plantas eléctricas y de equipos médicos", dijo.

Y en la industria médica se están usando ya cada vez más impresoras 3D para fabricar prótesis de titanio personalizadas para implantes de rodilla o de cadera, o audífonos hechos a medida del canal auditivo de cada persona, señaló. Mientras hasta ahora la mayoría de las prótesis eran genéricas, y provocaban todo tipo de inconvenientes e incomodidades, ahora pueden ser fabricadas para adaptarse exactamente al cuerpo de cada individuo.

—Y eso es sólo el principio de lo que se viene —agregó Reichental—. Ya se está produciendo ropa, zapatos y joyas con impresoras 3D. Y dentro de los próximos tres a cinco años vamos a ver comida elaborada en impresoras 3D, tanto para su valor nutricional como para usos especiales. Yo soy un fanático de los chocolates, por ejemplo, y quiero fabricar chocolate en impresoras 3D. Y mi interés también es empezar a desarrollar impresoras 3D que puedan aumentar el valor nutritivo de la comida que se imprima, o sea, que tú puedas hacer la lista de los nutrientes que quieras imprimir. La impresión en 3D ya no será sólo sobre la creación de comida en una forma geométrica determinada, sino sobre su valor alimenticio. Y el paso siguiente será comenzar a fabricar productos inteligentes y funcionales.

—Perdone mi ignorancia, pero no entiendo cómo será posible que podamos imprimir nuestra ropa, nuestros zapatos o nuestras joyas en casa —le señalé—. ¿Cómo funcionará eso? ¿Cómo podremos tener acceso a los materiales para imprimir en 3D una camisa, o un par de zapatos, en casa?

—Bueno, algunos materiales se comprarán junto con la impresora. Nosotros ya estamos ofreciendo una impresora 3D a 1 300 dólares, que cabe en tu escritorio, y la vendemos con varios cartuchos de materiales que son muy similares a los cartuchos de tinta que tú compras para tu impresora de dos dimensiones. Y ya tenemos más de 100 materiales disponibles que incluyen nylon real, plásticos adaptados, metales completamente densos y químicamente puros, materiales similares al caucho, y otros materiales similares a la cera. Entonces, los consumidores y los profesionales comprarán el cartucho del material más adecuado para sus necesidades. Algunas cosas optarás por imprimirlas en tu casa. Y otras cosas podrás imprimirlas a través de nuestro servicio de impresión en la nube.

—¿Cómo funciona eso?

—Pues ya tenemos 10 lugares en el mundo donde tú puedes enviar por medio de la nube tu diseño de lo que quieres imprimir y te enviamos una cotización inmediata sobre cuánto te costará esa impresión, que posteriormente llevaremos a tu casa. Y éste es el comienzo de la constelación de internet que complementará la posibilidad de fabricar cosas en nuestro escritorio o en la comunidad donde vivimos. Y creo que también será el comienzo de nuevos ecosistemas y modelos de negocios completamente nuevos. Porque por primera vez, las personas tienen el poder de hacer millones de cosas únicas y personalizadas. ¡Y eso es muy transformador!

IMPRESORAS 3D EN LA TIENDA DE LA ESQUINA

Según Reichental y otros líderes de la industria, pronto tendremos tiendas de impresoras 3D en los centros comerciales de nuestras ciudades, donde podremos imprimir los objetos que requieran materiales que por algún motivo no tengamos en nuestras impresoras caseras. Si queremos imprimir una camisa y nuestra impresora 3D casera no tiene tela, la haremos imprimir en la tienda de 3D más cercana. "La tienda de 3D será un lugar donde buscaremos nuestro producto personalizado y fabricado localmente, de la misma manera como hoy buscamos nuestras fotografías impresas en la tienda de Wal-Mart más cercana", señala un artículo reciente de la revista *Forbes*.[5]

La proliferación de estas tiendas, y de las impresoras 3D caseras, dará lugar a una nueva batalla mundial en torno a la propiedad intelectual, porque mucha gente copiará objetos de sus marcas preferidas sin pagar regalías, afirma la revista *Forbes*. La piratería de propiedad intelectual será uno de los grandes temas de las próximas décadas. De la misma manera como aparecieron sitios de internet que permitían a la gente bajar música gratis, aparecerán sitios de internet para bajar diseños de productos y fabricarlos sin pagar regalías. "Esto va a generar una nueva avalancha de controversias en torno a la propiedad intelectual", señala la revista.[6]

LOS PAÍSES TENDRÁN QUE REPENSAR SU ESTRUCTURA ECONÓMICA

Pero toda esta "nueva Revolución Industrial" de las impresoras 3D no ocurrirá de la noche a la mañana, sino que será un proceso gradual que durará algunos años, me dijo Reichental. Al principio veremos un proceso híbrido, en que las industrias manufactureras usarán las impresoras 3D como un complemento para hacer más eficientes sus operaciones. Y, poco a poco, a medida que se perfeccionen las impresoras 3D y se inventen nuevos materiales, la nueva tecnología remplazará a la vieja.

Según Reichental, la revolución se dará en diferentes etapas.

—Claramente, ésta es una tecnología perturbadora, sumamente impactante y transformadora. Así que lo que veremos al principio será una cierta integración de esta tecnología con los métodos tradicionales de fabricación. Algo así como lo que están haciendo compañías como General Electric, que ya están integrando esta tecnología a su proceso de fabricación de motores de aviones. Entonces, lo que vendrá ahora es un proceso híbrido de fusión de la industria manufacturera tradicional con la impresión en tercera dimensión.

—¿Y después? ¿Usted cree que la producción personalizada en impresoras 3D va a sustituir a la producción manufacturera?

—Creo que aunque al principio veremos un proceso híbrido, todo esto seguramente será disruptivo para la industria manufacturera tradicional, en el sentido de que tú no tendrás que ir a fabricar un producto a otro país, porque podrás hacerlo mucho más cerca del punto de consumo. Esto significa que las cadenas de suministro serán alteradas y que el tiempo de suministro de un producto a los consumidores será alterado. Y eso significa también que las empresas que adopten esta tecnología tendrán una ventaja comparativa, al poder llevar sus productos al mercado más rápido que las empresas que dependen de las cadenas de suministro tradicionales.

—¿En cuánto tiempo cree usted que sucederá eso?

—Esto sucederá de la misma forma exponencial en que otras tecnologías han alterado las cosas. Esto significa que, por mucho tiempo, este proceso se verá como una progresión lineal y en un momento determinado veremos un salto impresionante. Y la gente se mirará asombrada y se preguntará: ¿cómo pasó todo esto sin que nos diéramos cuenta? Te doy un ejemplo: en 2012, 72% de los ingresos de Apple, la empresa de computadoras, provino de productos que no existían hace cinco años. Así impactan las tecnologías disruptivas. Y lo mismo ocurrirá con las impresoras 3D.

—¿Qué pasará con los países que dependen de la manufactura, como China o México? ¿Van a colapsar?

—Realmente no lo creo. Yo pienso que el gobierno chino y la industria china están muy conscientes del impacto disruptivo de las impresoras 3D y están al tanto de lo que se está publicando en los medios sobre del tema. El gobierno chino está siguiendo muy de cerca lo que está haciendo la administración de Barack Obama con su iniciativa de manufacturas en 3D. A mi juicio, China está reaccionando incluso más rápido y poniendo más recursos en esa dirección. Porque ellos conocen el poder de esta tecnología y sus posibilidades de dar una gran ventaja competitiva al país o la industria que la adopte. Así que no creo que China ni México se vayan a la bancarrota. Lo que sí creo es que muchos países importantes van a tener que reinventar sus modelos de negocios y repensar su estructura económica con el fin de poder tener una real ventaja competitiva.

Concretamente, Reichental recomendó a los países latinoamericanos "crear una gran iniciativa a nivel nacional para relocalizar la fabricación de productos" y "poner toda su energía en inventar nuevos modelos de negocios, que puedan ser impulsados por la impresión en 3D". Para comenzar, los países tendrían que trabajar en el entrenamiento y la educación en esta industria, creando centros de capacitación en impresión 3D en centros industriales y empezando a distribuir impresoras 3D en las escuelas.

"Lo que verás entonces es el mismo fenómeno que vimos con los teléfonos fijos y los teléfonos celulares; o sea, muchos países que no tenían una infraestructura de telefonía fija pudieron saltar directamente a la telefonía celular y pudieron asimilar el cambio sin problemas. Saltaron por encima de una tecnología que no tenían, para adoptar una nueva. Lo mismo podría pasar en México y en otros países de América Latina si hacen estas pequeñas inversiones hoy", explicó.

Por supuesto, la mera adquisición de impresoras 3D para las escuelas, al igual que la adquisición de teléfonos celulares, o laptops escolares, no garantizará el desarrollo tecnológico. Aunque Reichental, Pettis y otros líderes de la industria están ansiosos por vender millones de impresoras 3D a las escuelas en todo el mundo, los expertos independientes coinciden en que los países que se beneficiarán con esta nueva tecnología serán los que produzcan los mejores ingenieros, científicos, técnicos y diseñadores.

LA CALIDAD EDUCATIVA: MÁS IMPORTANTE QUE NUNCA

Según lo resumió Vivek Wadhwa, el experto en innovación de Singularity University que me sirvió de guía en una de mis visitas a Silicon Valley, "en Latinoamérica la calidad de la educación será más importante que nunca. No se trata de que la gente sepa usar una computadora para enviar correos electrónicos, sino de que sepa diseñar o construir productos, que es algo mucho más difícil. Eso requiere conocimientos de matemática, ingeniería e incluso de inglés, para interactuar con otras partes del mundo".[7]

No sólo en Latinoamérica, sino en todo el mundo habrá que cambiar los contenidos educativos, explicó Wadhwa. En la era de Google y las enciclopedias gratuitas en internet, ya no tiene sentido que las escuelas califiquen a los estudiantes con base en la memorización o en la acumulación de conocimientos. Hoy en día, es tanto o más importante que los estudiantes aprendan a pensar, a ser creativos, a resolver problemas y a construir sobre los conocimientos de los demás. Y cuanto más entremos en la era de las impresoras 3D, en la que se venderá "el diseño, más que el producto", más necesarias serán las mentes creativas.

Interrogado al respecto, Reichental me dijo que los países manufactureros deberán proveer mejor educación y "comenzar a alinear la demanda de mano de obra calificada con los programas educativos. Porque, hoy en día, en la mayoría de los países del mundo existe un desequilibrio entre ambas cosas".

¿AUMENTARÁ EL DESEMPLEO MUNDIAL?

Mientras escuchaba a Reichental durante nuestra entrevista, no pude dejar de pensar en las consecuencias sociales de la Revolución Industrial que el presidente de 3D Systems estaba describiendo con tanto entusiasmo. Si vamos a un mundo en que la fabricación casera en impresoras 3D remplazará en buena medida a la producción industrial, ¿qué pasará con los actuales empleos de las fábricas? ¿Qué ocurrirá con la industria del transporte? ¿Qué pasará con los depósitos donde las empresas actualmente guardan sus mercancías? ¿Vamos hacia un mundo de mayor desempleo?

"Ésa es una excelente pregunta —respondió Reichental cuando lo interrogué—. Creo que no hay nada que pueda hacer revivir los empleos manufactureros tradicionales en Estados Unidos. Como sabes, los empleos manufactureros que hemos tenido en este país, al igual que en otros, no volverán. Vivimos en tiempos de cambios cada vez más acelerados, en que la combinación de la robótica, los sensores y los dispositivos móviles, así como la impresión en 3D y la inteligencia artificial, traerán formas de fabricación muy diferentes. Estos nuevos ambientes de producción requerirán diversos conjuntos de habilidades y distintos tipos de entrenamiento que requerirán menos mano de obra. Habrá menos trabajo intensivo y más automatización inteligente."

Otros entusiastas de la nueva Revolución Industrial de las impresoras 3D, como Wadhwa, comparten la noción optimista de que en el futuro trabajaremos cada vez menos horas y en trabajos cada vez mejor remunerados. "Habrá muchos tipos de nuevos trabajos y la gente trabajará cada vez menos, como ya está ocurriendo desde hace varios siglos —dice Wadhwa—. Durante mucho tiempo, la gente trabajaba 90 horas a la semana en el campo. Ahora, trabaja 40 horas a la semana en las industrias, y dentro de 20 años trabajará 30 horas a la semana. Y eso será bueno, porque estaremos realizando trabajos calificados, relacionados con el conocimiento, en lugar del trabajo tedioso, aburrido y repetitivo que se hace en las fábricas hoy en día." En cuanto a los actuales empleos en las fábricas, Wadhwa sentenció: "Esos no son empleos que valga la pena proteger".

El pronóstico de Reichental, Wadhwa y otros de que trabajaremos cada vez menos, pero en trabajos cada vez más relacionados con la economía del conocimiento, mientras los robots y las impresoras 3D remplazarán el trabajo repetitivo de las industrias manufactureras, me pareció lógico, pero inquietante. Para los países con buenos sistemas educativos que puedan crear nuevos productos cada vez más sofisticados, será un mundo mejor, donde la gente tendrá progresivamente más tiempo libre para realizar sus aspiraciones personales. Pero para las naciones que se queden atrás en la carrera educativa, el futuro podría ser mucho más sombrío.

CHUCK HULL, EL INVENTOR DE LAS IMPRESORAS 3D

Cuando le pedí a Reichental que me ayudara a conseguir una entrevista con Hull, el inventor de las impresoras 3D, me adelantó que era un ingeniero bastante introvertido al que no le gustaba hablar en público, ni aparecer mucho en la prensa. Pero le insistí, porque tras una búsqueda en Google encontré muy poco material o entrevistas con él, hasta que unos meses después pudimos realizar una entrevista telefónica con Hull. Para mí, lidiar con estos innovadores tecnológicos era una experiencia nueva: mientras que otros empresarios —y ni hablar de los políticos— suelen hacer lo imposible por salir en la prensa, Hull, Pettis y varios otros personajes del mundo tecnológico que me tocó entrevistar para este libro viven en un mundo aparte, en el que les interesa mucho más el reconocimiento de sus pares que el del gran público.

Hull, nacido en 1939, todavía se desempeñaba como vicepresidente y director de tecnología de 3D Systems, la compañía que fundó y que ahora presidía Reichental. Durante su carrera, Hull había registrado más de 60 patentes, incluyendo la de las impresoras 3D, a la que había patentado con el complejo nombre de "aparato para la producción de objetos tridimensionales mediante estereolitografía". El registro explicaba que este último era un procedimiento mediante el cual se fabricaban objetos con base en la adición sucesiva de capas de materiales que al solidificarse formaban el producto deseado.

Hull se graduó en ingeniería y física en la Universidad de Colorado y trabajó durante varios años como físico en la empresa química Dupont, y luego en un laboratorio más pequeño. Fue allí donde Hull comenzó a trabajar en su idea de un aparato para producir objetos tridimensionales, algo que otros ingenieros ya estaban experimentando, pero su jefe no había estado muy entusiasmado con el proyecto.

"Era una empresa pequeña y su presidente tenía otro tipo de funciones asignadas a mí. Pero accedió a que yo pudiera trabajar en mi proyecto fuera de las horas de trabajo y me dejó usar los laboratorios de la empresa. Al final, funcionó bien para ambos", recordó Hull. Cuando patentó la impresora, Hull compartió el invento con la empresa para la que trabajaba, y ambos se beneficiaron, explicó.[8]

"ME RECHAZARON EL PROYECTO MÁS DE UNA DOCENA DE VECES"

Pero tras patentar su impresora 3D, como tantos otros inventores, Hull fracasó varias veces antes de poder conseguir fondos para fabricarla y comercializarla. Al principio nadie quería poner dinero en el proyecto y los primeros artículos que se publicaron sobre la nueva tecnología en revistas especializadas eran escépticos sobre su futuro, recuerda.

"Me rechazaron el proyecto muchas veces; no me acuerdo cuantas, pero seguramente más de una decena de veces —me dijo, soltando una carcajada—. La gente a la que le pedíamos que invirtiera nos decía que esta tecnología no serviría. ¿Quién usaría este aparato? ¿Y para qué?, preguntaban. Para colmo, en esa época todos pronosticaban que toda la manufactura mundial se iría a China, de manera que había aún menos incentivo para invertir en esto. Pero eso pasa siempre con las nuevas tecnologías que van a cambiar el mundo: al principio nadie las reconoce como tales."[9] Finalmente, luego de muchos intentos infructuosos, Hull encontró un inversionista en Vancouver, Canadá, que puso el capital para poner a funcionar la nueva compañía que fabricaría el aparato.

De allí en más, pasaron varias décadas en que la empresa fue perfeccionando gradualmente el aparato, que era utilizado principalmente para producir piezas para la industria automotriz. Fue, como me lo explicó Hull, un proceso lento y gradual. "Tú no inventas algo y de repente provocas un gran impacto en muchas áreas. Las cosas no funcionan así", explicó. Por el contrario, típicamente, después de inventar algo, uno tiene que encontrar una aplicación comercial para su producto, conseguir capital, emplear gente y formar una empresa. "Y cuando terminas de hacer todo eso, te encuentras con que la invención original tiene muchas limitaciones y necesitas reinventarla. De manera que todo esto es un proceso que no termina nunca."[10]

DESPUÉS DE LAS IMPRESORAS 3D, LAS IMPRESORAS 4D

Mientras muchos todavía estamos tratando de digerir el fenómeno de las impresoras 3D, algunos innovadores ya están hablando de las impresoras 4D, que no sólo fabricarán objetos individualizados sino que producirán cosas que podrán transformarse a sí mismas para adecuarse a distintas circunstancias. Básicamente, estas impresoras del futuro serán como las 3D, pero utilizarán materiales inteligentes, autosaneables, como los que reconstruían la piel sintética de los robots en las películas de *Terminator* después de cada batalla.

Aunque la idea parece demasiado ambiciosa, el Departamento de Defensa de Estados Unidos decidió invertir en un estudio de factibilidad sobre las impresoras 4D en 2013 y comisionó a tres universidades —Harvard, Illinois y Pittsburgh— para que lo realizaran en forma colaborativa. "En lugar de construir un material estático, o uno que simplemente puede cambiar su forma, estamos proponiendo desarrollar compuestos adaptables, biomiméticos, que puedan reprogramar su forma, su propiedad o sus funciones con base en estímulos externos", explicó Anna C. Balazs, profesora de ingeniería química de la Universidad de Pittsburgh a cargo del proyecto.[11]

El director del laboratorio de autoensamblaje del Instituto de Tecnología de Massachusetts, Skylar Tibbits, llamó la atención mundial cuando hizo una demostración con materiales inteligentes que, al entrar en contacto con el agua, se contraen hasta formar un cubo. "Imagínense si pudiéramos crear tubos de agua… que se ondulen para poder mover el agua por sí mismos", señaló, a manera de ejemplo.[12] Mediante la manipulación de células, este tipo de ideas no son nada descabelladas, agregó.

¿MUCHO RUIDO Y POCAS NUECES?

Para algunos expertos, hay mucho ruido y pocas nueces en todas las predicciones sobre la Revolución Industrial de las impresoras 3D. Entre ellos está Terry Gou, presidente de Foxconn, la empresa más grande del mundo que produce aparatos electrónicos para marcas como Apple, Amazon, Cisco, Dell, Google, HP, Microsoft y Nokia. Según dijo Gou a los medios de Taiwán, las impresoras 3D son un "artilugio" cuya importancia ha sido inflada por los medios. Gou dijo que está tan confiado de que está en lo cierto, que si se llega a equivocar, y las impresoras 3D revolucionan la industria mundial, se cambiará el apellido y lo escribirá de atrás para adelante, Uog, según reportó el periódico *South China Morning Post*.

Gou —¿o será que, si se imponen las impresoras 3D, pronto deberemos llamarlo Uog?— no es el único escéptico sobre esta tecnología. Muchos como él se basan en que las impresoras 3D no pueden producir masivamente aparatos complejos como teléfonos celulares funcionales. Incluso si las impresoras 3D se perfeccionan para fabricar teléfonos celulares que funcionen bien, serían mucho más caros que los producidos masivamente, señalan. Y tampoco las impresoras 3D pueden usar materiales como el cuero, lo que limita lo que pueden hacer, agregan.

La firma consultora Gartner Inc., una de las más conocidas que estudian el mercado tecnológico, estimó que las ventas de impresoras 3D caseras están aumentando más de 40% al año, pero que han arrancado de un piso tan bajo que en 2017 se venderán sólo 826 000 de estos aparatos en todo el mundo. Según Pete Basiliere, director de investigaciones de Gartner, las impresoras 3D se convertirán muy pronto en aparatos "usados por la mayoría de las empresas" para producir repuestos o componentes específicos, pero difícilmente se convertirán en un fenómeno de consumo masivo, como las computadoras personales, en un futuro próximo.[13]

EL FUTURO YA ESTÁ ENTRE NOSOTROS

Pero ya hay suficientes señales de que las impresoras 3D se venderán masivamente antes de lo que vaticinan muchos y transformarán una parte significativa de la industria mundial. En 2014 varias de las tiendas más importantes de computadoras y artículos de oficina de Estados Unidos, como Staples y Office Depot, ya estaban ofreciendo impresoras 3D al público en general en varias de sus sucursales, junto a los estantes en que ofrecían computadoras personales y fotocopiadoras tradicionales.

La gigantesca empresa de transporte privado UPS ya anunció que comenzaría a ofrecer servicios de impresoras 3D en sus sucursales, de la misma manera en que desde hace años viene ofreciendo servicios de computadoras por hora a quienes no tienen una en casa o están de viaje. O sea que UPS ya ha convertido en realidad los pronósticos de que los consumidores pronto podrán bajar un diseño de la computadora en sus casas y —si no tienen una impresora 3D, o no tienen los materiales requeridos para el objeto que quieren fabricar— imprimirlo en la tienda UPS más cercana. En principio, la empresa espera que el servicio sea utilizado principalmente por artistas, diseñadores y pequeñas empresas que requieran maquetas o prototipos para sus nuevos productos, pero gradualmente el uso de estas impresoras se extenderá cada vez más a consumidores comunes, según voceros de la empresa.[14]

Microsoft, Intel y Apple, entre otros, estaban creando sistemas operativos para que podamos imprimir en 3D desde nuestras computadoras personales. Y en Europa, la Agencia Espacial Europea (ESA) y más de 30 empresas privadas estaban montando cinco fábricas piloto en Francia, Alemania, Italia, Noruega y el Reino Unido con el fin de producir impresoras 3D que usen metales antes de 2017. "Hasta ahora, las impresoras 3D sólo eran capaces de trabajar con plástico, lo cual limitaba mucho sus aplicaciones industriales", aseguró David Jarvis, director de nuevos materiales y energía de la ESA. "Finalmente hemos entrado en la edad de los metales y ahora podemos producir componentes de aluminio o titanio."[15] Hilde Loken Larsen, directora de Investigación de Norsk Titanium, en Noruega, especializada en la fabricación de piezas de titanio en 3D, agrega, al igual que sus competidores estadounidenses, que "nos encontramos ante un mundo de nuevas posibilidades, comparable con el que permitió la producción en masa en el siglo XX. La revolución del siglo XXI consistirá en la producción masiva personalizada y localizada".[16]

Si la Ley de Moore —según la cual la capacidad de las computadoras se duplica cada dos años, y sus precios se reducen acordemente— funciona para esta tecnología como ocurrió con las computadoras personales, todo parece indicar que los tecno-utópicos estarán más cerca de la realidad que los tecno-escépticos en cuanto a las impresoras 3D. Es un fenómeno de innovación gradual que fue evolucionando a lo largo de tres décadas y dio un salto a la fama cuando Bre Pettis decidió dejar su puesto de maestro de escuela secundaria y comenzar a fabricar impresoras 3D personales en su taller de *makers* en Nueva York. Y todo parece indicar que está aquí para quedarse.

5

Rafael Yuste y los manipuladores del cerebro

¡Viva la colaboración, abajo la competencia!

De todas las innovaciones de las que hablamos en este libro, la que más me asusta —y a la vez la que quizá tenga un impacto más positivo en la humanidad— es la manipulación del cerebro en la que está trabajando el científico español Rafael Yuste, en la Universidad de Columbia de Nueva York. Yuste es codirector del proyecto Brain Activity Map (o Mapa de la Actividad del Cerebro), que pretende crear el primer mapa que permita ver —y quizás controlar— las miles de millones de neuronas del cerebro humano.

El proyecto, para el que el presidente Barack Obama prometió destinar más de 100 millones de dólares anuales y en el que intervienen científicos de todo el mundo, pretende desentrañar cómo se relacionan las neuronas cerebrales entre sí, para poder diagnosticar enfermedades como la depresión, la esquizofrenia y la epilepsia, y encontrar la forma de tratarlas mediante la manipulación de dichas neuronas. Poder diagramar toda la actividad cerebral y manipularla dará lugar a nuevos métodos de diagnóstico y a nuevas terapias, afirman los impulsores del proyecto. Pero al mismo tiempo, la manipulación de las neuronas plantea problemas éticos inéditos en la historia de la humanidad, que hasta ahora sólo hemos visto en las películas de ciencia ficción.

¿Podría el gobierno de Estados Unidos, o de cualquier otro país, controlar las neuronas de sus ciudadanos para llevarlos a pensar de una forma, o a no pensar en absoluto? ¿Llegaremos a un punto en que los gobiernos puedan manipular el cerebro humano para crear seres más inteligentes, o más tontos y sumisos? ¿O en que los padres puedan reprogramar el cerebro de sus bebés para que sean mejores estudiantes?

¿PODRÁN LOS GOBIERNOS LEER NUESTRA MENTE?

Cuando entrevisté a Yuste, ya había sido objeto de diversos artículos en *The New York Times*, en *El País* de España, en la revista *Science* y en varias otras publicaciones internacionales. Además, la revista *Nature* lo había escogido como uno de los cinco científicos a nivel mundial que estaban trabajando en los proyectos más revolucionarios. Esperaba encontrarme con una eminencia científica un tanto agrandada por tanta publicidad, y quizá un tanto impaciente con quienes —como yo— no entendemos mucho de neurobiología. Pero me topé con un individuo muy diferente.

Llegué al laboratorio de Yuste en la Universidad de Columbia durante una mañana lluviosa en la que había muy poca actividad en sus oficinas, con un poco de miedo por cómo reaccionaría ante mis preguntas sobre si su proyecto no constituía un peligro para la humanidad. Yuste, que recientemente había cumplido 50 años de edad, me recibió con una amplia sonrisa, y con una sencillez y una afabilidad que no me esperaba. Era un hombre prematuramente calvo, con bigote y una sonrisa cálida y casi permanente. Tenía un brazo enyesado, sostenido del hombro por un cinturón, que —según me aclaró— era resultado de un accidente futbolístico. "Estábamos con mi familia en España y mis sobrinos organizaron un partido en la pradera y me dijeron: 'Tío Rafa, apúntate'. Entonces, me puse a jugar con ellos, me resbalé en el césped, y aquí me tienes", me dijo, entre resignado y divertido.[1]

Tras invitarme a pasar a su laboratorio, repleto de microscopios y congeladoras de todo tipo, Yuste me presentó a los únicos dos científicos presentes. Los 16 investigadores del laboratorio de Yuste eran lo más parecido que hay a las Naciones Unidas, bromeó. Del total, cuatro eran surcoreanos, tres estadounidenses, dos japoneses, dos alemanes, uno israelí, uno suizo, uno finlandés de origen hindú, uno canadiense, uno checo y otro —él mismo— español. "Es lo más común", se encogió de hombros Yuste, agregando que los laboratorios científicos de las grandes universidades estadounidenses tienen muchos más extranjeros que norteamericanos.

Cuando nos sentamos, le comenté a Yuste —medio en broma, pero medio en serio— que muchos piensan que el suyo es un proyecto del gobierno estadounidense para manipular el cerebro humano.

"SOMOS MUY CONSCIENTES DE LOS PELIGROS"

—Si ustedes van a detectar cómo funciona el cerebro humano para curar esas enfermedades, supuestamente van a manipular el cerebro humano, ¿o no? —le pregunté—. ¿Esa manipulación no puede ser usada con otros fines menos loables?

—Tienes razón —respondió—. Pero te digo, primeramente, desde el comienzo, que tanto los científicos que propusimos el proyecto como el gobierno estadounidense somos muy conscientes de la posible utilización equivocada de las técnicas que venimos estudiando. El proyecto es desarrollar técnicas para mapear y manipular la actividad cerebral. Pero el objetivo inicial es entender cómo funciona el cerebro y ayudar a los pacientes. Tenemos una deuda con los millones de pacientes que hay en el mundo. Seguramente tú, como yo, tenemos parientes cercanos que padecen esquizofrenia o epilepsia. Tenemos que curarlos.

—¿Cómo?

—Por ejemplo, la esquizofrenia es un problema en el que los pensamientos están desorganizados. Entonces, podríamos intentar desarrollar técnicas para enlazar un pensamiento con otro y corregir la manera anormal que tienen de pensar los esquizofrénicos.

—Pero no has contestado mi pregunta —le dije con amabilidad—. ¿No es peligroso empezar a manipular el cerebro humano?

—Estas técnicas pueden utilizarse también para fines que no sean altruistas —respondió—. Es el mismo problema que siempre corre la ciencia cuando se desarrollan técnicas nuevas: piensa en la energía atómica, o en las técnicas de nuevas bacterias, que se pueden utilizar para promover grandes avances de la humanidad, o para provocar acciones devastadoras. Tenemos la responsabilidad, como ciudadanos, de que eso no sea así.

—¿Cuáles serían los peligros? —insistí.

—Yo creo que una posibilidad sería, como dices tú, que se pueda leer la mente de las personas o interferir con su pensamiento —dijo Yuste—. Pero, precisamente por eso, hemos hecho la propuesta de que el desarrollo de estas técnicas esté controlado y supervisado por comités éticos formados por representantes tanto de la sociedad como expertos en ética y también científicos. Yo te aseguro que tanto los científicos que estamos detrás del proyecto como el gobierno estamos vigilando esto. El propio presidente Obama lo mencionó durante su rueda de prensa: dijo que iba a encargar a un comité ético que supervisase la utilización de este tipo de tecnología.

EL CEREBRO HUMANO ES LO QUE MENOS CONOCEMOS

Cuando el presidente Barack Obama presentó su proyecto del Mapeo del Cerebro Humano, el 2 de abril de 2013, se refirió al plan como algo histórico para la humanidad, explicando que la medicina moderna conoce el funcionamiento del cuerpo, pero no de la mente. "Como humanos, podemos identificar las galaxias que están a años luz, podemos estudiar partículas más pequeñas que un átomo, pero todavía no hemos destrabado el misterio de las tres libras de materia gris que están entre nuestros oídos", dijo durante la conferencia de prensa en que hizo el anuncio, provocando la risa de los normalmente adustos reporteros que cubren la Casa Blanca.[2]

Yuste me dijo que, efectivamente, el plan de mapear el cerebro humano es algo histórico, porque ese órgano es la única parte del cuerpo que no sabemos cómo funciona. "Conocemos cómo lo hacen los músculos, el hígado y el corazón, lo suficiente para intentar curarlos cuando se estropean. Pero de la nariz para arriba estamos en territorio prácticamente desconocido", me explicó.

"O sea que desconocemos el funcionamiento de la parte más importante de nosotros, porque los humanos somos animales cerebrales", continuó diciendo Yuste. "La mente humana es el fruto de la actividad del cerebro. Todo lo que somos, nuestros pensamientos, nuestras creencias, nuestro comportamiento, el movimiento que hacemos, la percepción, toda nuestra vida depende del funcionamiento del cerebro. Entonces, si conseguimos entender cómo funciona, la humanidad, por primera vez en la historia, se entenderá a sí misma por dentro. Será como vernos por dentro por primera vez", explicó.

"El primer paso será entender cómo funciona la máquina —dijo Yuste—. Y cuando entendamos cómo funciona el cerebro, podremos arreglar los problemas que tiene cuando se rompe la máquina. Es como un auto, el cual no puedes arreglar a menos que sepas cómo funciona. Pues esto es igual de simple. Aquí tenemos una máquina compuesta por 100 000 millones de neuronas, que cuando algo se estropea, genera diversas enfermedades mentales y neurológicas. Entonces, lo que queremos es, primero, solucionar el problema de entender cómo funciona: cómo las neuronas se disparan entre sí, cómo se comunican. Y una vez que sepamos eso, creo que será muchísimo más fácil atacar las enfermedades mentales y curarlas."

"CONOCIENDO EL CEREBRO NOS HAREMOS MÁS LIBRES"

Fascinado por lo que estaba escuchando, pero no satisfecho con la explicación de Yuste acerca de que un "comité de expertos" se encargará de solucionar los peligros potenciales del mapeo y la manipulación del cerebro humano, volví a mi pregunta original. ¿Cómo evitar que todas estas investigaciones sean usadas para el mal? Yuste respondió que los eventuales impactos positivos del descubrimiento de la mente serán muchísimo mayores que los negativos, sugiriendo que si hubiéramos permitido que el miedo paralizara la investigación científica, todavía estaríamos en la edad media.

"Sinceramente, pienso que esto puede ser uno de los momentos históricos de más importancia para la humanidad. Porque cuando la humanidad se conozca por dentro, cómo funciona su mente, se hará más libre. Entenderemos el origen de muchos de nuestros sufrimientos y podremos solucionar no sólo problemas médicos sino también problemas de comportamiento", me dijo Yuste.

"También creo que esto nos permitirá desarrollar un nuevo tipo de tecnología, que utilice la actividad cerebral directamente para controlar máquinas y para optimizar la comunicación entre las personas. Esto puede ser como una especie de voltereta en la evolución humana. Porque es algo que llevan investigando los filósofos, los psicólogos y los médicos desde hace miles de años", agregó.

CIEN MIL MILLONES DE NEURONAS

El cerebro humano posee una complejidad extraordinaria, explicó Yuste. El número de neuronas que tenemos en el cerebro humano es de 100 000 millones, conectadas entre sí de diversas maneras que han sido descritas como junglas impenetrables de conexiones. Puede ser el trozo de materia más sofisticado del universo y lo tenemos encima de la cabeza, cada uno de nosotros. Entonces, empezar a estudiarlo da miedo, confesó. De hecho, hay mucha gente que piensa que el misterio del cerebro humano nunca se va a entender.

Pero Yuste cree que el proyecto es factible. "Nosotros somos científicos rigurosos y decimos que esto, igual que con cualquier otra parte del cuerpo, es una cuestión de método y de trabajo. Antes o después daremos con la solución", me dijo. Cuando le pregunté cómo lo harán, me explicó que el secreto será estudiar los movimientos y las conexiones entre las neuronas, en lugar de estudiar las neuronas en sí. "Mira, te puedo explicar esto con una analogía muy simple. Imagínate que estás en la sala de tu casa viendo una película en la televisión, pero sólo puedes ver un pixel de la pantalla. Entonces, no te enteras de la película. El cerebro humano y el de otras especies ha sido estudiado con técnicas que registran la actividad de una sola neurona y después comparan esos registros con la actividad de otra neurona en otro animal. Entonces, es igual que si hubiésemos intentado ver la película mirando sólo un pixel", explicó.

"Nadie ha visto la película cerebral entera. Yo creo que en el momento en que se desarrollen las técnicas para registrar la actividad de un gran número de neuronas a la vez empezaremos a ver delante de nosotros patrones de actividad que puedan corresponderse con comportamientos, con pensamientos, con actividades motoras, con el habla", agregó.

"LE MOSTRAMOS VIDEOS A LOS RATONES"

Para descubrir el misterio del cerebro humano, Yuste y su equipo —al igual que otros en varias universidades— están realizando experimentos con ratones, mostrándoles películas y observando cómo reaccionan sus neuronas.

—¿Videos? ¿Películas, como las de Hollywood? —le pregunté, sin poder evitar una carcajada.

Yuste sonrió y asintió con la cabeza.

—Sí —dijo, y empezó a explicarme cómo funcionan sus experimentos—. El cerebro humano, y el cerebro de los mamíferos en general, está compuesto, sobre todo, por una zona que se llama *corteza cerebral*. En los humanos y en los primates esta zona está muy desarrollada, pero es muy parecida a la corteza cerebral de los ratones —señaló—. Entonces, el ratón es un animal de experimentación muy cómodo. Si podemos entender cómo funciona el cerebro de un ratón, podríamos comenzar a entender cómo funciona el cerebro de un primate o de un ser humano. Porque la única diferencia con los ratones al parecer es una diferencia de tamaño, no de calidad.

Cuando, curioso y divertido, le pedí más detalles sobre sus ratones cinéfilos, Yuste me dijo que, efectivamente, gran parte de la investigación consiste en exhibir videos a ratones anestesiados para que no sufran. Con un láser infrarrojo especial muy poderoso, los investigadores pueden seguir la actividad de un pequeño grupo de neuronas —unas 4000 de las 180000 que, se estima, poseen los ratones— en la corteza visual del animal, que es la parte de atrás del cerebro que los ratones y nosotros utilizamos para ver. Entonces, cuando el animal está viendo un video, los investigadores estudian qué señales emiten las neuronas y cómo se interconectan.

—¿Y qué están descubriendo? —le pregunté.

—Unas neuronas disparan aquí, y otras allá. Pero luego detenemos el video, ponemos una pantalla gris y vemos cómo las neuronas de los ratones siguen disparando señales espontáneamente —señaló.

—¿Le detienen la película a los ratones?

—Efectivamente. Y hemos descubierto que los disparos espontáneos de estas neuronas se parecen muchísimo a los disparos de las neuronas cuando el animal está utilizando los ojos para ver. En otras palabras, cuando nosotros vemos el mundo, nuestro cerebro reactiva patrones que lleva adentro. Esto es una cosa parecida a lo que dijo, por ejemplo, el filósofo Kant, un alemán de siglo XVIII, quien sugirió que el mundo en realidad lo tenemos dentro de la mente; que cuando nosotros vemos el mundo, activamos ideas que tenemos ya dentro del cerebro. Entonces, estamos comprobando, de cierta manera, una de las teorías que sugirió Kant hace varios siglos, en el sentido de que la percepción visual puede ser una cosa que se genera endógenamente.

—¿No es lo que decía Platón, de que vivimos en una caverna donde sólo vemos los reflejos de las cosas?

—Pues todos iban por ese camino, creo. Es posible que nosotros tengamos la idea, quizá simplista, de que todas las neuronas del cerebro están apagadas hasta que abrimos los ojos, vemos el mundo y ahí se empiezan a disparar. Pero no puede ser la cosa más distinta. El cerebro siempre está activo, estemos mirando al mundo o no.

—O sea que el cerebro trabaja de día y de noche, sin parar.

—De hecho, es un poco como si siempre estuviésemos generando sueños cuando estamos dormidos, sueños que no tienen relación con el mundo. Y cuando estamos despiertos, los sueños tienen relación con lo que está ocurriendo alrededor, porque si no, no nos iría muy bien en la evolución. Entonces es posible, volviendo a las ideas de los filósofos, de Platón y de Kant, que tengamos algo interno, que es el corazón de nuestra mente, y que está escrito con un lenguaje de disparos de neuronas. El desafío que tenemos como científicos y como médicos ahora es desarrollar las técnicas para, por fin, ver cuáles son estos patrones de disparo de las neuronas.

LOS COMIENZOS DE YUSTE EN ESPAÑA

Yuste se convirtió en uno de los investigadores más innovadores del mundo casi por casualidad. Cuando estudiaba medicina en la Universidad Autónoma de Madrid, pensaba que se dedicaría a la psiquiatría, la neurología o la medicina interna. Venía de una familia de profesionales de clase media —su padre es abogado, y su madre, farmacéutica—, pero no había ningún científico entre sus parientes. De niño siempre fue el mejor de su clase, tanto en las ciencias como en las letras. Había entrado en una de las mejores escuelas secundarias públicas de Madrid, la Ramiro de Maeztu, gracias a la alta calificación que logró en su examen de ingreso, y se graduó allí como el mejor alumno de su generación. Pero aunque la ciencia le había interesado desde adolescente, cuando su padre le regaló un libro de Santiago Ramón y Cajal que le despertó el interés por la investigación, cursó su carrera pensando que terminaría ejerciendo como médico.

Y todo parecía indicar que ése sería su destino hasta que, a punto de graduarse de la escuela de medicina, vivió una serie de experiencias que lo hicieron cambiar de rumbo. Para graduarse, Yuste tenía que pasar tres meses en el departamento de psiquiatría, tratando a pacientes esquizofrénicos paranoicos. Eran los peores pacientes, los que ningún médico quería tratar. Se trataba de enfermos violentos que por lo general se pasaban la vida entrando y saliendo de la cárcel, y que debían mantenerse sedados constantemente para que no agredieran a quienes se les acercaran, o a sí mismos. Para entrevistarlos, los médicos y los estudiantes de medicina iban con guardaespaldas. Era muy común que estos pacientes, al terminar la conversación, amenazaran a los médicos. Más de una vez durante su práctica, a Yuste le dijeron: "Te voy a seguir a tu casa y te voy a matar". Paradójicamente, se trataba de pacientes extraordinariamente inteligentes.

"Son gente brillantísima —recuerda Yuste—. Yo tenía que entrevistarlos acompañado por guardias de seguridad. Me sorprendió lo inteligentes que eran. Se trataba de gente del estilo de Sherlock Holmes, pues apenas empiezas a hablar con ellos, detectan, por tu acento, de qué ciudad eres, de qué barrio, de qué clase social. Entonces te das cuenta de que, por un lado, tienen una mente brillantísima y, por otro, tienen una pieza que está mal, rota en su mente, que les causa la enfermedad."

Allí fue, durante sus prácticas en el departamento de psiquiatría, donde Yuste comenzó a convencerse cada vez más de que los tratamientos médicos que se suministraban a los esquizofrénicos paranoicos no curaban su enfermedad, sino —con suerte— sólo los síntomas.

DE LA PSIQUIATRÍA A LA INVESTIGACIÓN

"En ese momento me di cuenta de que lo que está haciendo la psiquiatría con los esquizofrénicos es usar tratamientos paliativos que no curan la causa, sino sólo disminuyen los síntomas. Como médicos, tratamos a los esquizofrénicos dándoles pastillas para reducir sus ataques y tenerlos más o menos controlados. Pero nunca solucionamos el problema que tienen dentro."

Entonces, en ese momento, Yuste decidió cambiar de rumbo. "Decidí que en vez de dedicarme a la psiquiatría, lo que iba a hacer era abocarme a la investigación básica, para entender cómo funciona la corteza cerebral, que es donde tienen el problema los esquizofrénicos

—recuerda—. Me pareció mucho más interesante que algún día yo, o alguien que venga después, entendiendo cómo funciona la corteza cerebral, pudiera curar a estos pacientes de una manera muchísimo más efectiva."

La obra de Ramón y Cajal que su padre le regaló cuando tenía 14 años de edad, *Los tónicos de la voluntad: reglas y consejos sobre investigación científica*, y que tanto lo impresionó de adolescente, ahora le parecía más acertada que nunca. El libro, que había sido un *best-seller* en España, ofrecía consejos a los jóvenes investigadores y describía la ciencia como una tarea solitaria y heroica para salvar a la humanidad. Otro clásico que le regaló su madre más o menos a la misma edad, *Los cazadores de microbios*, del microbiólogo estadounidense Paul de Kruif, también le había vuelto a la mente con mayor claridad a la luz de sus experiencias con los pacientes esquizofrénicos. Según lo relató Yuste: "Esos dos libros me cautivaron. Y hacia el final de mi carrera de medicina vi clarísimo lo que quería hacer con mi vida. Y decidí ser uno de esos héroes callados que trabajan hasta la medianoche en sus laboratorios, en solitario, y que con sus microscopios descubren secretos que ayudan a la humanidad".[3]

"LLEGUÉ A ESTADOS UNIDOS CON DOS MALETAS, SIN CONOCER A NADIE"

Tras graduarse de la Universidad Autónoma de Madrid, en 1987, Yuste viajó a Estados Unidos para hacer su doctorado en la Universidad Rockefeller de Nueva York. "Llegué como llegan muchos estudiantes españoles a Estados Unidos, con dos maletas, sin conocer a nadie, para abrirme camino en un país nuevo", me contó.[4]

En la Universidad Rockefeller trabajó en técnicas de *calcium imaging* para medir la actividad de las neuronas, bajo la supervisión del Premio Nobel, Torsten Wiesel. Tras recibir su doctorado en 1992, pasó a realizar un posgrado en el departamento de investigación de computación biológica de los Laboratorios AT&T Bell, de Nueva Jersey, bajo la dirección del prominente neurobiólogo Lawrence Katz. En 2001 fue nombrado profesor asociado de la Universidad de Columbia, y allí comenzó su carrera hasta convertirse en un investigador y un profesor estrella.

LA REUNIÓN QUE CAMBIÓ SU VIDA

En septiembre de 2011, Yuste fue invitado a una reunión en Buckinghamshire, Gran Bretaña, junto con unos 25 científicos, la mayoría neurobiólogos y físicos. Era una reunión organizada por cuatro fundaciones privadas —dos inglesas y dos estadounidenses— para intercambiar ideas sobre qué proyectos ambiciosos se podían emprender en el campo de la neurociencia. La idea era que cada científico sugiriera qué investigaciones deberían priorizarse en el futuro próximo y que las propuestas fueran discutidas allí con la mayor sinceridad. En otras palabras, era una reunión informal, sin agenda previa, lo que en la jerga anglosajona se llama una sesión de *brainstorming*.

Cuando le llegó el turno a Yuste, sugirió lo que poco tiempo después atraería la atención de la Casa Blanca. Yuste dijo: "Lo que creo que hay que hacer es desarrollar técnicas para mapear la actividad completa de los circuitos neuronales en animales y en personas". Y explicó, como lo haría tantas veces después, que actualmente no podemos entender cómo funciona el cerebro porque sólo estamos registrando la actividad de neuronas individuales, y no su conjunto. Si queremos llegar al fondo de las enfermedades psiquiátricas, como las de los esquizofrénicos paranoicos que le había tocado atender como practicante en España, había que hacer un mapa del cerebro humano, explicó.

Según recuerda Yuste, la primera reacción de sus colegas no fue favorable. "Cuando sugerí esta idea, muchos de mis compañeros empezaron a decir: 'Eso es imposible. Va a costar mucho dinero. E incluso si conseguimos el dinero, habría que trabajar con demasiados datos. Y aunque tuviésemos todos los datos, no sabríamos qué hacer con ellos'." Pero a medida que avanzaba la discusión, se hacía más evidente que la propuesta de Yuste estaba acaparando la conferencia.

"Cuanto más críticas llegaban, más se fortalecía la idea —recuerda Yuste—. Y al rato me apoyaron tres o cuatro personas claves, entre ellas George Church, uno de los impulsores del proyecto del genoma humano. Church se levantó y dijo: 'Las críticas que le hacéis a Yuste son las mismas críticas que nos hacían a nosotros, al genoma humano, hace 15 años. Y estaban equivocadas'."

Church y Yuste no convencieron a la mayoría, pero sí lograron persuadir a un pequeño grupo lo suficientemente influyente como para empezar a hacer rodar la idea. "De esa reunión salimos un grupo muy pequeño de cinco personas, entusiasmados con la idea de proponer al mundo nuestro proyecto y desarrollar técnicas para mapear la actividad cerebral", recuerda Yuste. En los siguientes meses, los cinco científicos comenzaron a escribir borradores, que luego se convirtieron en publicaciones científicas que salieron en revistas especializadas. Y, así como enviaron varios escritos a las revistas científicas más prestigiosas, remitieron uno de ellos a la Oficina de Políticas Científicas y Tecnológicas de la Casa Blanca.

"ME ENTERÉ CUANDO VI A OBAMA EN TELEVISIÓN"

"Lo leyeron y les encantó", recuerda Yuste. La Casa Blanca estaba buscando un gran desafío científico-tecnológico para volver a asombrar al mundo de la misma manera como lo había hecho cuando la NASA envió al primer hombre a la Luna, en 1969. El gobierno de Barack Obama estaba buscando un proyecto de alto impacto. Igual que había sucedido a mediados del siglo XX después de que la Unión Soviética lanzó el primer satélite al espacio —el *Sputnik*— y en Estados Unidos cundía la alarma por la posibilidad de que los rusos les ganaran la carrera tecnológica, ahora había un creciente temor en Washington de que China lograra eclipsar el poderío estadounidense.

En rigor, China estaba muy por atrás de Estados Unidos en los principales indicadores científicos y tecnológicos, pero la percepción entre los estadounidenses era que los chinos estaban pisándoles los talones.

Y ante la paranoia general de que Estados Unidos estaba perdiendo su rol de superpotencia, la Casa Blanca invitó a los principales centros de investigación a que presentaran sus proyectos más ambiciosos.

La Oficina de Políticas Científicas y Tecnológicas de la Casa Blanca recibió más de 200 propuestas en 2012, y escogió la de Yuste. Y el científico español se enteró por la televisión, como millones de personas, cuando escuchaba el discurso del Estado de la Unión de Obama —la presentación anual en la que el presidente de Estados Unidos propone sus planes para el siguiente año fiscal ante el Congreso— la noche del 13 de febrero de 2013. Al presentar sus planes para dar un nuevo impulso a la innovación, la ciencia y la tecnología, el presidente dijo: "Si queremos fabricar los mejores productos, debemos invertir en las mejores ideas. Por cada dólar que hemos invertido en el mapeo del genoma humano, hemos generado 140 dólares. Hoy, nuestros científicos están trabajando en el mapa del cerebro humano para encontrar las respuestas al mal de Alzheimer… Ahora es el momento para alcanzar un nivel de investigación y desarrollo que no se ha visto desde el punto más alto de la carrera espacial. Necesitamos hacer esas inversiones". Fue una de las pocas veces que demócratas y republicanos en el Congreso se levantaron conjuntamente de sus bancas para aplaudir a Obama. Yuste, sentado en su casa, saltó de su asiento: Obama acababa de decir lo que le habían propuesto él y sus colegas, usando las mismas palabras.

"Estaba mirando televisión como cualquier vecino —me contó Yuste meses después—. Al oír lo que dijo Obama, nos dimos cuenta de que estaba hablando de lo nuestro. Fue un momento inolvidable. Empezamos a llamarnos por teléfono entre nosotros y a decir: ¡Nos han escogido!'"

Poco después, *The New York Times* publicó en primera plana —con la foto de Yuste— la noticia sobre el proyecto del mapeo del cerebro humano al que se había referido el presidente. Y en abril de 2013, en una reunión con unos 200 científicos, en el ala este de la Casa Blanca, hablando frente a un gran letrero azul con las palabras "Iniciativa del Cerebro", Obama anunció una primera inversión de 100 millones de dólares para comenzar a producir en 2014 el mapa del cerebro humano que había propuesto Yuste.

¿QUEDARÁ REBASADO SIGMUND FREUD?

El mapa del cerebro humano muy probablemente obligará a revisar todas las teorías de Sigmund Freud, me dijo Yuste cuando le pregunté cómo quedaría parado el padre de la psicología moderna cuando empezaran a salir los resultados de su investigación. "Yo creo que todo esto influirá mucho en cambiar las teorías freudianas, quizás de una manera mucho más efectiva —afirmó Yuste—. Podrá alineárselas con los datos del progreso. Los hombres, por muy inteligentes que nos creamos, progresamos por medio de ensayo y error. Acumulamos datos, tenemos teorías, las comprobamos, sean ciertas o no. Y gracias a este intercambio, con errores y con aciertos, progresamos. Nos basamos cada cual en el progreso de los que han venido detrás de nosotros. Entonces, me extrañaría mucho que la psicología, las teorías freudianas, la psiquiatría actual y la neurología no sean revolucionadas por el desarrollo de unas técnicas que permitan ver la actividad cerebral de manera directa."

"¿Cómo puede estar tan seguro de eso?", le pregunté. "Porque estamos hablando de técnicas en las cuales estamos viendo la actividad de todas y cada una de las neuronas de un circuito cerebral —respondió Yuste—. Hay técnicas actuales, por ejemplo la magnetoencefalografía, o la resonancia nuclear, mediante las cuales ya puedes ver qué partes del cerebro se encienden cuando un paciente está pensando. Pero con esas técnicas no puedes ver las neuronas. Ves la zona entera del cerebro que se enciende. Cada una de estas zonas puede tener cientos de miles de millones de neuronas."

Mostrándome con su dedo índice los microscopios que tenía detrás de sí en el laboratorio, Yuste agregó: "Nosotros lo que queremos es hacer una especie de máquina, un microscopio como éstos, con los cuales podamos detectar los disparos de las neuronas individuales. O sea, ver los pixeles de la televisión de los que te hablé, para entender cómo se forma la imagen que vemos en la pantalla".

LOS OTROS PROYECTOS DE MANIPULACIÓN CEREBRAL

Aunque el proyecto del mapa del cerebro humano de Yuste es el más ambicioso, existen otros dentro del mismo campo que parecen sacados de películas de ciencia ficción y que están atrayendo tanta o más atención de los medios de comunicación. Uno de ellos es el que ha logrado que pacientes paralíticos puedan mover brazos o piernas robóticas con base en el pensamiento, por ejemplo, permitiendo que una persona con uno de estos brazos robóticos pueda alzar una taza de café.

Los experimentos de interconexión entre el cerebro y la robótica de John P. Donoghue, de la Universidad de Brown, y colega de Yuste en el proyecto del mapa del cerebro humano, así como también los estudios que ha realizado el brasileño Miguel Nicolelis, en la Universidad de Duke, están arrojando resultados sorprendentes. Ambos científicos, cada uno por su lado, colocaron electrodos en la cabeza de pacientes paralíticos, registrando de ese modo su actividad cerebral, enviándola a internet y haciendo que la computadora que recibe los datos en la red haga mover un robot. Dentro de pocos años los investigadores esperan lograr que un paralítico pueda conducir un automóvil, o escribir un texto, con el sólo poder de sus pensamientos.

Otros científicos, como Rajesh Rao, investigador estrella de la Universidad de Washington y autor de varios libros sobre la conexión del cerebro con las computadoras, logró transmitir pensamientos de una persona a otra, incluso demostrando que se puede lograr que el pensamiento de una persona se traduzca en un movimiento de otra. Rao colocó electrodos en la cabeza de dos personas e hizo que una de ellas comenzara a mirar —sin tocarlo— un videojuego en la pantalla de su computadora y le pidió que pensara qué movimiento debía hacer. Instintivamente, la otra persona, que estaba en otro lugar de la universidad, a varias cuadras de distancia, también con electrodos en la cabeza, movió su dedo índice para hacer la misma jugada. Según reveló *The Washington Post,* el segundo sujeto sintió algo así como "un tic nervioso" que lo llevó a hacer ese movimiento. Y lo mismo ocurrió de allí en adelante, durante todo el transcurso del videojuego.

Ya antes los científicos habían demostrado que podían transmitir pensamientos del cerebro humano a las ratas, por ejemplo, haciendo que un roedor con electrodos conectados a una persona moviera la cola cuando la persona se lo pedía. Pero ahora Rao estaba demostrando que se puede hacer algo parecido entre seres humanos. El científico admitió que las conexiones cerebrales de dos personas con electrodos, o las conexiones del cerebro humano con robots mediante el envío de datos a una computadora, sólo pueden transmitir señales muy simples, que no llegan a ser pensamientos. Y, por el momento, no hemos llegado al grado de controlar los pensamientos, porque estas trasmisiones de datos sólo son posibles cuando las personas —o los ratones— aceptan ponerse electrodos en la cabeza.

Pero el futuro de estas investigaciones es, al mismo tiempo, apasionante y escalofriante. "Queremos ver si podemos extraer y transmitir informaciones más complejas de un cerebro a otro", e incluso lograr "comunicaciones en ambas direcciones, en lugar de unidireccionales como ahora, para establecer una conversación entre dos cerebros", señaló Rao.[5]

"ESTAMOS CONSTRUYENDO SOBRE LOS HOMBROS DE OTROS"

Para el año 2019, si no es que antes, Yuste y sus colegas del proyecto del mapa del cerebro humano esperan poder anunciar resultados concretos de su investigación y comenzar el camino hacia la reparación de las fallas cerebrales que causan la esquizofrenia, el autismo, ciertos tipos de depresión, las funciones cerebrales perdidas tras un infarto y varias otras enfermedades.

Pero cuando llegue ese momento, lo más probable es que sean muchos los científicos que se llevarán los laureles: probablemente la investigación científica sea el proceso de innovación más colaborativo de todos. Tras la aprobación del proyecto de Yuste, el gobierno de Estados Unidos llamó a un concurso a cientos de universidades y laboratorios para trabajar en la nueva cartografía del cerebro humano, en el que el grupo de Yuste en la Universidad de Columbia era sólo uno más. Decenas de universidades y laboratorios presentaron sus respectivos proyectos para recibir los fondos anunciados por Barack Obama. A finales de 2013, Yuste y su laboratorio recibieron 2.5 millones de dólares del Instituto Nacional de Salud de Estados Unidos para avanzar con sus investigaciones, lo que según el científico les permitiría poder trabajar durante los próximos cinco años sin necesidad de pedir otros fondos.

"Todos los avances de la humanidad se deben a los científicos, que son héroes callados, que pasan inadvertidos y que, poco a poco, en su trabajo diario, abren las puertas del progreso —me dijo Yuste—. Algunos ganan premios Nobel, pero la mayor parte de la ciencia es algo que se hace en equipo... Llevamos más de 100 años trabajando en esto. Lo hacemos como si estuviéramos subidos en los hombros de los que vinieron detrás de nosotros."[6]

"¿Y qué pasará en los próximos años? —le pregunté a Yuste—. ¿Se acentuará la tendencia hacia el trabajo colaborativo?" "La colaboración científica crece cada vez más, y seguirá creciendo gracias a internet, y también porque las barreras entre las disciplinas se están cayendo", respondió Yuste.

LAS VENTAJAS Y LOS DESAFÍOS DE AMÉRICA LATINA

Cuando le pregunté a Yuste cómo afectará todo esto a los países latinoamericanos y a otras naciones emergentes, el científico señaló que, obviamente, internet permite que las universidades latinoamericanas se beneficien gracias a la diseminación de la información. Pero si los países de la región creen que internet les soluciona el problema de estar a la par del resto del mundo en la investigación científica, se equivocan, agregó.

Internet permite acceder a una enorme cantidad de información, "pero a la hora de la verdad la ciencia la hacen personas de una manera tradicional, como hacían los aprendices de oficios en la Edad Media —dijo Yuste—. Igual que cuando el aprendiz iba a vivir con el maestro en la Edad Media, y salía de allí y ponía su propia tienda, en la ciencia actual pasa lo mismo: tú vas a un laboratorio donde hay alguien que hace ciencias, trabajas con él tres o cuatro años, y sales sabiendo hacer ciencia. Si miras todos los grandes descubrimientos, casi siempre son hechos por alguien entrenado en un laboratorio de quien también ha hecho grandes descubrimientos".[7]

Por eso, es fundamental que las universidades latinoamericanas envíen más graduados a hacer doctorados o posdoctorados a las mejores universidades del mundo, señaló Yuste. "Ése es un problema para las universidades latinoamericanas. Tienen que mandar más gente para que se entrene en estos laboratorios y se lleve las llamas para encender su propia hoguera en casa, para crear su propia escuela. Todo es cuestión de escuelas: yo me entrené en una escuela, mi mentor tuvo éxito en las ciencias, y su mentor también. Es casi una cuestión de linajes. El mejor consejo que yo podría dar a los países latinoamericanos es que escojan a los mejores estudiantes, los envíen a los mejores laboratorios del mundo, y los lleven de vuelta a sus países, para que puedan crear sus propias escuelas; como hacen los chinos, los surcoreanos y varios otros países asiáticos."[8]

Yuste no me lo tuvo que recordar, pero está cada vez más claro que el viejo argumento de la "fuga de cerebros", que aún esgrimen algunos seudointelectuales latinoamericanos, está totalmente superado. En el mundo del siglo XXI el concepto de fuga de cerebros ha sido remplazado por el de la "circulación de cerebros", en el que los graduados universitarios de los países emergentes que se van a estudiar al exterior, de alguna manera u otra, siempre terminan beneficiando a sus países de origen. Algunos porque después de pasar unos años en Estados Unidos, en Europa o en China, regresan a sus países. Otros, como Yuste, porque regresan constantemente a sus naciones para dar cursos de verano, o conferencias magistrales, compartiendo los últimos adelantos de la ciencia con sus colegas locales. En el mundo del trabajo en equipo, la circulación de cerebros ayuda enormemente a combatir el aislamiento académico y científico. Así lo han reconocido primero los chinos, los surcoreanos y otros países asiáticos, y más recientemente los chilenos y los brasileños, que han empezado a enviar a decenas de miles de estudiantes a las mejores universidades del mundo, a la espera de que regresen —ya sea definitiva o temporalmente— a compartir los conocimientos que adquirieron en el exterior.

"LA COLABORACIÓN SERÁ CADA VEZ MAYOR"

El otro motivo por el que la colaboración científica será un proceso cada vez más colaborativo, además de la difusión de datos que permite internet, es que hará falta cada vez más trabajo conjunto entre expertos de diferentes disciplinas. "Cada vez tiene menos sentido que los científicos trabajen en departamentos de fisiología, farmacología, neurología, etcétera, porque todas estas son barreras artificiales", me explicó Yuste.

"Y cada vez está más claro que la solución a un problema científico muchas veces viene de mezclar abordajes de distintos campos. Por eso, el trabajo científico es cada vez más interdisciplinario. Porque no tiene sentido, si estás atorado en un problema, no utilizar todos tus recursos para traer expertos de otras áreas que te puedan ayudar. Eso está ocurriendo cada vez más. La gente se está dando cuenta de que las antiguas disciplinas son artificiales, y son accidentes históricos", agregó.[9]

Incluso las fronteras de departamentos como física, bioquímica, psicología y robótica son progresivamente más borrosas, agregó Yuste. "Yo estoy en el departamento de biología, pero tengo colegas que trabajan en lo mismo que yo en el departamento de química. Por eso, la colaboración científica será cada vez mayor. La rivalidad estará dada más que nada por quién llega primero", concluyó.

Al terminar mi entrevista con Yuste, salí de su laboratorio. Mientras caminaba con nostalgia por la Universidad de Columbia —donde cursé mi maestría en periodismo hace más de 30 años, y pasé un tiempo maravilloso— me quedé pensando en lo que me acababa de contar Yuste sobre la creciente colaboración entre los científicos. Obviamente, no era un fenómeno exclusivo de la ciencia. Es algo que también está pasando en el mundo de los innovadores empresariales.

¿Acaso hay muchas diferencias entre los científicos que comparten sus investigaciones y los chefs que, como el peruano Gastón Acurio, comparten sus recetas? ¿Y acaso hay grandes diferencias entre la colaboración científica de Yuste y sus competidores, y la del joven mexicano fabricante de drones Jordi Muñoz y los *makers*, que creen en la innovación de fuentes abiertas y publican todos sus secretos en internet?

Al igual que está ocurriendo en las ciencias, la colaboración en el mundo de la innovación empresarial también se está acelerando por la caída de las barreras entre las diversas disciplinas. Con las impresoras 3D se borrarán cada vez más los límites entre las empresas de diseño, ingeniería y computación. Con los relojes que hacen electrocardiogramas y las computadoras que prescriben medicamentos, se borrarán cada vez más las divisiones entre la medicina, la computación y la robótica. La innovación será un proceso cada vez más interdisciplinario y progresivamente colaborativo. Seguirá habiendo competencia, claro, pero la necesidad de recibir aportes de varias disciplinas hará cada vez más necesaria la colaboración. La rivalidad, como bien dice Yuste, ya no será tanto una carrera para ver quién crea algo nuevo sino quién lo hace primero.

6

Pep Guardiola y el arte de innovar
cuando se está ganando

El Barcelona sorprendía a sus rivales constantemente

Lo más interesante de la racha ganadora del entrenador de futbol del club Barcelona, Josep Pep Guardiola, cuando estuvo al frente de esa institución, entre 2008 y 2012, no fue que inventó una nueva manera de jugar al futbol —en rigor, no fue él quien la inventó— sino el hecho de que innovó mientras estaba ganando. Todos solemos hacer cambios drásticos cuando estamos en las malas, pero muy pocos tienen la sabiduría y la audacia de innovar cuando están en las buenas. Guardiola tiene el gran mérito de haber perfeccionado el arte de la innovación incremental, construyendo sobre lo que había heredado, y de innovar todas las semanas, después de haber ganado su último partido, sorprendiendo constantemente a sus rivales. Muchas empresas y muchas personas deberían seguir el ejemplo de Guardiola, de innovar mientras están ganando. Si lo hubieran hecho, grandes corporaciones como Kodak no habrían tenido que declararse en suspensión de pagos, y otras como Compaq, Pan Am y Standard Oil aún estarían vivas. El caso de Kodak es uno de los más ilustrativos del peligro de no innovar: la empresa tuvo que declararse en bancarrota en 2012 cuando tenía 140 000 empleados y una marca conocida mundialmente, mientras que en ese mismo año Instagram —una empresa con apenas 13 empleados que se había concentrado en la fotografía digital— era comprada por Facebook en 1 000 millones de dólares.

Guardiola, quien ganó un récord de 14 campeonatos nacionales e internacionales en sus cuatro años como técnico del Barcelona, es el primero en reconocer que el éxito del club no arrancó con él, sino mucho antes. La innovación en el Barcelona fue un proceso gradual, progresivo, que comenzó a principios de la década de los setenta —mucho antes de que naciera su jugador estrella Lionel Messi, y de que Guardiola comenzara a dirigirlo—, cuando el club contrató a una serie de entrenadores holandeses que trajeron el estilo ofensivo de su país natal.

En 1971 el Barcelona contrató al ex técnico del club Ajax de Holanda, Rinus Michels, y años después a Johan Cruyff y a Frank Rijkaard, quienes trajeron a España el "futbol total" —el juego de ataque, de pases rápidos y retención de pelota constante— con el que los holandeses conquistaron la admiración del mundo. Cruyff, en especial, dejó una marca permanente en Guardiola y en el Barcelona, primero como jugador del equipo entre 1973 y 1978 y luego, a partir de 1988, como su técnico. Según Guardiola: "Él [Cruyff] lo empezó todo. Ha sido la persona más influyente en el club. No me imagino al Barcelona actual sin lo que hizo él hace 20 años. Los que vinimos después pusimos nuestro toque, pero a él le tengo un agradecimiento eterno".[1]

Prácticamente todos los directivos del Barcelona coinciden en la importancia del rol que jugó Cruyff en el club. "Esto empezó hace 25 años, cuando se hizo cargo Johan Cruyff. A cargo del club ganó títulos, y eso es importante, pero lo realmente importante es que marcó una diferencia: convenció a todos en Cataluña de cómo debía jugar el Barcelona. Desde entonces no hay debate. El Barça debe jugar de una manera determinada y los niños deben aprender de una determinada manera para ya tenerla incorporada de grandes", dice Manuel Estiarte, director de Relaciones Externas del Barcelona. Cruyff introdujo una filosofía de juego que guio al Barcelona desde entonces. Sus sucesores, especialmente Guardiola, cambiaron tácticas y estilos, pero —como hacen muchas empresas triunfadoras— realizaron cambios constantes sin abandonar una filosofía rectora.

EL "FUTBOL TOTAL" DE CRUYFF

¿Qué inventó Cruyff y qué logró perfeccionar Guardiola? Contrariamente a la creencia de muchos, el modelo holandés de futbol rápido y ofensivo —en el que todos juegan en todos los puestos, moviéndose de manera constante por todo el campo de juego y desconcertando permanentemente a sus rivales— tampoco fue un invento holandés, sino que fue popularizado antes por Hungría, en la década de 1950.

Los húngaros llamaban a su estilo, tan sólo medio en broma, "futbol socialista", porque todos los jugadores eran iguales y, por lo tanto, debían jugar en todos los puestos. En el "futbol socialista", todos tenían que ser defensores y todos tenían que ser atacantes. No había distinciones. Michels importó esa filosofía de Holanda al Barcelona, pero cuando el holandés dejó de dirigir el Barcelona, en 1975, el club experimentó con varios técnicos ingleses y españoles, sin lograr grandes resultados. La llegada de Cruyff como técnico cambió todo.

Cruyff reintrodujo la filosofía del "futbol total", me explicó Xavier Sala-i-Martín, un economista estrella de la Universidad de Columbia, doctorado en Harvard, que también fue tesorero y presidente interino del Barcelona y quien siempre ha estado cerca de la plana directiva del club. "A diferencia del futbol inglés, tradicional, que es un juego de especialistas, el 'futbol total' es un juego en el que todos hacen de todo. En el futbol inglés, el defensa central es un tipo alto, muy fuerte, muy rudo y muy intimidante, que sabe despejar de cabeza, pero que no sabe driblear ni pasar la pelota; el extremo es un chaval pequeñito, hábil, que corre mucho; el centro delantero es uno alto que remata de cabeza. En el 'futbol total', a diferencia del futbol de especialistas, hay todo tipo de jugadores en todos los puestos."

Sin embargo, según Sala-i-Martín, no se puede asegurar científicamente que el futbol ofensivo de Cruyff sea más efectivo que el defensivo. "No hay una manera mejor de jugar al futbol. El Barça, Holanda y Hungría de los años cincuenta son equipos ofensivos que han ganado todo, pero Italia ha obtenido cuatro mundiales con tácticas ultradefensivas. Por lo tanto, no se puede asegurar que el futbol ofensivo sea mejor que el defensivo. Hay diferentes maneras de jugar, y en diferentes momentos lo ha hecho mejor uno, o lo ha hecho mejor el otro", señaló Sala-i-Martín.

LA FILOSOFÍA DE CRUYFF

Parte del futbol ofensivo que trajo Cruyff al Barcelona, tras haberlo ensayado en el Ajax de Holanda, consistía en retener la pelota y pasarla de manera permanente. Cruyff tiene una frase famosa, que suele repetir, según la cual "si tú tienes el balón, tu rival no lo tiene, y no puede atacarte". Otras veces lo pone de esta manera: "Hasta el día que se empiece a jugar al futbol con dos pelotas, yo quiero tener siempre la pelota, porque si yo la tengo, tú no la vas a tener". Guardiola ha seguido la filosofía de Cruyff con una determinación absoluta. "En eso yo soy muy egoísta: el balón lo quiero para mí —dice Guardiola—. Y si el contrario lo tiene, se lo voy a quitar. Que sepa que se lo voy a quitar, y que voy por él."[2]

Según explica Sala-i-Martín: "Para Cruyff, el elemento fundamental del futbol es el pase: pasarse la pelota. Esto difiere de la filosofía inglesa, que es el *dribbling*, que consiste en correr por la banda, eludir a todo el mundo, y cuando uno llega al fondo tira una pelota al centro, para que un señor muy alto, que está frente al arco, cabecee y meta el gol. La filosofía de Cruyff, en cambio, era que había que avanzar haciendo pases. Y el pase no tiene que ser adonde está el otro jugador ahora, sino donde va a estar en 30 segundos".

Sala-i-Martín agregó: "Una de las cosas más maravillosas del Barcelona es cómo sus jugadores bajan la pelota, como si tuvieran un guante en el pie. Los jugadores altos, fuertes, rudos no saben hacer eso. Entonces, si tú tienes el campo lleno de jugadores pequeñitos y habilidosos, lo puedes hacer todo el tiempo".

Otra innovación de Cruyff, perfeccionada luego por Guardiola, fue tener siempre un jugador libre para que pudiera recibir la pelota. "Todo el equipo está diseñado para poder pasar la pelota y tenerla constantemente —me explicó Sala-i-Martín—. Y para poder pasar la pelota constantemente y tener siempre a alguien libre, debes tener superioridad en el medio campo. Si el equipo contrario tiene dos jugadores en esa zona, yo debo tener tres. Si el otro equipo tiene a tres, yo debo tener cuatro. Si ellos ponen a cuatro, yo tengo que poner cinco." Entonces, una vez que el Barcelona tiene superioridad en el medio campo, el portero inicia cada jugada pasando la pelota hacia el sector donde el equipo tiene superioridad numérica. Mientras en los equipos tradicionales el arquero tira un pelotazo largo al medio campo a ver quién la recibe, el Barcelona —en parte porque no tiene muchos jugadores altos— casi siempre empieza desde atrás. "El primero que tiene que ver dónde hay superioridad numérica es el portero, que debe hacer un pase corto allí donde vea superioridad numérica", explicó Sala-i-Martín.

LOS INICIOS DE GUARDIOLA

Guardiola nació en un pequeño pueblo en el centro de Cataluña, Santpedor, y fue a una escuela católica donde se enganchó con el futbol desde muy pequeño. "Casi no había coches, las calles estaban llenas de barro. Jugábamos a todas horas, como todos los niños que nacen en los pueblos", recuerda el ex técnico del Barcelona.[3] Sus ex compañeros de clase de la Escola Llissach de Santpedor lo recuerdan como un niño flaquito, introvertido, pero buscado por todos a la hora de jugar al futbol, algo que ocurría apenas tocaba la campana del recreo, y seguía en las calles después de la escuela. Según Toni Valverde, un ex compañero de Guardiola en esa escuela, los partidos "empezaban el lunes y acababan el viernes, y el marcador final podría ser 58 a 49, o algo así. El objetivo de todos los lunes era conseguir que Pep estuviera en tu equipo. Era el más buscado".[4] A los nueve años, su padre —un albañil de oficio llamado Valentí— inscribió a Guardiola en el colegio La Salle de Manresa, a unos pocos kilómetros de su casa. Allí, dos "ojeadores" de una de las mejores escuelas de futbol de su zona, el Gimnastic de Manresa, vieron jugar a Guardiola en un partido de su escuela y lo invitaron a entrenarse dos o tres veces por semana en el Gimnastic. Muy pronto, Guardiola estaba jugando con el equipo del Gimnastic en campeonatos contra varios clubes de la comarca, incluyendo —en ocasiones— equipos de las divisiones inferiores del FC Barcelona. Era el mejor jugador de su equipo.

A los 11 años, su padre leyó un aviso en un diario deportivo que invitaba a jóvenes futbolistas a participar en pruebas para las divisiones inferiores del FC Barcelona y —sin que su hijo lo supiera— lo inscribió. "Los del Barcelona quieren verte", le dijo Valentí a su hijo.[5] En su primera prueba le fue mal, pero le dieron otra oportunidad, después de la cual el niño fue invitado a entrar en el club. Pero sus padres decidieron postergar la decisión —Barcelona estaba muy lejos y pensaban que su hijo era demasiado niño para tanta responsabilidad— y Josep siguió jugando para el Gimnastic dos años más. Cuando cumplió 13 años, volvió a probar con el FC Barcelona. Entonces la familia decidió aceptar la oferta de que el niño se mudara a Barcelona y se integrara a La Masía, la conocida academia juvenil del Barcelona, que hasta el día de hoy es la cantera de donde han salido algunos de sus mejores jugadores, incluyendo a Messi.

La Masía era una vieja residencia rural que fue construida en 1702 y que, tras varias remodelaciones, se convirtió, en 1979, en dormitorio para los adolescentes que venían a jugar a las divisiones inferiores del Barcelona desde otros lugares. Para Josep no fue fácil dejar a sus padres y a sus tres hermanos a tan temprana edad; por eso viajaba a su pueblo a ver a su familia y a sus amigos casi todos los fines de semana. Pero para el joven jugador, que era un hincha del FC Barcelona, entrar a ese equipo era un sueño convertido en realidad. "En Cataluña, desde que nacen, la gran mayoría de los niños son hinchas del Barça. Primero, porque tiene incidencia, [porque] los niños se hacen hinchas del que gana. Cuando yo era pequeño, en la NBA ganaban los Celtics y yo era de los Celtics. Luego llegaron los Lakers y los Bulls. En los niños es lo mismo. Para mí el Barcelona es parte de mi aprendizaje como jugador y también como persona. He vivido casi toda mi vida allí", recuerda Guardiola.[6]

"Llegué al club a los 13 años: estudiaba y jugaba futbol. Trataba de sacar buenas notas para que mis padres estuvieran contentos y en las tardes entrenaba. Cuando pasaba eso, cuando iba subiendo [en las divisiones inferiores del Barcelona], decía: 'Estoy cerca', pero mi pretensión nunca fue llegar al primer equipo; simplemente lo disfrutaba", recuerda Guardiola.[7] Allí fue donde Cruyff, que era uno de los fundadores de La Masía, descubriría al jugador y futuro director técnico del Barcelona, y lo convertiría en uno de sus jugadores favoritos.

GUARDIOLA COMO JUGADOR

Guardiola fue descubierto por Cruyff cuando tenía 17 años. Según lo relata Phil Ball, en su libro *Morbo*, "en su primera semana al frente del club, Cruyff apareció sin previo aviso en el miniestadio donde jugaban las divisiones inferiores" del Barcelona para observar un partido. "Justo antes del entretiempo, Cruyff caminó hacia el túnel y le preguntó a Charly Rexach, encargado del equipo juvenil, cómo se llamaba el jugador flaquito que estaba jugando como mediocampista del lado derecho. 'Guardiola, es bueno', fue la respuesta." Cruyff le pidió a Rexach que lo hiciera jugar en el medio campo durante el segundo tiempo, como pivote, una posición difícil que no era muy usual en los equipos españoles en esos tiempos. Pep Guardiola se adaptó inmediatamente a la posición que le habían ordenado. Dos años después, en 1990, cuando tenía 19 años, empezó a jugar en primera división, y a los 20 años se convertiría en una de las estrellas del *dream team* del Barcelona de Cruyff.

El hecho de que Guardiola fuera un jugador flaquito, sin mucho físico, le hizo desarrollar la cabeza más que a otros jugadores, según diría Cruyff años después. "Guardiola tenía que ser listo. En aquella época no le quedaba otra opción. Se parecía a mí. Si no tienes el poderío físico de otros, necesitas mucha técnica, mover el balón rápidamente, evitar y choque. Y, para hacerlo, has de tener una buena visión...

Desarrollas la capacidad necesaria para captar cualquier detalle, para fijar en tu retina la posición de los compañeros. Todo eso te sirve como futbolista o como entrenador", explica Cruyff.[8]

Guardiola jugó durante 11 años para el Barcelona, hasta 2001; ganó casi todos los títulos, incluyendo la Liga española cuatro años seguidos bajo la dirección de Cruyff, entre 1991 y 1994. Fue un ídolo del club, no sólo porque era un jugador local, sino porque siempre se identificó como catalán. Cuando ganaba el Barcelona, Guardiola solía besar o envolverse con la bandera catalana y a menudo hablaba en público en catalán. Su apoyo al nacionalismo catalán nunca fue un secreto. (Más tarde, como director técnico, Guardiola tendría aún menos inhibiciones para pronunciarse políticamente: en 2013 se proclamó abiertamente a favor del referéndum independentista propuesto por los partidos nacionalistas catalanes para 2014.)

A los 30 años, tras dejar el Barcelona, Guardiola siguió jugando en Italia, para el Brescia y el Roma, pero con resultados mediocres y con un escándalo que le complicó la vida durante varios años. Jugando para el Brescia, fue acusado de dopaje supuestamente por haber dado positivo de nandrolona en los controles antidrogas a los que fue sometido tras un partido el 21 de octubre de 2001, y otro el 4 de noviembre de ese mismo año. Guardiola negó los cargos, pero tras varios años de juicio fue condenado a siete meses de cárcel condicional en 2005. Guardiola apeló y dos años después fue absuelto por el Tribunal de Apelación de Brescia, bajo la fórmula de que "el hecho no subsiste".[9] Tras la sentencia, Guardiola festejó: "Finalmente, tras dos años se cierra un libro. Habría podido beneficiarme de la prescripción, pero quise recurrir a la apelación para demostrar mi total inocencia".[10] En 2003, se fue de Italia para jugar en el emirato de Qatar, donde fue contratado por el club Al-Ahli de Doha para jugar dos temporadas nada menos que por cuatro millones de dólares. Finalmente, terminó su carrera como jugador en México, en el club Dorados de Sinaloa, donde fue reclutado por su viejo amigo Juan Manuel Lillo, a quien años después reconocería como otro de sus grandes maestros.

LA VUELTA A CASA

Guardiola regresó a España en 2006, para iniciar una nueva carrera como director técnico. Tras sacar su carnet de entrenador, comenzó a hablar con varios clubes —incluyendo el Nástic de Tarragona, cuyo equipo estaba en los últimos puestos de la primera división—, y a mediados de 2007 aceptó la posición de entrenador de las divisiones inferiores del FC Barcelona. Volvía a casa, siete años después de haberse ido como jugador, para dirigir el equipo de tercera división.

Era una época turbulenta en el club. La directiva de nuevos funcionarios liderada por el presidente del Barcelona, Joan Laporta, le había dado un nuevo impulso al club en 2003 con la contratación de Rijkaard, el entrenador holandés, y del astro brasileño Ronaldinho, con quienes logró excelentes resultados en las temporadas de 2004 y 2005, pero ahora el club estaba en franco declive. En 2007 el equipo de Rijkaard estaba perdiendo cada vez más partidos. Reinaba la indisciplina. Ronaldinho, el astro del equipo, tenía varios kilos de más, llegaba tarde a los entrenamientos, y hasta corrían rumores de que a veces llegaba al vestidor con la misma ropa del día anterior, después de haber estado toda la noche de fiesta. "Los éxitos del equipo y la autocensura de los diarios deportivos impedían cruzar una saludable línea divisoria que separaba la vida privada de los futbolistas de su vida pública. Pero Ronaldinho, que tenía su propia esquina en una discoteca de Castelldefels, dejó de vivir para el futbol", recuerda Guillem Balagué en su biografía de Guardiola.[11] Samuel Eto'o, otra de las estrellas del equipo, sufrió una lesión en la rodilla y Rijkaard permitió que se recuperara lejos del club, lo que aumentó su distancia del equipo. Los jugadores americanos Rafael Márquez y Deco, al igual que Ronaldinho, se tomaron unos días extras de vacaciones de Navidad y no fueron sancionados. Los jugadores estaban desmoralizados, y los directivos, cada vez más preocupados por el futuro del club. "Para empeorar las cosas, la relación que mantenía Ronaldinho con una de las hijas de Rijkaard acabó por ser del dominio público", lo que creó aún más suspicacias dentro del vestidor, afirma Balagué en su libro. El 8 de mayo de 2008, después de que el Real Madrid goleó al Barcelona 4 a 1, Laporta —el entonces presidente del Barcelona— anunció que el contrato de Rijkaard no sería renovado al final de la temporada.

GANA GUARDIOLA, POR DESCARTE

Según varios directivos, Guardiola no fue la primera elección de Laporta para remplazar a Rijkaard. Lo veían muy joven y con poca experiencia como entrenador. Aunque era un hombre de la casa, encarnaba la filosofía futbolística ofensiva del club y estaba haciendo un buen trabajo en el Barcelona B, Guardiola prácticamente era un novato como director técnico. Laporta lo veía como una jugada muy riesgosa.

Lo que el FC Barcelona necesitaba era una mano dura, alguien que impusiera la disciplina en el equipo. Para Laporta y muchos miembros de la junta directiva ese hombre podía ser el portugués José Mourinho, que había jugado en el FC Barcelona y ahora estaba dirigiendo al Chelsea. Dos representantes del FC Barcelona viajaron a Portugal para entrevistarse con Mourinho, cuyo representante también tenía vínculos cercanos con el FC Barcelona, porque era el agente de Rafael Márquez y Deco. Según algunas versiones, Mourinho había pedido un contrato de dos años y nueve millones de euros por temporada, más un millón cada año para sus ayudantes más cercanos.

Según otras fuentes, Laporta —que quizás estaba resentido por el hecho de que Guardiola había apoyado a su rival en las elecciones para la presidencia del club en 2003— también consideró reclutar a Michael Laudrup, el danés que había ganado varios títulos como jugador del Ajax y del Barcelona, y que en ese momento dirigía al Getafe. En su libro sobre Laudrup, *Un caballero en nueva vestimenta*, el entonces director del Getafe, Ángel Torres, afirma que Laudrup ya había decidido renunciar al Getafe para dirigir el Barcelona, pero la transacción se malogró a último momento. Finalmente, instigado por otros miembros de la junta directiva, Laporta se decidió por Guardiola, en parte porque Mourinho no representaba la filosofía ofensiva del FC Barcelona, y en parte porque Guardiola estaba más compenetrado con el club, y saldría más barato. El 17 de junio de 2008, a los 37 años, Guardiola se asumió como nuevo técnico del FC Barcelona.

GUARDIOLA DESPIDE A RONALDINHO

Lo primero que hizo Guardiola tras asumir el cargo como técnico de la primera división fue anunciar que echaría a Ronaldinho, la estrella del equipo, junto con sus compañeros Samuel y Deco. Guardiola quería formar un equipo de *team players*, en el que no había lugar para los indisciplinados. Tenía que comenzar con un golpe efectivo, porque estaba empezando con el viento en contra: la opinión generalizada en la prensa deportiva, y entre no pocos miembros del propio FC Barcelona, era que Guardiola no estaba preparado para dirigir el equipo de primera división. Su anuncio de que no renovaría el contrato de las tres estrellas del equipo era un golpe certero, tanto para ganar el respeto de la afición como para ejercer presión sobre los tres jugadores y el resto del equipo.

Al poco tiempo, Ronaldinho fue transferido al AC Milán, Deco fue pasado al Chelsea, y Eto'o —viendo lo que les estaba pasando a las otras estrellas del equipo, o quizás olfateando que ahora podía convertirse en el líder del grupo— se puso las pilas y comenzó a tomarse el trabajo más en serio. Al mismo tiempo, Guardiola empezó a alentar a Messi para que tomara cada vez más responsabilidades —aún lo veía muy joven para nombrarlo capitán— y reclutó a varios jugadores jóvenes, como Gerard Piqué, que se habían formado en la cantera del propio club.

En su primer entrenamiento con el nuevo equipo, en un campo en Saint Andrews, Escocia, Guardiola les transmitió a los jugadores su filosofía. Les perdonaría errores, pero no les perdonaría no dar cien por ciento de su esfuerzo. Siempre estaría dispuesto a conversar con quien quisiera, tanto sobre temas profesionales como personales. En el nuevo equipo no habría lugar para camarillas. Todos debían entender que podían dar mucho más de sí como equipo que como individualidades. Y el equipo se regiría por la filosofía que había distinguido al FC Barcelona: el juego ofensivo.

Para restablecer la disciplina, Guardiola anunció que mantendría el esquema de sanciones que había impuesto en las divisiones inferiores, donde multaba a los jugadores con 120 euros por llegar tarde a un entrenamiento, con 1500 por no respetar el toque de queda de la medianoche, y con la suspensión si eran multados tres veces por no respetar esta última norma. Asimismo, para evitar camarillas por nacionalidades que erosionaran el espíritu del equipo, ordenó que sólo se usara el español y el catalán entre los jugadores, y dispuso que todos comieran en la misma mesa en las concentraciones y en los entrenamientos. Hasta entonces, los jugadores habían comido en mesas separadas en el FC Barcelona.

Para asegurarse de tener una organización efectiva, contrató a preparadores físicos, nutricionistas, fisioterapeutas, ayudantes técnicos, asistentes personales para los jugadores y analistas para que evaluaran todos los partidos. Y el nuevo técnico del FC Barcelona instaló una pantalla de televisión de gran tamaño en su oficina, para estudiar detenidamente los partidos más recientes de sus adversarios.

Al poco tiempo, después de un comienzo que asustó a muchos —el equipo de Guardiola perdió el primer partido que jugó y empató el segundo—, el FC Barcelona empezó a ganar un partido tras otro, y el campeonato. En 2009 el club llegó a su máxima gloria, al ganar todos los torneos en los que participó: la Liga, la Copa, la Supercopa de España, la Liga de Campeones, la Supercopa de Europa, y la Copa Mundial de Clubes. Nunca antes un equipo español había ganado seis títulos en una misma temporada.

LO PRIMERO ES ESTUDIAR AL RIVAL

Guardiola no es un teórico del futbol que desarrolle grandes hipótesis para explicar sus triunfos en el campo de juego. Por el contrario, cuando le preguntan cuál es el secreto de su éxito, suele encogerse de hombros, sonreír y responder con humildad que el mérito principal se debe a sus jugadores. "Más que una 'era Guardiola', fue una 'era Messi'", afirmó más de una vez.[12] No hay una fórmula secreta para ganar partidos, señala. La única constante de su "método", si es que lo hay, es estudiar detenidamente al equipo rival, viendo videos de sus últimos partidos durante varias horas, para analizar sus puntos débiles y explotarlos al máximo a su favor.

Según Guardiola, su táctica es descubrir que "éstos defienden de esta manera, y el espacio [para avanzar] estará aquí; y éstos defienden de esta otra manera, y el espacio estará allá. Creo e intuyo que por la derecha tendremos mucho espacio, porque su extremo es un Jeta que no corre para atrás. Por lo tanto, por allí tendremos mucha salida. La táctica consiste en eso: detectar qué hacen ellos, y a partir de allí, adaptar las tareas a los jugadores".[13]

Carlos Murillo Fort, un ex alto dirigente del Barcelona que actualmente dirige la maestría en negocios internacionales y la maestría en dirección y gestión del deporte en la Universidad Pompeu Fabra, de Barcelona, y quien ha escrito varios libros sobre el Barcelona, me dijo que el trabajo de investigación fue una de las claves del éxito de Guardiola al frente del equipo. "Guardiola es casi un obseso; es más obseso que los obsesos —me dijo Murillo—. Su lema es la perseverancia. Es un estudioso, un loco de la táctica, y consigue ganar con base en pasarse muchas horas viendo y volviendo a ver los videos de los partidos".[14]

"EL MOTOR DE MI PROFESIÓN: SEGUIR UN PLAN"

Aunque todos los técnicos planifican sus partidos, y a veces las cosas les salen bien, y a veces mal, Guardiola siempre sacaba enseñanzas de sus victorias y sus derrotas. "Con Guardiola, nunca se escuchó la frase: 'El futbol es así' que tantos técnicos utilizan después de un partido. Su estilo es educado, profesional, por medio del cual se analiza todo, y se sacan enseñanzas de todo —explica Murillo—. Ante la derrota, sus primeras palabras en las conferencias de prensa eran para felicitar al adversario y admitir: 'Hoy han sido mejores que nosotros'. Y luego, trataba de explicar algunas razones de la derrota, desde el punto de vista táctico y administrativo. Eso tenía un efecto didáctico para los jugadores. Trataba de transmitir la idea de que debían corregir los errores, de que de todo fracaso se pueden aprender muchas cosas. No habían perdido 'porque el futbol es así' sino por errores propios, y por virtudes del adversario."[15]

Para Guardiola, como debería ser para cualquier empresa, la planeación es fundamental. Hay que tratar de no dejar nada al azar. La competencia deportiva es un juego de estrategias, donde cada técnico planea cómo usar de la manera más eficiente las armas de las que dispone. Y para Guardiola la máxima felicidad no consistía en el simple hecho de ganar, sino en lograr que las cosas se dieran tal cual las había planeado. Eso le permitía corroborar que estaba haciendo las cosas bien y le ayudaba a seguir ganando.

"Planear un día antes cómo hacerlo y transmitir a tu gente cómo hacerlo es el motor de mi profesión", explica Guardiola. "La clave de todo es conocer a tu adversario para hacerlo mejor. Ni es para batirle, ni para decirle: 'Le he ganado'. No, nunca me lo tomo como que 'les hemos ganado'. Lo más bonito es que aquello que he pensado y que he transmitido a mi gente durante el partido está pasando. Ése es el momento de mayor plenitud. Y cuando no está sucediendo, es porque nos habíamos equivocado, o porque habíamos imaginado una cosa que no iba."[16]

Quizás por la importancia que le daba a la planeación de sus partidos, Guardiola no celebraba los triunfos de su equipo corriendo enloquecidamente con los brazos en alto o tirándose al piso, como lo hacían Diego Armando Maradona y otros ex jugadores devenidos en técnicos. Para Guardiola, el triunfo era la coronación de un plan bien ejecutado, más que un regalo del cielo. "Las celebraciones de los triunfos eran como más naturales —recuerda Murillo—. Cuando ganaba el equipo, Guardiola hacía salir al centro del campo no sólo a los jugadores sino a toda la plantilla, incluidos los técnicos y los auxiliares, el médico y los 20 suplentes. Tan importante era Messi, como el último fisioterapeuta. Y cuando el equipo perdía, Guardiola asumía la responsabilidad como propia. Ante la derrota, su respuesta era felicitar al adversario y decir: 'Hoy han sido mejores que nosotros'. Y luego trataba de explicar algunas razones del no éxito."

LA IMPORTANCIA DEL FACTOR SORPRESA

Aunque Guardiola siempre se mantuvo dentro del "futbol total" de Cruyff, introdujo varios cambios en la filosofía ofensiva del Barcelona. Uno de los principales fue fortalecer la defensa. Mientras Cruyff concentraba todas sus energías en el ataque —se le atribuía la frase: "No me importa que nos metan tres goles, si nosotros logramos meter cuatro"— Guardiola instruía a todos los jugadores del Barcelona a regresar a buscar la pelota a su área cuando el adversario estaba atacando. La idea era que si perdían la pelota, debían recuperarla rápidamente. Cada vez que el adversario robaba el balón, los dos jugadores del Barcelona que estaban más cerca debían recuperarla, impidiendo los pases cortos, cerrando espacios y arrinconando al adversario.

En el Barcelona de Guardiola todos atacaban y todos defendían. Y los que defendían no eran defensores comunes. Mientras los defensas centrales en los equipos tradicionales eran jugadores altos y fuertes, que medían casi dos metros, en el Barcelona de Guardiola el defensa central era el argentino Javier Mascherano, el jugador más bajo del equipo, de 1.74 de estatura. Otro tanto ocurría con Messi, que a veces jugaba como delantero central, otras veces en el medio campo, y en algunas ocasiones como defensor, robando pelotas en el área de su propio equipo. "En el futbol total de Guardiola, el adversario no sabe quién juega en qué posición. Es una técnica para despistar al contrario… Con otros equipos, tú puedes decirle a tu defensa central: 'Sigue a este jugador todo el campo, y no lo sueltes'. Con el Barça no puedes hacer eso, porque todos juegan en todos lados. Y si sigues a un adversario por todos lados, destruyes el equipo", afirma Sala-i-Martín. El propio Guardiola lo sintetizó así: "En Barcelona se entiende que se puede ganar de mil maneras. Todas válidas. Todas sirven".[17]

A menudo, la sorpresa ocurría a la mitad del partido. Sala-i-Martín recuerda un clásico entre el Barcelona y el Real Madrid, en mayo de 2009, en el que el equipo madrileño venía de ganar muchos partidos y el Barcelona estaba muy rezagado en la tabla de posiciones. Guardiola hizo grabar videos del Real Madrid desde arriba, se pasó varias horas mirándolos, y no encontraba la solución. Hasta que después de mucho pensarlo, se le ocurrió poner a Messi en la posición de un "falso 9". Guardiola no se lo dijo a nadie, llamó a Messi, lo llevó a ver los videos, le explicó dónde debía colocarse y lo que debía hacer, y le expuso su plan: empezarían el partido como cualquier encuentro normal, y a los 10 minutos Messi pasaría a la mitad del campo a jugar como "falso 9". Al argentino le brillaron los ojos. El Barcelona ganó 6 a 2.

"La innovación no fue poner a Messi en el medio campo, sino la flexibilidad, descubrir cómo actúa el contrario y sorprenderlo a mitad de camino. El que gana es el más flexible", me dijo Sala-i-Martín. Por supuesto, el Real Madrid aprendió el truco y en el siguiente partido contra el Barcelona tomó todas las precauciones para acorralar a Messi si jugaba como "falso 9". Pero Guardiola ya había anticipado eso, y colocó al argentino en otra posición. "Lo de Guardiola era hacer cambios continuos. Su gran innovación era tener un sistema totalmente dinámico, con la filosofía y el ADN del equipo."

CÓMO MOTIVAR A LOS JUGADORES

Según Guardiola, para motivar a su equipo había que darle un tratamiento distinto, individual, a cada uno de los jugadores, porque cada persona es diferente y reacciona de manera distinta, tanto a los estímulos como a los castigos. "Nuestro trabajo consiste en sacar lo mejor de la gente que tenemos. Y eso es lo más difícil que hay, porque cada uno es distinto", explica Guardiola. Citando al entrenador de voleibol argentino Julio Velasco, del equipo nacional italiano que ganó varios títulos en la década de los noventa, Guardiola señala que "la mayor mentira que existe en el deporte es que todos los jugadores son iguales.[18] Hay jugadores a los que uno puede recriminar en público, y otros que se ofenden a muerte, y uno debe invitarlos a cenar y dejar que ellos mismos lleguen adonde uno los quiere llevar", explica.

"No todos son iguales, ni todos tienen que ser tratados del mismo modo. Sí [deben ser tratados] con el mismo respeto, pero no todos son iguales. A uno lo tienes que invitar a comer fuera del centro de trabajo, a otro tendrás que reunirlo en tu despacho, a otro más no le tendrás que hablar nada de táctica, y a otro tendrás que hablarle todo el día de lo que hace en su tiempo libre. Hay que encontrar qué decirle, o qué hacerle, o cómo engañar a cada uno, o cómo seducirlo para que, al final, puedas llevarlo a tu terreno y sacar lo mejor de él", afirma Guardiola.[19]

Mascherano, el defensor del Barcelona, es uno de los muchos jugadores que destacan la dedicación especial que le daba Guardiola a cada jugador del equipo. "Lidera grupos como casi nadie. Pocas veces he visto un manejo de grupo como el que él ha llevado adelante en el plantel de Barcelona que me tocó disfrutar como futbolista. Es un entrenador de futbol, pero es un líder con el que puedes hablar de cualquier cosa —dice el jugador argentino—. Te contagia su manera de vivir el futbol. Hace que te levantes cada día y sientas que lo que haces es digno, que entrenar es lo primordial y lo normal, y que es lo que corresponde para tu realización profesional y humana. Muchas veces nos fastidiamos con el ambiente que nos rodea; el entorno cansa. Cuando no jugamos, nos quejábamos y uno siempre se quedaba con las cosas negativas cuando eso pasaba. Sin embargo, él te decía que todo hay que ganárselo con esfuerzo y talento."[20]

Al tiempo que exigía mayor disciplina que su antecesor, Guardiola tomó decisiones que fueron bien recibidas por los jugadores y que mejoraron la moral del equipo, como suspender las concentraciones desde la noche anterior a los partidos. Con Rijkaard, cuando el Barcelona jugaba en otra ciudad, los futbolistas viajaban la noche anterior y se concentraban en un hotel, donde pasaban largas horas aburridos, frustrados por no poder salir ni estar con sus familiares. Guardiola abolió esa costumbre. Cuando el Barcelona jugaba fuera, el equipo viajaba la mañana del día del partido. Cuando disputaban un partido como locales, citaba a los jugadores para un entrenamiento en la mañana, y los dejaba ir a su casa para almorzar. "Prefiero que estén en sus casas, y no encerrados en un hotel sin nada que hacer", decía Guardiola. Los jugadores estaban felices con la medida. Al reducir las concentraciones en hoteles, reducían su nivel de estrés antes de los partidos, decía.

Pero, al mismo tiempo, Guardiola era impecable a la hora de exigir que los jugadores llegaran puntualmente a los entrenamientos y cumplieran con sus instrucciones. Su estilo de liderazgo, a diferencia del de Rijkaard, era gerencial. La estrategia del equipo no era un tema de discusión colectiva, sino que la dictaba él. "Los jugadores que diriges no son tontos: si te ven dudar, lo captan al vuelo, al instante, al momento —explicó Guardiola—. Cuando les hables, que sea porque ya tienes claro lo que les vas a decir: 'Ésta es la manera como vamos a hacer las cosas'. Porque los futbolistas son intuición pura. Te huelen hasta la sangre. Y cuando te ven débil, te [clavan la aguja]."[21]

MÁS QUE UN CLUB

No es casualidad que el eslogan del Barcelona sea, en idioma catalán, "Més que un club" ("Más que un club"). Desde su nacimiento en 1899, pero especialmente a partir de la Guerra civil Española y la dictadura del general Francisco Franco, el Barcelona se convirtió en uno de los símbolos más visibles de la causa nacionalista catalana y del antifranquismo. Cuando el ex presidente del club Narcís de Carreras dijo por primera vez que el Barcelona era "más que un club" durante su toma de posesión en 1968, la frase no tardó en convertirse en el lema principal y distintivo de la institución.

Los historiadores del club afirman que en 1925, durante la dictadura de Primo de Rivera, el gobierno mandó cerrar el estadio del Barcelona durante seis meses porque los aficionados del equipo habían abucheado la Marcha Real que tocó la banda de música antes de comenzar el partido. El entonces presidente del club, Hans Gamper, tuvo que renunciar por el incidente y debió exiliarse en Suiza. Pocos años después, cuando estalló la Guerra Civil, en 1936, el presidente del Barcelona, Josep Sunyol, que era un dirigente de la Esquerra Republicana de Catalunya, fue fusilado por las tropas franquistas. Al poco tiempo, el club prácticamente fue intervenido por el gobierno de Franco. Sin embargo, durante las casi cuatro décadas de gobierno franquista, cuando fueron cerradas todas las instituciones políticas que defendían el nacionalismo catalán, el Barcelona se convirtió en un baluarte de la lucha antifranquista. Los aficionados barceloneses aprovechaban los partidos de futbol en su estadio para corear consignas antifranquistas, algo que no podían hacer en ningún otro espacio público. En parte por la identificación política del Barcelona, los clásicos del futbol español entre el Barcelona y el Real Madrid han pasado a tener un trasfondo político de izquierda contra derecha, o independencia contra centralismo, para muchos de sus respectivos seguidores.

Mucho después del franquismo, el club sigue siendo uno de los símbolos más visibles de la causa catalana. Jimmy Burns, autor del libro *Barça: la pasión de un pueblo*, señala que —salvo durante los años más duros de la intervención franquista— el club siempre ha llevado sus registros oficiales y sus documentos internos en idioma catalán; sus aficionados cantan el himno del club en catalán; los capitanes del equipo siempre han llevado la bandera catalana en su brazalete, y en los últimos años todos los jugadores han portado la bandera de Cataluña en la parte posterior de la camiseta, a la altura del cuello. En 1932, 1979 y 2006, el Barcelona firmó manifiestos de apoyo a la autonomía de Cataluña. Según Burns, "el FC Barcelona es mucho más que un club de futbol: es un fenómeno social y deportivo".[22]

LA UNICEF Y LOS "PARTIDOS POR LA PAZ"

En años recientes, además de apoyar la causa catalana, el Barcelona logró aumentar su mística de "más que un club" al identificarse con varias causas solidarias. En los años 1980 y 1990, el equipo barcelonés jugó partidos a beneficio de la UNICEF y de la Fundación de Ayuda contra la Droga, en contra de seleccionados de los mejores jugadores del mundo, y en 2005 organizó un partido amistoso contra una selección conjunta de futbolistas israelíes y palestinos, que por primera vez jugaron juntos. En 2013, en parte para contrarrestar las críticas por haber aceptado poner en la camiseta del equipo la publicidad de la Fundación Qatar —que según algunos reportes de prensa tendría vínculos con grupos terroristas islámicos—, el Barcelona ofreció jugar otro "partido de la paz" contra una selección israelí-palestina en Tel Aviv, pero el proyecto fue cancelado por la negativa del equipo palestino a participar.

Sin embargo, la jugada más genial del Barcelona para mantener la mística de que es "más que un club" —y así aumentar el *marketing* de sus camisetas, banderas y otros productos distintivos, que producen ganancias fabulosas en todo el mundo— fue ofrecerle en 2006 a la UNICEF una donación de dos millones de dólares anuales para los niños pobres de todo el mundo a cambio de que los jugadores del equipo pudieran llevar el logo de la institución de las Naciones Unidas en el frente de sus camisetas.

"Fue *marketing* a la inversa: en vez de que UNICEF le pagara al Barcelona para que los jugadores llevaran su distintivo en sus camisetas, el Barcelona le pagó a la UNICEF —comentó Murillo, el ex dirigente del Barcelona y profesor universitario—. Eso ayudó muchísimo a reforzar la marca del club y a proyectar al equipo como mucho más que un club."

Cuando venció el contrato de cinco años con la UNICEF, en 2011, el nuevo presidente del club, Sandro Rosell, aceptó un controversial auspicio de 262 millones de dólares por cinco años para poner el logo de la Fundación Qatar en las camisetas del equipo. El emblema de la Fundación Qatar fue colocado en el frente de la camiseta del Barcelona, y el logo de la UNICEF en la espalda. El ex presidente del club, Laporta, quien inició el acuerdo con la UNICEF, se rehusó a participar en la asamblea general del club donde se aprobó el cambio, y posteriormente declaró: "Han vendido esta camiseta por un plato de lentejas".[23]

El *The New York Times* publicó la noticia del cambio en la camiseta del Barça con el título: "Barcelona cambia camiseta y valores". El periódico señaló que mientras en años anteriores el club había alentado a sus estrellas, como Ronaldinho y Messi, para que fueran vistos en todo el mundo ayudando a los niños pobres o a las víctimas de desastres naturales, "las prioridades del club... han cambiado".[24] Y las críticas por el auspicio de la Fundación Qatar arreciaron luego de que varios medios publicaron denuncias de que la Fundación Qatar era una de las principales donantes del grupo terrorista Hamas y del clérigo extremista Yusuf al Qaradawi, vinculado al terrorismo islámico, en lo que luego se aclaró era una confusión entre la Fundación Qatar, legítima, y la Fundación Caritativa Qatar —perteneciente a la misma familia real qatarí— que es ilegal en varios países por sus vínculos con el terrorismo islámico. Los directivos del Barcelona negaron toda vinculación de la Fundación Qatar con grupos violentos y respondieron a las críticas subyacentes señalando que el club seguía pagándole dos millones de dólares anuales a la UNICEF por llevar su logo en el uniforme del equipo, insistiendo en que el Barcelona seguía siendo "más que un club".

EL "DESPLOME" DEL BARCELONA

Tras la salida de Guardiola del FC Barcelona, y su ingreso como técnico del Bayern Múnich de Alemania, en 2013, el Barça sufrió una serie de escándalos financieros y cambios en su presidencia y en su dirección técnica que no tardaron en traducirse en una alarmante serie de derrotas en el campo de juego. A comienzos de 2014, Rosell se vio obligado a renunciar como presidente del Barcelona en medio de un escándalo financiero por la contratación del astro brasileño Neymar, tras denuncias de que el club habría ocultado a sus socios un enorme sobrepago al jugador, quien habría costado al club 95 millones de euros, en lugar de los 57.1 millones que se reportaron oficialmente. Poco después, la Federación Internacional del Futbol Asociado (FIFA) sancionó al Barcelona por presuntamente reclutar jugadores menores de 18 años. El nuevo presidente del club, Josep Maria Bartomeu, apeló la sanción, al tiempo que estudiaba cómo responder a la exigencia de información de la FIFA sobre 33 menores contratados por el club.

Simultáneamente, el sucesor de Guardiola como técnico, Tito Vilanova, tuvo que renunciar tras un año en el cargo para iniciar un tratamiento contra el cáncer, y al poco tiempo —bajo la dirección del argentino Gerardo *Tata* Martino— el Barcelona comenzó a sufrir lo que el diario *El País* calificó como "un desplome monumental". En 2014 el equipo barcelonés no sólo perdió ante varias escuadras menores, sino que fue derrotado por el Real Madrid en la final de la Copa del Rey, fue eliminado prematuramente por el Atlético de Madrid en la Champions League, y no logró coronarse campeón de la Liga de España. Hasta el propio periódico *La Vanguardia* de Barcelona comenzó a publicar artículos sobre "la decadencia" del equipo catalán.

Mientras tanto, el Bayern Múnich de Guardiola ganaba partido tras partido, consagrándose campeón de la Bundesliga alemana en 2014, siete fechas antes de la culminación del torneo. Haciendo uso del mismo estilo que había instaurado en el Barcelona, Guardiola arrasó con sus rivales en la Liga alemana, al punto de que el diario alemán *Bild* llegó a compararlo con Albert Einstein. Cruyff, el gran precursor del "futbol total", se lamentó del desgaste del Barcelona y agregó que "lo mejor para el Barça es que vuelva Pep Guardiola".[25]

"HAY QUE INNOVAR CUANDO SE ESTÁ GANANDO"

Jorge Valdano, ex jugador y director técnico argentino que dirigió, entre otros clubes, al Real Madrid, afirma que "Guardiola es el Steve Jobs del futbol", porque ha introducido más innovaciones que ninguno de sus colegas en los últimos años. "Es un innovador, un creador, un hombre de altísima emotividad; valiente, amante de la belleza en su obra" que sorprende a sus rivales constantemente con nuevas ideas.[26]

"El Barcelona cada seis meses se transformaba en un equipo diferente —recuerda Valdano—. Messi empezó jugando en una banda y terminó jugando en el medio campo. A veces jugaba con cuatro defensas y luego pasó a jugar con tres. Hubo partidos que jugó con siete mediocampistas, y sin delanteros. Sorprendía con innovaciones muy profundas, que hacía mucho tiempo no veíamos en el mundo del futbol." Y, quizás lo más importante, "las innovaciones las hacía ganando, que es cuando hay que hacerlas. Para eso hace falta tener una convicción muy, muy fuerte", concluyó el ex técnico del Real Madrid.

Ésa debería ser la mayor enseñanza del Barcelona de Guardiola, tanto para los equipos de futbol como para cualquier empresa o persona. Hay que innovar cuando se está ganando. Hay que estudiar a los competidores y anticiparse a los cambios que se vienen, aun cuando uno está ganando. Muchas de las grandes empresas que han desaparecido en los últimos años fracasaron, precisamente, por no haber invertido suficiente tiempo y dinero en renovarse.

¿Hubiera colapsado Kodak, durante mucho tiempo la líder mundial en la industria fotográfica, si se hubiera reinventado cuando surgieron las cámaras digitales? ¿Se hubieran ido a la quiebra compañías como RCA, Compaq, General Foods, Standard Oil y Pan Am si hubieran comenzado a innovar durante sus años pico? Quizás muchas empresas, comercios y profesionales deberían poner una foto de Guardiola en sus oficinas para tener siempre presente la necesidad de estar innovando constantemente, en especial cuando uno está ganando. El que se queda haciendo siempre lo mismo, a la larga se queda atrás.

7

Branson, Musk, Kargieman
y el arte de reinventarse

"Si no nos hubiéramos reinventado, no hubiéramos sobrevivido"

Me costó un poco de trabajo tomar en serio a Sir Richard Branson, el magnate y aventurero británico cuya fortuna se calcula en 4 600 millones de dólares, cuando me dijo que su empresa Virgin Galactic espera "colonizar" Marte en los próximos años con asentamientos humanos y construir hoteles en el espacio. Estábamos ante las cámaras de televisión. Traté que no se me escapara una sonrisa escéptica demasiado evidente. Pero, para mis adentros, me pareció la típica fanfarronada de un millonario excéntrico acostumbrado a hacer declaraciones ostentosas para publicitar alguno de sus nuevos proyectos.

Sin embargo, cuanto más hablé con Branson y con otros aventureros espaciales —los "locos del espacio", como los llaman muchos— más me convencí de que quizás no están tan despistados. Se trata de los innovadores más audaces, los que desafían varias de las premisas que se enseñan en las escuelas de negocios sobre el secreto del éxito empresarial. Branson es un hombre que en lugar de trazarse metas fijas, se reinventó una docena de veces, irrumpiendo en muchas ocasiones en terrenos de los que sabía poco o nada, como la aeronáutica civil o la exploración espacial. Y mientras algunas sociedades todavía ven con un dejo de sorna a quienes se reinventan, Branson asume sus transformaciones personales y empresariales como uno de sus principales

motivos de orgullo. "Si no nos hubiéramos reinventado, no hubiéramos sobrevivido", afirma con orgullo.[1] Sus cientos de empresas de
todo tipo son fruto de la audacia empresarial, la creatividad y el arte
de reinventarse constantemente.

Cuando lo entrevisté, Branson ya tenía más de 400 empresas del
grupo Virgin, y estaba a pocos meses de lanzar su nave *SpaceShipTwo* al
espacio. Corría contra el tiempo para intentar ganarles a varios de sus
competidores —incluyendo a SpaceX, la compañía del billonario fundador de PayPal, Elon Musk— en la nueva era de la exploración espacial privada y del turismo espacial. Los "locos del espacio" estaban en
una carrera desenfrenada por alcanzar un objetivo que para la mayoría
del público parecía totalmente descabellado.

VIAJES AL ESPACIO POR 200 000 DÓLARES

Branson apareció para la entrevista en jeans, camisa blanca abierta en
el cuello y un blazer negro, y su clásico pelo largo al estilo de los años
sesenta. Hablaba con un fervor casi religioso de su nueva aventura que,
según él, cambiaría la historia de la humanidad. Tras haber construido su imperio discográfico Virgin Records, su aerolínea Virgin Atlantic y cientos de otras empresas de todo tipo bajo la marca Virgin, y
tras haber batido récords deportivos cruzando los océanos Atlántico
y Pacífico en el globo más grande jamás construido, Branson veía su
nuevo desafío —la conquista del espacio— como el más apasionante de su vida.

La nave de Branson era una versión ampliada y mejorada del *Space
ShipOne* que fue lanzada en 2004 por el millonario Paul Allen y ganó
el Premio Ansari X de 10 millones de dólares. *SpaceShipOne* había realizado el primer vuelo espacial tripulado sin fondos gubernamentales, y su gran aporte había sido que se trataba de una nave reutilizable.
A diferencia de los cohetes de la NASA, que se destruían una vez que
eran lanzados al espacio, la nave podía ir al espacio y regresar, como
cualquier avión en tierra. Ahora, el *SpaceShipTwo*, en el que Branson

ya había invertido 300 millones de dólares, tenía una meta tanto o más ambiciosa: comenzar la era del turismo espacial y de la colonización del espacio por empresas privadas. Era nada menos que la versión galáctica de la conquista del oeste de Estados Unidos antes de la independencia, que —al igual que las nuevas misiones espaciales— había sido encabezada por empresarios privados, más tarde popularizados por Hollywood como *cowboys*.

A diferencia del *SpaceShipOne* de Allen, que era una nave pequeña, el *SpaceShipTwo* de Branson era el doble de grande que su antecesora —medía 18 metros de largo— y podía llevar dos pilotos y seis pasajeros. Branson empezó a vender pasajes a bordo a 200 000 dólares el asiento, y en 2013 ya había logrado que unas 600 personas se inscribieran para el primer vuelo, que incluía salir de la órbita terrestre por unas dos o tres horas, una breve caminata —o flotada— en el espacio, y regresar a tierra. Entre los primeros que se anotaron estaba el "niño terrible" de la música pop, Justin Bieber. El plan de Branson era desarrollar el turismo espacial masivo y utilizarlo con el propósito de generar ingresos para la exploración del espacio y la colonización de Marte.

"¿No es un disparate creer que, una vez pasada la novedad del primer vuelo de turismo espacial, la gente va a pagar 200 000 dólares para pasear unos minutos por el espacio?", le pregunté. El magnate británico sonrió, meneó la cabeza negativamente, y dijo: "Todo lo contrario. Creo que si tuvieran los medios económicos para permitirse un viaje al espacio, y si se les garantizara su regreso a la Tierra, a la inmensa mayoría de la gente le encantaría viajar al espacio. Es un sueño que ha tenido mucha gente joven, y es un sueño que no se ha hecho realidad para muchas personas porque estos proyectos sólo los llevan a cabo los gobiernos, y son muy costosos. Por lo tanto, lo que Virgin quiere hacer en los próximos años es bajar los precios de los viajes espaciales de manera que mucha gente un día pueda convertirse en astronauta. En los próximos 10 o 20 años, los precios serán mucho más accesibles, y en lugar de costosas naves espaciales que sólo sean para gente muy adinerada, mucha, pero mucha gente tendrá la oportunidad de ir al espacio".[2]

¿ENTRETENIMIENTO PARA RICOS?

Acto seguido, le pregunté a Branson: "Por los 200 000 dólares que cuesta el pasaje actualmente, ¿qué comodidades reciben los pasajeros? ¿Un trato de primera clase, con comida especial?" Branson respondió: "Los pasajeros van a recibir muchísimas comodidades. Nuestras naves espaciales están diseñadas para ser admiradas tanto por su belleza exterior como interior. Hay grandes ventanas panorámicas en la nave espacial. Estarán flotando, y creo que tendrán la sonrisa más grande de su vida por esa experiencia. Y cuando estén listos, abrocharán sus cinturones y regresarán a la Tierra".

"Pero ¿tienen algún valor científico estos viajes, o son un mero entretenimiento para ricos?", le pregunté. Branson me recordó, como ya lo anticipé en el primer capítulo de este libro, que muchos de los grandes avances de la humanidad —como los primeros vuelos transatlánticos— fueron financiados por gente rica, y que con el tiempo el precio de estos viajes fue bajando, y se terminó beneficiando todo el mundo. "De manera que se necesitan los pioneros ricos para empezar estos vuelos", explicó.[3]

Efectivamente, la mayoría de los pioneros de la aviación —incluyendo a los hermanos Wright— financiaron sus vuelos experimentales con sus propias fortunas, y lo mismo podría decirse de varios otros grandes e importantes inventores de la humanidad, como Thomas Alva Edison, el inventor de la bombilla de luz y de más de otras 1 000 patentes, que financiaron la mayor parte de sus experimentos de su propio bolsillo. Branson, obviamente, se veía a sí mismo como parte de esa tradición de millonarios innovadores, y la asumía con orgullo.

"VAMOS A COLOCAR SATÉLITES EN EL ESPACIO"

"Pero ¿qué valor científico tendrán estos viajes de turismo espacial?", insistí. Estos nuevos viajes beneficiarán a toda la humanidad de mil maneras, respondió Branson. "Gracias a nuestro programa espacial no sólo estaremos llevando gente al espacio, sino que estaremos realizando una enorme cantidad de investigaciones científicas. Vamos a colocar satélites en el espacio por una fracción de lo que cuesta hoy en día, lo cual hará que baje significativamente el costo de tus llamadas telefónicas, y el costo de tu conexión de internet y de tu wi-fi. Eso también significa que los 2 000 millones de personas que aún no tienen acceso a estos servicios ahora sí lo podrán tener, a un precio muy barato. De manera que estos viajes traerán muchos, pero muchos beneficios a todos. Eso es lo más fascinante del hecho de que compañías comerciales estén entrando en esta industria."[4]

"NECESITAMOS ESTABLECER COLONIAS EN OTROS PLANETAS"

Branson promociona sus vuelos privados al espacio no sólo como una fuente alternativa para la exploración científica en momentos en que la NASA y otras agencias gubernamentales de todo el mundo están sufriendo recortes presupuestarios, sino como una potencial salvación para toda la humanidad. Según aseguró, "tenemos que colonizar otros planetas cuanto antes, porque en cualquier momento un meteorito gigante podría chocar contra la Tierra y destruirnos. Ya hemos visto un anticipo de esto en 2013, cuando un meteoro de unos 18 metros de diámetro se estrelló en la región de los Urales de Rusia, causando 1 500 heridos y dañando más de 7 000 edificios. ¿Cómo saber que un meteorito mucho más grande, capaz de destruir el planeta, no caerá en el futuro?"

"Tenemos que empezar a colonizar otros planetas, porque si un meteorito gigante alguna vez se estrella contra la Tierra, hasta Steven Hawkins ha dicho que podría acabar con la especie humana. Por lo tanto, es importante, para que nuestra especie se preserve, que podamos establecer colonias en otros planetas", dijo Branson. Y el empresario ya tenía decidido dónde instalar su primera colonia: Marte. Según me dijo, esperaba poder hacerlo "durante mi vida".[5]

Branson no parecía tener duda de que hay vida en otros planetas. La misma semana que hablamos, la revista *Journal of Science* acababa de publicar un artículo corroborando que se había comprobado científicamente la existencia de un río seco en Marte, lo que significaría que alguna vez hubo, o hay, vida en el Planeta Rojo. "No hay duda de que existen miles de otros planetas donde hay vida. Mira, hay tantos en el cielo, que debe haber miles y miles de ellos con vida." Y, según él, la colonización de Marte será posible muy pronto gracias a empresas privadas como la suya.

Interrogado sobre si técnicamente es posible una misión tripulada a Marte en los próximos 15 años, Branson respondió: "Yo pienso que sí. Hay suficiente determinación por parte del sector privado, trabajando probablemente en conjunto con la NASA. El sector privado puede hacer cosas a un costo mucho menor que los gobiernos. Nosotros podemos hacer las cosas por una fracción del precio. Si a nuestro programa espacial le va a ir tan bien como nosotros creemos, va a generar mucho dinero, y vamos a poder reinvertir esas ganancias en cosas como el programa de Marte y convertir la colonización de Marte en una realidad".[6]

"ERA DISLÉXICO Y DEJÉ EL COLEGIO A LOS 15 AÑOS"

Si los rasgos más comunes de la gente innovadora son ser extrovertidos, eficientes, algo neuróticos, abiertos a la experimentación, y no demasiado preocupados por agradar al prójimo, Branson tiene una buena cuota de todos estos ingredientes. Hizo su fortuna desde muy joven, de la manera menos tradicional. Lejos de heredar una empresa o graduarse de una buena universidad, empezó de cero. Como él mismo lo relató, de niño era disléxico, muy mal estudiante y probablemente hoy en día hubiera sido diagnosticado con síndrome de déficit de atención, aunque entonces el término no se conocía.

"Yo era disléxico —me contó—. Dejé el colegio cuando apenas tenía 15 años para fundar una revista que hacía campaña contra la guerra de Vietnam, que fue una guerra muy injusta, por lo cual quería darle una voz a los jóvenes. A lo largo de mi vida, lo que he hecho ha sido identificar situaciones en las que creí que podía entrar en acción y crear empresas para hacer una diferencia positiva en la vida de la gente. Por suerte, provengo de una familia donde hubo mucho amor, una familia unida, que siempre me apoyó en todo."

Como muchos jóvenes británicos, Branson —hijo y nieto de abogados de clase media— fue enviado desde muy joven, a los ocho años, a un *boarding school,* o escuela de pupilos. Era la forma tradicional como las familias inglesas trataban de enderezar a sus hijos, e incentivar su independencia y su autosuficiencia. Branson recuerda que la pasó pésimamente mal en la escuela de pupilos. "No sólo era disléxico, sino también corto de vista. A pesar de que me sentaban en la primera fila de la clase, no podía leer el pizarrón. Sólo después de algunos trimestres a alguien se le ocurrió que me revisaran la vista. E incluso, cuando podía ver, las letras y los números no me hacían ningún sentido —recuerda—. Y como nadie había escuchado sobre lo que era la dislexia, no poder leer o escribir era visto por el resto de la clase y por los maestros como un defecto de una persona estúpida o vaga. Y en la escuela de pupilos te daban una paliza por ambas cosas."[7]

Por suerte, Branson tenía una cualidad que le ayudó a compensar sus deficiencias académicas para sobrevivir en los años siguientes: era un excelente deportista, que pronto se convirtió en capitán de los equipos de futbol, rugby y cricket de la escuela. "Es difícil sobreestimar cuán importante son los deportes en las escuelas públicas inglesas. Si tú eres bueno en deportes, eres un héroe: los muchachos mayores no te van a dar palizas, y los maestros no van a perder el sueño si no pasas los exámenes", recuerda.[8] Así y todo, Branson era más feliz cuando regresaba de visita a la casa de sus padres, en el pueblo de Shamley Green. Su madre siempre estaba obstinada en encontrarle tareas para que se mantuviera ocupado, como limpiar el jardín, y lo incentivaba a hacer trabajos para ganarse algún dinero, pero siempre con una sonrisa y un gran cariño.

A los 13 años Branson se cambió a la escuela pública de Buckinghamshire, una escuela de 800 alumnos varones, donde encontró un nuevo refugio además de los deportes: la biblioteca. Aunque seguía batallando con su dislexia, descubrió —después de que una lesión en la pierna lo alejó por mucho tiempo de la cancha de futbol— que le gustaba escribir, y comenzó a redactar una novela erótica. Dos años después, con un compañero de clase llamado Jonny y en medio de las rebeliones estudiantiles de los años sesenta, nació en él la idea de hacer una revista de la escuela que reflejara los reclamos de los alumnos. Barajaron varios nombres —*Today, 1966, Focus, Modern Britain* e *Interview*— hasta que al final se decidieron por *Student*.

"TERMINARÁS EN UNA PRISIÓN O HACIÉNDOTE MILLONARIO"

En busca de avisos y ayuda financiera para subvencionar la revista, Branson escribió cartas a 250 miembros del parlamento británico, cuyos nombres encontró en el libro *Quién es quién,* así como a varias empresas cuyas direcciones halló en la guía telefónica. Ninguno respondió. Branson y su amigo decidieron que, para que la revista tuviera algún atractivo para posibles anunciantes, tenían que ampliarla con el propósito de que no sólo cubriera su escuela, sino muchas otras. Eran los años de la guerra de Vietnam; las protestas estudiantiles y todo lo relacionado con los estudiantes y el *student power* estaba de moda, recuerda Branson.

La madre de Branson les prestó a los dos jóvenes cuatro libras esterlinas para cubrir sus gastos de teléfonos y estampillas, y el padre hizo imprimir hojas con el membrete: "*Student.* La revista para los jóvenes británicos". Con el correr de las semanas, mientras las calificaciones de Branson en la escuela iban de mal en peor, *Student* se convirtió en el centro de su vida.

"Si hubiera sido cinco o seis años mayor, lo absurdo de la idea de salir a vender publicidad a grandes compañías para una revista que aún no existía, editada por dos estudiantes de 15 años, me hubiera inhibido siquiera a levantar el teléfono. Pero era demasiado joven para contemplar el fracaso", recuerda Branson.[9] Pero después de algunos meses, Branson tuvo su golpe de suerte: logró vender un anuncio por 250 libras esterlinas y pudo convencer al artista Gerald Scarfe de que concediera una entrevista y donara una caricatura a la revista. El primer número de *Student* salió en enero de 1968.

Para entonces, Branson ya había dejado sus estudios. Según recuerda, las últimas palabras que le escuchó decir a su tutor fueron de felicitación por el inminente lanzamiento de su revista: "Felicitaciones, Branson. Mi pronóstico es que vas a terminar en prisión, o haciéndote millonario". Muy pronto, *Student* empezaría a llamar la atención a nivel nacional, cuando los dos jóvenes editores —instalados ya en el garaje de la casa de los padres de Jonny— consiguieron que la actriz Vanessa Redgrave les diera una entrevista.

"Logramos persuadirla para que cambiara de opinión y no sólo nos enviara un mensaje de buenos deseos para que *Student* fuera un éxito, sino que nos concediera una entrevista. Esa entrevista fue un punto de inflexión para nosotros", recuerda Branson.[10] A partir de ese momento, los dos jóvenes pudieron usar el nombre de Redgrave como un certificado de legitimidad, que les permitió atraer a figuras como el artista David Hockney, o el escritor Jean-Paul Sartre. Y a medida que la revista publicaba entrevistas cada vez más importantes, comenzaban a llegar anuncios suficientes como para imprimir el número siguiente.

"LA ENTREVISTA CON JOHN LENNON
CASI NOS LLEVÓ A LA QUIEBRA"

El gran salto a la fama de *Student*, que irónicamente casi llevó a la quiebra a la revista, fue cuando John Lennon aceptó concederles una entrevista. Lennon era un semidiós para los jóvenes en ese momento y —según recuerda Branson— cuando el jefe de prensa del cantante prometió a los editores de *Student* que Lennon donaría una canción inédita para los lectores de la revista, decidieron imprimir una edición récord de 100 000 ejemplares, con un flexidisco de regalo, y encargarían la portada a uno de los más conocidos diseñadores del momento.

Pero lo que parecía una oportunidad de oro se convirtió en una pesadilla. Según relata Branson, pasaron varias semanas y la grabación de Lennon no llegaba. Los jóvenes periodistas estaban cada vez más nerviosos: habían apostado el futuro de la revista en este número, y cada vez que llamaban a los representantes de Lennon recibían una nueva excusa. Finalmente, se enteraron de lo que estaba ocurriendo: Lennon se hallaba en medio de una grave crisis personal. Su pareja, Yoko Ono, acababa de perder el bebé que estaban esperando y Lennon había sido detenido por posesión de marihuana. La pareja estaba prácticamente escondida. "Yo también estaba en problemas. Nuestro plan para la edición especial de *Student* nos llevó al borde de la bancarrota. Estaba cada vez más desesperado", recuerda Branson.

Y lo estaba, a tal grado que contrató a un abogado para iniciar un juicio contra Lennon por ruptura de un contrato verbal. A los pocos días, Branson recibió una llamada de los representantes del cantante, quienes le dijeron que tenían una grabación para él. Cuando la fue a buscar, era una cinta en la que lo único que se escuchaba era el latido de un corazón, seguido por un largo silencio. "Es el latido del corazón de nuestro bebé. El bebé se murió", le dijo Lennon, y agregó que lo que seguía era "el silencio de nuestro bebé muerto", mientras Yoko lloraba a su lado, recuerda Branson. Un ayudante de Lennon, viendo que Branson estaba perplejo y desilusionado, atinó a agregar que el disco era "arte conceptual".[11] Sin saber qué decir —si proseguir con el juicio contra Lennon o publicar el "disco"—, Branson decidió rediseñar la portada de la revista, asumir las pérdidas y seguir adelante.

"HE TENIDO MUCHOS FRACASOS EN MI VIDA"

A partir de allí, la carrera de Branson, como la de casi todos los emprendedores exitosos, fue una montaña rusa de éxitos y fracasos. Según me dijo: "Si uno no falla, no puede lograr nada. Un emprendedor no debe tener miedo al fracaso. Si se fracasa, hay que tratar de nuevo. Y si se fracasa de nuevo, hay que tratar de nuevo, hasta triunfar... Para tener éxito, a veces tienes que sufrir fracasos en el camino. Eso hace que el éxito sea tanto más satisfactorio".[12]

Una de las anécdotas favoritas de Branson para ilustrar su glorificación del fracaso como una de las vías hacia el éxito es la historia de los Beatles. En los años sesenta, este grupo de rock había sido rechazado por siete compañías disqueras antes de encontrar una que les diera cabida. No importa cuán buena es una idea, siempre puede fracasar una o más veces antes de despegar exitosamente, señaló.

"¿Cuál fue el fracaso que más lo marcó en su vida?", le pregunté a Branson después de nuestra entrevista para la televisión. "He tenido muchos fracasos en mi vida —respondió—. Los dos primeros negocios que emprendí eran pequeñas empresas y ambas fracasaron. Cuando estaba en la escuela, quise asegurarme de que cuando saliera tuviera un poco de dinero, así que planté un montón de árboles de Navidad. Para cuando yo terminara la escuela, los árboles ya habrían crecido y yo los podría vender. Pero llegaron los conejos y se los comieron todos. Luego traté de hacer lo mismo con unos loritos que la gente compra como mascotas, llamados budgerigars. Había escuchado que se reproducen muy rápido. Pero llegaron las ratas y mataron a todos los loros. De manera que desde muy temprano aprendí el arte del fracaso."[13]

Muchos años después, ya convertido en millonario, Branson siguió acumulando éxitos y sufriendo fracasos. A los pocos años de su lanzamiento, la revista *Student* colapsó por falta de ingresos, aunque entonces el joven Branson ya se había diversificado y estaba comenzando su imperio de discos Virgin. Su fórmula era arremeter contra empresas mucho más poderosas —ya fuera en la industria disquera, en la aviación o en cualquier otro ramo— con una mezcla de irreverencia y creatividad, ofreciendo mejores precios, servicio óptimo, y un halo de solidaridad con el consumidor frente a los abusos de las empresas que dominaban el mercado. En algunos casos, llegó a extremos en su afán de presentarse como un David luchando contra los Goliats de cada industria, como cuando llevó un tanque que disparaba humo a Times Square, el corazón de Nueva York, y lo apuntó contra el gigantesco letrero de Coca-Cola, como artilugio publicitario para promocionar su Virgin Cola.

La receta de arremeter contra los grandes funcionó, en términos generales, aunque varias de sus empresas no sobrevivieron a la batalla. Según me contó con la mayor naturalidad: "Creamos compañías que luego no funcionaron, o que poco después fueron aplastadas por otras empresas más grandes. Nos lanzamos contra Coca-Cola; les estábamos ganando en varios países, pero enviaron sus tanques, tú sabes, bolsas llenas de dinero, y nuestra bebida gaseosa, Virgin Cola, desapareció de los estantes". Lo mismo ocurrió años después con su empresa de vodka, su compañía de tarjetas de crédito en Australia, y varias otras empresas de la familia Virgin.

Sin embargo, según dijo Branson, su fórmula ante los golpes de sus adversarios siempre ha consistido en levantarse rápido y, si el negocio no tenía futuro, pasar al siguiente. "No hay nada de malo en cometer errores mientras no cometas los mismos una y otra vez", afirmaba.[14] Para Branson, uno de los mejores consejos que recibió en su vida fue de su profesor de esquí, quien le dijo que si quería aprender a esquiar bien, tenía que estar dispuesto a caerse muchas veces. Lo mismo ocurre en la vida empresarial, me dijo Branson. "Hemos sufrido retrocesos, pero por suerte hemos tenido más éxitos que fracasos", concluyó.[15] Lo importante es el resultado final, y no los fracasos que se sufren en el camino.

CÓMO EMPEZÓ VIRGIN RECORDS

Mientras dirigía *Student*, durante el auge del movimiento estudiantil, el amor libre y los *hippies,* Branson advirtió que muchos estudiantes que escribían cartas de lector o llamaban a la revista pedían información sobre problemas de los que nadie hablaba públicamente, como el aborto. Incluso una de las colaboradoras de la revista, de nombre Debbie, había compartido con sus compañeros de la publicación que tras quedar embarazada nadie en los servicios de salud estatales o en las iglesias había respondido sus llamadas pidiendo información sobre cómo y dónde realizar un aborto, o recibir orientación sobre los peligros del contagio de enfermedades venéreas, o dónde recibir ayuda psicológica.

"Hicimos una larga lista de los problemas típicos que enfrentan los estudiantes y resolvimos hacer algo al respecto", recuerda Branson.[16] La revista creó un Centro de Asesoría para los Estudiantes, un servicio telefónico gratuito, y comenzó a distribuir panfletos en la calle promocionando el centro bajo el titular: "Danos tus dolores de cabeza". La idea no era hacer dinero, sino promocionar la revista, recuerda Branson. Muy pronto comenzaron a llegar llamadas a granel, incluyendo las de varios médicos y algunas clínicas que ofrecían sus servicios a precios módicos, o las de adolescentes con tendencias suicidas que necesitaban hablar con alguien, y muchas veces acudían en persona a la revista para recibir ayuda.

Y también, muy pronto, llegó la policía, notificando al joven Branson que estaba contraviniendo una ley que prohibía promocionar ayuda para el tratamiento de enfermedades venéreas. Branson argumentó que sólo estaba ofreciendo asesoramiento, y accedió a cambiar la forma en que la revista promocionaba al centro, pero al poco tiempo la policía regresó y arrestó a Branson —que entonces tenía 19 años— por continuar violando la misma norma. Fue la primera de varias escaramuzas con la ley, que nunca amilanaron al empresario. "El caso judicial me enseñó que, aunque era joven y usaba jeans y tenía poco dinero, no debía tener miedo a la intimidación oficial del *establishment*. Sobre todo, si podía conseguir un buen abogado", recordaría Branson años después.[17]

Una de las cosas que enseguida le llamó la atención a Branson fue que todos los jóvenes que acudían al centro tenían una cosa en común: pasaban gran parte de su tiempo escuchando música. Todos usaban el poco dinero que tenían para comprar el último disco de los Rolling Stones, de Bob Dylan o de Jefferson Airplane. De manera que a Branson se le ocurrió que una buena manera de enderezar las finanzas de su revista —que seguían cayendo peligrosamente— podría ser ofreciendo discos con descuento y enviarlos por correo. Y en la siguiente edición de *Student* colocó un anuncio ofreciendo discos por correo con importantes rebajas. A las pocas horas, la redacción de *Student* se vio inundada de pedidos, "y más dinero en efectivo del que jamás hubiéramos pensado".[18] El imperio de Virgin Records estaba naciendo, y la revista *Student* pronto pasaría al olvido.

DE LOS DISCOS POR CORREO A LAS TIENDAS DE DISCOS Y AL SELLO MUSICAL

Ni Branson ni sus compañeros tenían la menor idea de la industria de la música, pero eso no fue obstáculo para que —con la audacia que caracterizó al joven emprendedor— rápidamente se iniciaran en el negocio. El nombre de Virgin surgió, precisamente, del hecho de que ninguno de ellos tenía experiencia en la industria disquera: eran vírgenes totales en la materia. Virgin Mail Order, como se llamaba la empresa de discos por correo, pronto alquiló su primer local en Londres. Al contrario de las grandes tiendas de discos, en que los vendedores no sabían mucho de música y vendían discos como si fuera cualquier otra mercancía, los empleados de la tienda Virgin eran jóvenes *hippies* que estaban al tanto de las últimas canciones y hablaban con los potenciales compradores como si fueran amigos. Y los clientes, que muchas veces ya entraban al negocio con una sonrisa en los labios por la marihuana que acababan de fumar, podían pasar todo el tiempo que quisieran en el negocio, recostados en alguno de los sofás que estaban a su disposición. A los pocos meses, Branson ya había abierto 14 tiendas de discos Virgin en Gran Bretaña.

El empresario no tardó en darse cuenta de que el negocio de la música no estaba en las ventas al público, sino en las compañías disqueras. Sus negocios se estaban expandiendo, pero los gastos seguían aumentando. Ante la disyuntiva de recortar gastos o expandir su empresa, Branson optó por lo segundo. Era la audacia que lo caracterizaría durante toda su trayectoria futura. "Sólo si uno es audaz puede llegar a cualquier lado", suele decir Branson. De manera que el joven decidió usar un dinero que le habían reservado sus padres para cuando cumpliera 30 años, y compró una casa, que pronto convertiría en un estudio de grabación. Virgin comenzó a realizar sus propias grabaciones de bandas de rock y al poco tiempo creó su propia empresa disquera. Para entonces, la revista *Student* consumía tanto tiempo, y significaba tantas pérdidas, que Branson y sus compañeros decidieron discontinuarla. El negocio de la música ya les parecía mucho más apasionante.

A LA CÁRCEL POR EVASIÓN DE IMPUESTOS

En 1971, cuando Branson tenía 20 años, sus compañías disqueras seguían creciendo, pero también seguían perdiendo dinero. El problema era que Virgin ofrecía grandes descuentos por sus discos y gastaba tanto dinero en promoción, alquileres y envíos postales, que no podía ganar dinero. Y, para colmo, una huelga del servicio de correos había golpeado fuertemente la operación de venta de discos con descuento por correo. Las empresas llegaron a un punto en que debían 15 000 libras esterlinas, sin contar con la hipoteca de 20 000 que debían al banco por la compra de su estudio de grabación.

A Branson no se le ocurrió mejor idea que vender discos traídos del exterior de Londres sin pagar tarifas aduaneras. "Era un plan que violaba la ley. Pero hasta ese momento siempre me había salido con la mía quebrantando las reglas. En esos días, pensaba que nada podía salirme mal, y que incluso si algo salía mal no me agarrarían", recordaría muchos años después.[19]

Después de algunos viajes exitosos, la policía del servicio de aduanas descubrió la trampa. Más tarde, Branson se enteró de que muchos otros empresarios habían intentado hacer el mismo negocio antes. Los agentes realizaron una inspección de Virgin e incautaron un cargamento de 10 000 discos que no habían pagado tasas aduaneras. "Pasé la noche en prisión, durmiendo sobre un colchón de plástico negro con una almohada vieja", recuerda Branson. La primera parte de la predicción de su tutor en la escuela se había materializado: había acabado en prisión.

Branson logró salir al día siguiente después de pagar una fianza de 15 000 libras esterlinas y con la promesa de pagar una multa de otras 45 000 en tres cuotas durante los tres años siguientes. Si no pagaba, el joven sería arrestado de nuevo y sometido a juicio. Branson todavía no había cumplido 21 años, y sus empresas ya estaban quebradas, y además tenía que pagar 45 000 libras esterlinas para no ir a prisión. Había aprendido una lección, pero ahora tenía que ganar dinero urgentemente. "Evitar regresar a prisión fue el incentivo más convincente que jamás tuve", bromearía en sus memorias.[20]

Para su suerte, en 1973 uno de los músicos de su sello Virgin Music lanzó un disco que en cuestión de semanas batió récords de ventas. Salvó de la bancarrota a la empresa y poco después reportó enormes ganancias. Se trataba del disco *Tubular Bells*, de Mike Oldfield, que ganó los discos de plata, oro y platino, habiendo vendido más de un millón de copias. De la noche a la mañana, a los 22 años, Branson recuperó con creces el dinero que debía e instaló el nombre de Virgin en la industria disquera.

LA COMPRA DE LA COMPAÑÍA AÉREA

El emporio musical de Branson prosperó con varios otros éxitos musicales de los Sex Pistols, de Boy George y de otras bandas de rock y punk. A comienzos de los años ochenta, Virgin se expandió y creó una editorial especializada en libros de música rock y en deportes.

En 1984 Branson recibió la llamada telefónica de un abogado de Estados Unidos, que le preguntó si estaba interesado en comprar una línea aérea. Randolph Fields estaba buscando inversionistas para relanzar lo que había sido la aerolínea de vuelos económicos de Sir Freddie Laker, que volaba de Londres a Nueva York y que había quebrado dos años antes. "Obviamente, este abogado había contactado a muchos otros inversionistas antes que a mí, ya que difícilmente el dueño de una compañía musical hubiese sido su primera opción", recuerda Branson.[21] A Branson empezó a gustarle la idea, porque como empresario musical viajaba constantemente, sufría por el mal servicio que ofrecían las empresas aéreas, y pensaba que una aerolínea con un mejor servicio y buenos precios podía ganar un nicho del mercado. Pero —como le ocurrió antes con la industria de la música— no sabía nada del negocio de la aviación.

La única empresa que ofrecía vuelos económicos transatlánticos en ese momento era People Express. Branson quiso saber cómo le estaba yendo a esta compañía, y llamó para reservar un pasaje. Pero el número estaba ocupado. Intentó nuevamente, toda la mañana, y no pudo comunicarse. "Concluí que People Express o bien estaba siendo muy mal administrada, en cuyo caso serían un objetivo fácil para hacerles la competencia, o había tanta gente llamando para comprar pasajes, que había lugar para un competidor. Fue el hecho de que el teléfono siempre sonó ocupado todo ese sábado, más que cualquier otra cosa, lo que me animó a pensar que podíamos manejar una línea aérea", recuerda Branson.[22]

El vuelo inaugural de Virgin Atlantic, el 19 de junio de 1984, casi termina con la empresa antes de empezar, pues dos días antes de que partiera en su primer viaje de Londres a Nueva York, con 250 periodistas invitados a bordo, el avión sufrió una explosión en uno de sus motores durante un vuelo de prueba. Un inspector de la agencia aeronáutica británica que estaba junto a Branson le puso la mano en el hombro y le dijo: "No te preocupes, Richard, estas cosas pasan".[23] Resultó que una bandada de pájaros había sido succionada por el motor del jumbo. Para el inspector, eso era una cosa de todos los días. Pero para Branson significaba una catástrofe potencial: el motor no estaba asegurado porque Virgin Atlantic todavía no tenía su licencia de vuelo —debía recibirla más tarde ese día o al día siguiente— y por lo tanto el motor no había podido ser asegurado. El costo de su remplazo era de 600 000 libras esterlinas.

El banco de Branson no quería emitir el cheque correspondiente, pues afirmaba que la línea de crédito de Virgin había llegado a su tope. Branson, temiendo que se tuviera que cancelar el vuelo inaugural y que se filtrara la noticia de la falta de liquidez de la empresa, llamó a todas las subsidiarias extranjeras de las empresas Virgin para que le giraran todo el dinero que pudieran antes de comenzar el día siguiente. El banco, una vez que recibió mayores garantías, accedió a sacar a Branson del apuro. El motor del avión fue remplazado y el vuelo inaugural se realizó como lo habían planeado, pero Branson aprendió una lección: sus empresas estaban viviendo muy peligrosamente, y una decisión adversa de un banco podría poner en peligro, en cualquier momento, a todo el imperio Virgin, que ya tenía 3000 empleados.

ADMINISTRADORES PROFESIONALES Y RÉCORDS MUNDIALES

Tras el susto del vuelo inaugural de Virgin Atlantic, Branson construyó su línea aérea con base en campañas de publicidad con mensajes pícaros e irreverentes, desafiando públicamente a British Airways y a otras empresas mayores que, según él, ofrecían un pésimo servicio. En los años siguientes, Virgin Atlantic colocó pantallas de televisión en cada asiento antes que sus competidoras, empezó a ofrecer servicios de masajes a bordo, y ofreció a sus pasajeros en clase de negocios una limusina que los llevaba gratuitamente al aeropuerto, y de regreso a su casa. Eran golpes publicitarios sumamente efectivos porque, como en el caso de los viajes gratuitos al aeropuerto en limusina, se trataba de servicios que podía ofrecer una compañía pequeña como Virgin Atlantic, que en ese momento sólo volaba entre Nueva York y Londres, pero que no podían ofrecer las grandes aerolíneas con cientos de rutas a todo el mundo, porque los costos hubieran sido prohibitivos.

Los problemas financieros que habían amenazado a todo el grupo Virgin tras la explosión en el motor durante el vuelo de prueba de Virgin Atlantic convencieron a Branson de que tenía que reestructurar sus empresas, traer administradores profesionales y dedicarse a lo que mejor sabía hacer: inventar cosas nuevas y pasarla bien. El grupo de empresas Virgin ya tenía, además de Virgin Records, Virgin Music y la nueva aerolínea Virgin Atlantic, varias otras empresas de todo tipo, incluyendo una compañía de ropa, una cadena de bares y una empresa de bienes raíces.

Los nuevos administradores se horrorizaron al ver la improvisación que reinaba en el grupo Virgin. No podían entender cómo el grupo no maximizaba sus ingresos conjuntos para exigir mejores condiciones a los bancos. Y tampoco podían dar crédito al notar que casi nadie en la empresa usaba computadoras ni se llevaban cuentas adecuadas de inventarios. Inmediatamente, comenzaron a poner las cosas en orden.

Branson, mientras tanto, se tomó más tiempo para emprender nuevo desafíos. Tenía apenas 33 años de edad y —siguiendo la tradición de los exploradores británicos— quería batir récords de navegación en vela, en globo y en paracaidismo. Además, necesitaba seguir teniendo una presencia muy visible en los medios de comunicación para competir con sus adversarios mucho más poderosos. A Branson le salía mucho más barato generar publicidad gratuita para el grupo Virgin con sus hazañas deportivas que pagar costosas campañas de anuncios en la televisión.

"CREÍ QUE HABÍA SUFRIDO DAÑO CEREBRAL"

Su primer intento fue batir el récord de tiempo para un cruce del Atlántico en un velero que llevaba el logo de su aerolínea Virgin Atlantic. "Un cruce exitoso del Atlántico atraería publicidad tanto en Nueva York como en Londres, que eran nuestros únicos destinos", recordó años después.[24] Pero la aventura terminó mal: después de tres días de navegación, el velero —muy pequeño, construido especialmente de ese tamaño para maximizar su velocidad— se topó con una fuerte tormenta cerca de la costa de Irlanda y fue volteado por las olas. Los tripulantes, incluido Branson, tuvieron que saltar al agua y montarse sobre un bote salvavidas inflable. Desde allí, mientras se mecían en medio de la tormenta, pidieron ayuda por radio; horas después fueron rescatados por un barco que pasaba cerca. Durante las semanas siguientes, Branson siguió sintiendo el zumbido del mar en sus oídos, "al grado de que creí que había sufrido un daño cerebral permanente", recuerda.[25]

Un año después, con un nuevo velero y una nueva tripulación, Branson volvería a hacer el intento, ésta vez con éxito. Su velero *Virgin Atlantic Challenger II* cruzó el Atlántico en un tiempo récord de tres días, ocho horas y 31 minutos, batiendo la marca anterior por dos horas y nueve minutos. De allí en adelante, entusiasmado por los desafíos deportivos y la publicidad que le traían, intentó batir otros récords. En 1987 empezó a experimentar con globos, cruzando el Atlántico con el *Virgin Atlantic Flyer*. En 1991 cruzó el Pacífico, batiendo un récord de velocidad. Y durante los cuatro años siguientes realizó varios intentos de dar la vuelta al mundo en globo, junto con el expedicionario Per Lindstrand, rompiendo varias marcas. Pero ninguna de estas hazañas sería comparable con su proyecto de lanzar la primera nave privada de turismo espacial y de convertirse en su primer pasajero.

"SER AVENTURERO Y SER EMPRESARIO NO ES MUY DIFERENTE"

Intrigado, le pregunté a Branson durante nuestra entrevista qué buscaba con sus expediciones. Había leído en una de sus biografías: "Mi interés en la vida viene de plantearme retos inmensamente inalcanzables y elevarme sobre ellos". Sin embargo, ¿por qué un empresario multimillonario como él querría poner su vida en riesgo cruzando el Atlántico en un pequeño velero de competición, o el Pacífico en un globo? ¿Qué tipo de satisfacción le proporcionaban esas aventuras?, le pregunté.

"Mira, creo que ser un aventurero y ser un empresario no es algo tan diferente. Si alguien me dice: 'Nadie ha cruzado el Canal de la Mancha, o el océano Atlántico, o el Pacífico, ni ha dado la vuelta al mundo en un globo', y yo vuelo en globo, voy a tratar de ver si puedo vencer los problemas tecnológicos, voy a tratar de entrenarme físicamente para hacerlo, y al final voy a decir, '¡Qué diablos, hagamos la prueba!'" Y agregó: "Durante mi vida, he vivido muchas aventuras maravillosas. Ahora las vivo con mis hijos, escalando montañas, tratando de romper récords de navegación transatlántica, o cruzando el Canal de la Mancha haciendo *sky surfing*. Y es muy satisfactorio.

De manera que estoy tratando de probarme a mí mismo y de probarles a mis hijos que podemos superar cualquier desafío físico o tecnológico. En los negocios no es tan distinto. Uno trata de hacer que los sueños se conviertan en realidad".

"SI NO ESTÁS INNOVANDO, ESTÁS RETROCEDIENDO"

Cuando le pregunté cuáles serían sus próximas aventuras, tanto en lo deportivo como en lo empresarial, respondió: "Bueno, en lo que hace a la exploración espacial, voy a ir al espacio con mis hijos durante este año. Y empezaremos a llevar pasajeros al espacio a partir del próximo año. Después colocaremos satélites, con lo cual esperamos hacer avanzar a muchas industrias. Y ojalá en los años siguientes podamos empezar a pensar en vuelos orbitales, en hoteles en el espacio, y luego en la exploración del universo. Y, por último, queremos hacer que los viajes de un punto a otro cuesten una fracción del precio actual, y sean mucho más cortos. Por ejemplo, que la gente pueda viajar de Buenos Aires a Londres en dos horas. Esos son algunos de los sueños y los desafíos que nos hemos trazado".[26]

Branson no dejaba de pensar en cosas nuevas, por más estrafalarias que sonaran. Había empezado colocando anuncios en su revista *Student* para vender discos por correo, luego contrató a jóvenes fanáticos de la música rock y colocó sillones en sus tiendas de dicscos para que sus clientes se sintieran más cómodos; después ofreció un servicio de limusina gratuita a sus pasajeros en clase de negocios, y ahora estaba ofreciendo viajes al espacio.

Su apuesta era expandirse de manera constante, mirando siempre hacia delante, sin jamás sentarse sobre sus laureles.

"La innovación es lo que mantiene vivas a las empresas exitosas. Si no estás innovando, retrocedes", decía con frecuencia. Casi todas las escuelas de administración de empresas enseñan que uno tiene que concentrarse en lo que sabe hacer, y las principales compañías del mundo hacen precisamente eso: Coca-Cola produce bebidas, Microsoft hace computadoras y Nike produce equipos deportivos. "Pero Virgin era la excepción a la regla, aunque todas las empresas del grupo tuvieran características comunes, como ofrecer una experiencia divertida por un precio más bajo", se ufana Branson. Su filosofía es innovar constantemente en todos los terrenos, aunque muchas veces sea el camino más difícil.

ELON MUSK Y SU PROYECTO SPACEX

Elon Musk, el joven nacido en Sudáfrica que tras graduarse en física por la Universidad de Pennsilvania y obtener su título en administración de empresas de Wharton hizo su fortuna fundando PayPal, la compañía de pagos por internet, era el principal competidor de Branson en la naciente industria de los vuelos espaciales privados, y para muchos el más serio de los dos. Tras la venta de PayPal por 1 500 millones de dólares en 2002, Musk —que tenía una mayoría accionaria de casi 12% de la empresa— podría haberse comprado una isla en el Pacífico y dedicado a vivir una vida tranquila, haciendo inversiones en bienes raíces o en la bolsa. Tenía apenas 30 años de edad y una fortuna personal de más de 150 millones de dólares. Sin embargo, al poco tiempo creó tres compañías en las que invertiría la totalidad de su fortuna personal: la empresa de exploración espacial SpaceX, la compañía de autos eléctricos Tesla, y la empresa de energía solar SolarCity.

Al igual que Branson, o quizás aún más, Musk era un empresario idealista. Le interesaba más pasar a la historia como un benefactor de la humanidad que como un empresario exitoso. Pero Musk veía su empresa espacial como un proyecto científico y como un emprendimiento mucho más serio que el de Branson. Mientras éste generaba titulares de prensa en todo el mundo reclutando a Justin Bieber para uno de sus primeros vuelos de turismo espacial, Musk dirigía silenciosamente sus proyectos espaciales a largo plazo con la NASA.

Y la NASA, claramente, tomaba a Musk más en serio que a Branson. En 2008 recibió un contrato por 1 600 millones de dólares de la

NASA con el objetivo de enviar al espacio 12 vuelos de carga para suplir y, eventualmente, enviar astronautas a la Estación Orbital Internacional. Y a partir de 2009 SpaceX se convertiría en la primera empresa comercial que realizaría vuelos de carga regulares para la NASA.

Cuando le preguntaban a Musk sobre su competidor, Branson, y los vuelos de turismo espacial de Virgin Galactic, el empresario sudafricano-estadounidense sacaba a relucir las diferencias: "No tengo nada contra el turismo. Richard Branson es brillante para crear una marca, pero no es un tecnólogo. Lo que él está haciendo es fundamentalmente un entretenimiento, y eso está muy bien, pero no creo que afecte en gran medida el futuro de la humanidad. Eso es lo que estamos tratando de hacer nosotros", decía.[27]

Aunque su compañía de autos eléctricos Tesla atraía cada vez más la atención de los medios, Musk estaba obsesionado con su proyecto espacial. Según decía, en la historia de la humanidad sólo había media docena de eventos realmente importantes, como la creación de la vida a partir de una célula, la vida multicelular, la diferenciación entre las plantas y los animales, y el movimiento de los animales desde el agua a la tierra: "Y el próximo gran momento será la vida multiplanetaria, una aventura sin precedentes que aumentaría enormemente la riqueza y la variedad de nuestra conciencia colectiva".[28]

Asimismo, "nos servirá para protegernos de una enorme y creciente variedad de amenazas a nuestra supervivencia. Un asteroide o un supervolcán podrían destruirnos, pero también enfrentamos peligros que los dinosaurios nunca enfrentaron: un virus hecho por el hombre, una guerra nuclear, la creación inadvertida de un microagujero negro, o alguna otra tecnología que todavía no conozcamos y que podría terminar con nosotros. Tarde o temprano, tenemos que expandir nuestra existencia más allá de esta pequeña bola de barro donde vivimos, o nos vamos a extinguir".[29] El principal obstáculo para el descubrimiento de nuevos planetas habitables era el enorme costo de las naves espaciales no reutilizables, por lo cual Musk estaba decidido a solucionar ese problema construyendo naves espaciales reutilizables, mucho más baratas que las de la NASA.

"YO NUNCA ME RINDO"

Los primeros tres intentos de vuelos orbitales de SpaceX fracasaron de manera estrepitosa, dejando a la empresa al borde de la bancarrota. En las tres oportunidades, los vuelos tuvieron problemas técnicos y no alcanzaron a salir de la órbita terrestre. Durante el primer intento, uno de los motores de la nave se dañó al minuto del despegue. En el segundo intento la nave logró salir al espacio, pero no pudo entrar en órbita. El tercer vuelo, en 2008, se malogró a los dos minutos. Para entonces, Musk ya había quemado los 100 millones de dólares que había destinado para su proyecto espacial.

Para colmo, su empresa de autos eléctricos Tesla se había quedado sin dinero. Su sueño de crear un automóvil eléctrico que ayudara a reducir el consumo de petróleo y la contaminación ambiental en el mundo estaba colapsando. Musk tenía que escoger entre quedarse con lo que le quedaba de su fortuna personal de PayPal, o invertir hasta su último dólar en Tesla. Aunque asustado, no lo dudó: invirtió sus últimos 40 millones de dólares en la empresa de autos eléctricos, llevando su inversión personal en Tesla a un total de 75 millones.

En ese momento, la vida personal de Musk también era un caos total. Se acababa de divorciar de su primera mujer, Justine, con quien tenía cinco hijos. Y seis semanas después de pedirle el divorcio, Musk le envió un mensaje de texto a su ex esposa diciéndole que se acababa de comprometer con una hermosa actriz británica, mucho menor que Justine, según relataría esta última más tarde en un artículo escrito para la revista femenina *Marie Claire*. El juicio de divorcio y el nuevo amorío de Musk —que, por cierto, terminó con la boda del empresario y la joven actriz en 2010, y su divorcio en 2012— se convirtió en comidilla diaria de las columnas de chismes de los periódicos. "Elon estaba obsesionado con su trabajo: cuando se hallaba en casa, su mente estaba en otro lado —decía Justine, su primera mujer—. Lo que decía Elon era lo que se hacía… Yo le decía todo el tiempo: 'Soy tu mujer, no tu empleada'. Él me respondía: 'Si fueras mi empleada estarías despedida'."[30]

El punto más bajo de la crisis económica y personal de Musk llegó a finales de 2008, poco después del rescate financiero de Tesla y del tercer vuelo fallido de SpaceX. Tras el estallido de la crisis financiera de Estados Unidos, en septiembre de 2008, se produjo el mayor colapso bursátil de Wall Street desde la Gran Depresión de 1929 y miles de empresas se fueron a la quiebra. El colapso de la economía mundial llegó en un momento en que Musk no sólo se había quedado sin dinero, sino que necesitaba 20 millones de dólares para financiar nuevos vuelos experimentales de SpaceX.

A finales de 2008, cuando todo indicaba que las tres empresas de Musk se estaban yendo en picada, el empresario se jugó el todo por el todo al éxito del cuarto vuelo experimental de SpaceX. Cuando un periodista del programa *60 Minutos* de la cadena CBS le preguntó, años después, si en algún momento pensó abortar el cuarto vuelo experimental de SpaceX y salvar lo que podía de sus bienes para retirarse a una vida más cómoda, Musk respondió: "Jamás". "¿Por qué no?", preguntó el periodista de la CBS. "Porque yo nunca me rindo. Tendría que estar muerto, o completamente incapacitado."[31]

Ocho semanas después del tercer intento fallido, Musk lanzó su cuarta nave espacial, a sabiendas de que no tenía un centavo en el banco, y de que, si fracasaba, tendría que cerrar la empresa y despedir a todo su personal.

Por suerte, esta vez el vuelo tuvo éxito. Fue el primer vuelo de una nave espacial privada que cumplía su misión. Hasta ese momento sólo los gobiernos de Estados Unidos, Rusia y Japón, y la Agencia Espacial Europea, habían logrado enviar cápsulas espaciales de carga a la Estación Espacial Internacional. SpaceX se convirtió en la primera empresa privada en hacerlo. A los pocos días, el 25 de diciembre de 2008, la NASA anunciaba que le daría al joven empresario 1 600 millones de dólares para enviar naves espaciales de carga a la Estación Espacial Internacional. Poco después, inversionistas privados pondrían otros 800 millones de dólares en la empresa. En pocas semanas, SpaceX pasó de estar riesgo de caer en bancarrota a convertirse en el principal socio de la NASA.

¿UNA COLONIA DE 80 000 PERSONAS EN MARTE?

Pasada la crisis y recuperadas sus empresas, en buena parte gracias a que la NASA había subcontratado a SpaceX como parte de su plan de reducción de costos, Musk comenzó a planear seriamente el lanzamiento de vuelos tripulados a Marte. Según sus cálculos, SpaceX podría llevar a cabo esa hazaña en 2024. Y, según dijo, a él le gustaría ser parte del vuelo inaugural. "El primer vuelo será riesgoso. Si estuviera tranquilo de que la misión de la empresa continuaría, y si mis hijos ya hubieran crecido, formaría parte de la primera misión", aseguró.[32]

Cuando le preguntaron si no sería mejor que sólo los gobiernos se encargaran de la exploración de otros planetas, Musk respondió que los gobiernos son mucho más efectivos cuando apoyan la investigación básica que cuando promueven la investigación y el desarrollo de proyectos comerciales. "El gobierno fue muy bueno para sentar las bases de internet y ponerlo en marcha, pero después el proyecto languideció. Las compañías comerciales fueron las que retomaron internet, alrededor de 1995, y de allí en adelante se aceleraron las cosas. Necesitamos un proceso parecido en la exploración del espacio."[33]

En una conferencia ante la Royal Aeronautical Society de Londres, a finales de 2012, Musk propuso construir una colonia permanente de 80 000 personas en Marte. Según su plan, el objetivo era enviar una primera misión de 10 personas a Marte —con pasaje de ida, pero no de regreso— con la finalidad de comenzar a construir la infraestructura necesaria para las futuras colonias, e ir aumentando la población de manera gradual. Los pioneros llevarían consigo equipos de construcción y máquinas para producir fertilizantes, metano y oxígeno. La idea era elaborar estas sustancias a partir del nitrógeno y el dióxido de carbono que existe en ese planeta, dijo.

¿Ciencia ficción? "Para nada —respondió Musk—. Cuando Colón enfiló para el Nuevo Mundo, las posibilidades de que regresaría a Europa eran ínfimas y eso no lo detuvo. Lo mismo puede decirse de los pioneros que fundaron Estados Unidos —argumentó—.

Una colonia permanente en Marte es algo no sólo factible sino necesario para asegurar la preservación de nuestra especie", concluyó.

KARGIEMAN, EL ARGENTINO QUE LANZA MINISATÉLITES

Musk y Branson no son los únicos que están revolucionando la industria espacial. Hay otros "locos del espacio" menos conocidos a nivel mundial, como el argentino Emiliano Kargieman, que les está pisando los talones con proyectos menos ostentosos, pero que pueden resultar igualmente transformadores. Para ser sincero, nunca había escuchado hablar de Kargieman hasta que, durante una visita a Palo Alto, California, le pregunté a Salim Ismail, el emprendedor-profesor encargado de las relaciones internacionales de Singularity University, quién es, a su juicio, el latinoamericano que está llevando a cabo la innovación más notable. Sin dudarlo, Ismail mencionó a Kargieman. "Va a revolucionar la industria satelital a nivel mundial", dijo.

Kargieman está realizando un proyecto para democratizar el espacio, produciendo minisatélites super económicos para competir con los grandes satélites que actualmente sólo pueden ser costeados por gobiernos y empresas multinacionales. Mientras que los satélites que se utilizan para observar la Tierra —entre otras cosas para vigilar fronteras y detectar incendios forestales— son muy costosos y pueden tomar una fotografía cada tres días, la idea de Kargieman es crear plataformas de unos 15 minisatélites, de modo que puedan tomar una foto cada cinco minutos. Su inspiración fue la industria de las computadoras que, en un principio, eran enormes y costosísimos aparatos que sólo podían ser adquiridos por los gobiernos y las grandes empresas, hasta que salieron al mercado las computadoras personales, más pequeñas y baratas, que podían ser adquiridas por todo el mundo.

Al contrario de un satélite tradicional, que cuesta aproximadamente 107 millones de dólares, Kargieman está produciendo minisatélites por 100 000 dólares, que pesan menos de dos kilos y que ya han sido lanzados al espacio de manera experimental en cohetes de China y Rusia. El plan de Kargieman es inundar el espacio con sus minisaté-lites y ofrecer un servicio que permita a cualquier persona crear aplica-ciones para *correr* en esos satélites, de la misma manera en que cualquier persona puede crear aplicaciones para internet.

"Obviamente, los satélites tradicionales y los nuestros no son igua-les —me dijo Kargieman durante una larga entrevista—. Aunque ten-gan la misma capacidad, los nuestros enfrentan más riesgos, pues es más probable que se rompan y que funcionen mal, y tienen una vida útil mucho más corta. Pero, por otro lado, son tan baratos que el mis-mo costo con el que antes podías poner un satélite en el espacio, aho-ra vas a poder poner 1 000 satélites de los nuestros. Y entonces, si uno falla, no importa tanto, porque vas a tener una constelación de peque-ños satélites que te va a permitir ese lujo sin que afecte los servicios del conjunto."

El emprendedor argentino —un hombre que estudió cinco años de matemáticas y luego volvió a la universidad sin haber completado su tesis para empezar a estudiar filosofía— afirma que la industria aeroes-pacial, a diferencia de la computación, se ha mantenido congelada en el tiempo. Ambas industrias comenzaron siendo desarrolladas por las fuerzas armadas, pero mientras que las computadoras pasaron al consu-mo masivo, la industria aeroespacial ha permanecido en manos de los militares, que sólo ahora están comenzando a tener competencia del sector privado. Los militares que lanzaban satélites al espacio y luego los arrendaban a empresas de telefonía, televisión e internet, requerían satélites muy grandes y seguros, porque no podían permitirse fallas: el costo que implicaba enviar a un astronauta a reparar sus satélites era impagable, explicó. Los satélites de Kargieman, en cambio, son descar-tables. Por lo tanto, requieren muchísimo menos inversión para asegu-rar su durabilidad.

Kargieman, al igual que Branson, Musk y muchos otros nuevos aventureros espaciales, sabía poco o nada de la industria aeroespacial antes de incursionar en el negocio. Pero durante un viaje al Centro Espacial de la NASA, en 2010, le llamó la atención el atraso tecnoló-gico en el que se hallaban los programas de la agencia espacial, que

—por una combinación de falta de fondos e inercia, y también debido a la pérdida de apoyo político desde que el primer astronauta estadounidense pisó la Luna— seguía utilizando tecnologías obsoletas. "Me pareció increíble lo que vi: estaban yendo al espacio con ingeniería de los años setenta", comentó. Una noche, sentado frente a su laptop, a las dos de la madrugada, en California, Kargieman decidió que podía transformar la industria espacial.

"NO SABÍA SI DEDICARME A LA TECNOLOGÍA O A LA FILOSOFÍA"

En 2010, Kargieman tenía 35 años de edad y enfrentaba una especie de crisis existencial tras haber estudiado matemáticas y filosofía en la Universidad de Buenos Aires y fundado varias empresas tecnológicas relativamente exitosas, pero en las cuales no se veía trabajando el resto de su vida. Hijo de un psiquiatra y de una psicoanalista de Buenos Aires, la ciudad que según muchos tiene la mayor cantidad de psicólogos per cápita del mundo, Kargieman siempre fue un apasionado de la computación, desde que sus padres le regalaron su primera computadora —una Timex Sinclair—, a los nueve años. "Desde niño, me quedé prendado de las computadoras", recuerda. Siendo adolescente se convirtió en un *hacker*, influido, entre otras cosas, por la película *Juegos de guerra* —el filme estadounidense de 1983 en el que un joven *hacker* se infiltra en las computadoras del gobierno— y por su primo Iván, que tenía un módem y ya comenzaba a experimentar con el nuevo aparato. Juntos, los jóvenes comenzaron a *hackear* teléfonos públicos y computadoras ajenas, ganándose cierta fama entre sus pares y —como sucedía con muchos otros *hackers*— asesorando a empresas sobre cómo proteger sus sistemas.

Todavía muy joven, Kargieman hizo su primer trabajo para la Dirección General Impositiva (DGI), la agencia recaudadora de impuestos de Argentina. El director de la DGI había contratado a un amigo de Kargieman para que juntara un grupo de *hackers* y probaran cuán seguros eran los sistemas de la agencia impositiva. De allí en adelante surgieron cada vez más pedidos de empresas y agencias gubernamentales para que los jóvenes *hackers* trataran de vulnerar sus sistemas de seguridad con el fin de comprobar dónde estaban sus fallas. Tuvieron tantos pedidos que, a los 19 años, Kargieman y su primo Iván fundaron una empresa llamada Core Security Technologies con la cual comenzaron a ofrecer sus servicios a clientes en el exterior. Al poco tiempo, tuvieron su primer cliente extranjero: una empresa canadiense. "Una vez que entras en ese circuito, es como una confabulación: todos se hablan con todos, y una vez que te conocen y haces un buen trabajo, te llaman", recuerda Kargieman.

En 1998, cuando tenía 23 años, tuvo que abandonar la redacción de su tesis de grado en matemáticas para mudarse a California: su empresa estaba creciendo rápidamente y sus fundadores veían grandes oportunidades en los mercados de Brasil y Estados Unidos. Y no se equivocaron: Core Security Technologies —hoy día con sede en Boston y con más de 100 empleados en Estados Unidos y otros tantos en Argentina— pronto fue contratada por grandes empresas multinacionales, como Amazon.

Core Security Technologies siguió creciendo, pero Kargieman se retiró en 2006 para cofundar Aconcagua Ventures, una empresa de capital de riesgo, con varios socios inversionistas. La idea era excelente, recuerda Kargieman: aprovechar el talento de jóvenes argentinos como él para invertir en sus ideas y convertirlas en empresas globales. Pero las cosas no funcionaron como él esperaba, en parte porque la crisis económica mundial de 2008 provocó que los inversionistas fueran mucho más cuidadosos a la hora de apoyar proyectos incipientes. "Fue una experiencia muy frustrante", recuerda Kargieman. El joven empresario quería invertir en muchos proyectos, pero el consejo técnico de Aconcagua Ventures sólo terminó apoyando cuatro inversiones. De ellas, sólo una estaba yendo viento en popa.

Decepcionado, Kargieman comenzó a pensar en crear una nueva compañía que lo entusiasmara. Entonces se dedicó a estudiar filosofía. En 2009, ya casado, sin hijos y con algunos ahorros —"no muchos, porque en Core reinvertíamos en la empresa todo lo que entraba"—, aceptó una oferta para realizar una consultoría en la Universidad de la Laguna, en las Islas Canarias, donde permaneció unos seis meses. De allí regresó a Buenos Aires y, a principios de 2010 —sin decidir todavía si iniciaba una nueva empresa o dedicaba el resto de su vida a la filosofía, convertido en profesor universitario—, vio en internet el llamado que hacía Singularity University, en Palo Alto, California, para un curso de verano en el que se presentarían las últimas novedades sobre innovación, y se inscribió.

"Llegué al curso y me senté frente a una mesa, delante de la cual había un tipo que, cuando le pregunté qué hacía, me contó que estaba organizando una empresa para enviar cosas a la Luna —recuerda Kargieman—. Lo miré para constatar que no estaba bromeando. Era Robert *Bob* Richards, uno de los fundadores de Singularity University y precursor de Moon Express. Cuando le pregunté cuál era su modelo de negocios, no me quiso contar mucho. Pero me obligó a pensar en el asunto. Entonces me di cuenta de que había mucho por hacer en la industria espacial."[34]

LA NOCHE QUE LE CAMBIÓ LA VIDA

Durante los días siguientes, Kargieman comenzó a estudiar el tema de los satélites, aprovechando que Singularity University se encontraba en el campus del Ames Research Center de la NASA. Aunque este campus no tiene nada de espectacular —se encuentra en una base militar abandonada, cuyos edificios no han sido modernizados en muchas décadas— hay muchas empresas de la industria aeroespacial que tienen sus laboratorios allí. Kargieman empezó a hablar con cuanta persona pudo sobre la industria satelital.

"Una noche, a las dos o tres de la mañana, estando en uno de los *halls* de Singularity University, analizando en mi laptop el mercado de servicios satelitales, pensé que había que hacer algo diferente. Comencé a investigar y me di cuenta de que en principio parecía factible fabricar satélites más pequeños y más baratos. Esa noche me super entusiasmé y decidí que me iba a dedicar a ese negocio. Vi la oportunidad de instrumentar un cambio importante en una industria que había estado estancada durante muchos años y que tenía una gran potencialidad de mejorar nuestra vida", recuerda.

Kargieman comenzó a armar un plan de negocios, ofreciendo a los inversionistas una plataforma de satélites baratos que podían ser utilizados tanto para telefonía e internet como para tomar imágenes de la Tierra con propósitos de observación del clima y de las condiciones de los suelos para la agricultura, además de ofrecer servicios personalizados a quienes quisieran utilizarlos con una aplicación específica. Por ejemplo, cualquier persona, en cualquier lugar del mundo, podría usar los pequeños satélites con el propósito de crear un canal de televisión exclusivo para su vecindario, o un canal temático para los hogares cuyos habitantes tuvieran un interés particular, o para permitir, a quienes practican *surf*, averiguar cuáles son las condiciones del agua en las playas cercanas. "Esto va a abrir el mundo de las aplicaciones espaciales. Porque dichas aplicaciones, a largo plazo, no van a salir de nuestra empresa, sino de los usuarios, como ocurrió con internet", asegura Kargieman.

En 2010 el empresario inauguró su nueva compañía, Satellogic, con la ayuda de algunos inversionistas privados y del INVAP, la empresa con sede en Bariloche, Argentina, fundada en los años setenta por la Comisión de Energía Atómica de Argentina y la Provincia de Río Negro. Aunque el gobierno argentino invirtió 1.6 millones de dólares con el fin de usar los satélites de Kargieman para investigaciones universitarias, Satellogic es una empresa privada, controlada por él, sin participación gubernamental, asegura su fundador.

En abril de 2013 Satellogic lanzó al espacio, en un cohete chino que también llevaba satélites de otros países, su primer satélite, el *Cube-Bug-1*, apodado *Capitán Beto*, en honor a la canción del músico rockero argentino Luis Alberto Spinetta. En agosto de ese mismo año, le siguió el segundo satélite, apodado *Manolito* en honor del personaje de Quino, creador de la tira cómica *Mafalda*. A mediados de 2014, Satellogic lanzó a bordo de un cohete ruso desde la ciudad de Yasny, Rusia, el minisatélite *Tita*, en honor de la actriz Tita Merello. Era el primero de la empresa que se mandaba al espacio sin apoyo económico gubernamental, y sería seguido por otros quince en los siguientes doce meses, según dijo Kargieman a la prensa.

Ya para entonces, Kargieman comenzaba a tener competidores en todos lados, incluyendo a la propia NASA, a la Universidad de Stanford y a empresas como Planet Labs, que anunciaba planes para lanzar 28 minisatélites antes de que finalizara el año y que formarían un anillo alrededor de la Tierra y enviarían información en tiempo real sobre congestionamiento vial y deforestación de zonas protegidas. Todavía estaba por verse si Satellogic, la empresa de Kargieman, se consolidaría como una de las líderes en el campo de los minisatélites. No obstante, ya había despegado y sus casi tres años de vida —un periodo de tiempo nada despreciable en el mundo de la innovación— le daban una cierta ventaja en experiencia y conocimiento de mercado sobre muchas de sus competidoras.

EL ARTE DE REINVENTARSE DE MANERA CONSTANTE

Sería fácil ver a Musk o a Branson como millonarios excéntricos que adoptan la causa de la exploración del espacio para promocionarse a sí mismos, o a sus empresas, pero no es el caso. Ambos han invertido buena parte de su fortuna en esa causa, a veces poniendo en riesgo a sus grupos empresariales. En lugar de gozar de su fortuna, o de acumular cada vez más dinero para seguir escalando en las listas de los hombres más ricos del mundo, optaron por arriesgar mucho de lo que tenían —todo, en el caso de Musk— en aras de materializar su sueño de salvar a la humanidad mediante la colonización del espacio.

Son empresarios que —al igual que el argentino Kargieman— se reinventan de manera constante, que no temen a los cambios y que viven mirando hacia delante. En el caso de Branson, toda su carrera empresarial fue una de reinvención persistente, y una y otra vez el hecho de haberse reinventado tras circunstancias adversas lo salvó de la bancarrota. Se reinventó cuando su revista *Student* quebró y comenzó a vender discos por correo; se reinventó nuevamente cuando empezó a vender discos en tiendas comerciales después de que una huelga en correos acabó con su negocio de venta de discos por mensajería; se reinventó otra vez como empresario aeronáutico, y luego como empresario galáctico. Y en el camino fundó cientos de compañías de todo tipo.

Al momento de escribir estas líneas, las empresas de Branson emplean en conjunto a más de 40 000 personas e incluyen —además de su emporio musical y aeronáutico— una red de trenes privados, varias tiendas de jeans, una cadena de gimnasios, negocios de cosméticos, tarjetas de crédito y compañías de seguros. Branson, al igual que Musk y Guardiola, opina que no es saludable para ninguna empresa quedarse haciendo siempre lo mismo. "Eso no es sólo limitante, sino que es peligroso", dice, mientras ya está pensando en su próxima aventura empresarial.[35]

8

Salman Khan y las "escuelas al revés"

"Nunca vamos a cobrar nada… Lo que hacemos es caridad pública"

Salman Khan, el hombre que está revolucionando la educación en el mundo con sus videos y sus ejercicios prácticos educativos gratuitos en internet, no ha ganado fortunas como lo hicieron en su momento Bill Gates, Steven Jobs y Mark Zuckerberg. Y quizás nunca lo haga. Sin embargo, Khan irradia una satisfacción personal mucho mayor que la de la mayoría de los otros grandes innovadores de internet. A diferencia de muchos, es un "innovador social", cuya misión como empresario es ayudar a los pobres de todo el mundo.

Y lo está logrando con creces. No es casual que la revista *Time* lo haya incluido en su lista de las 100 personas más influyentes del mundo, ni que la revista *Forbes* lo haya puesto en su portada como el pionero de la educación del siglo xxi. Su sitio Khan Academy (www.khanacademy.org) en YouTube no sólo tiene unos 60 millones de visitantes por año, que reciben clases gratuitas de matemáticas, álgebra, historia y otras asignaturas escolares en 28 idiomas, sino que está poniendo patas para arriba a todo el sistema de enseñanza tradicional en Estados Unidos y en cada vez más países del mundo. Khan se ha convertido en la cara más visible del nuevo fenómeno de las *flipped schools*, o "escuelas al revés", en las que los jóvenes en lugar de estudiar en la escuela y hacer las tareas en su casa, estudian en su casa con videos interactivos y hacen las tareas en la escuela, con la ayuda de sus maestros. O sea, exactamente al revés de como lo hicimos la mayoría de nosotros.

Según asegura Khan, él nunca venderá su empresa, ni cobrará por sus videos educacionales, ni pondrá publicidad en ellos. Lo que lo motiva, dice, es cambiar radicalmente la forma del aprendizaje de los niños en la escuela, y así mejorar el mundo. "Nuestra misión es proveer educación gratuita de primer nivel para todos, en cualquier lugar del mundo. Entonces, no sólo seguiremos ofreciendo nuestros materiales en forma gratuita, sino que no nos convertiremos nunca en una empresa comercial, ni aceptaremos publicidad", señaló.[1]

Cuando lo entrevisté durante más de una hora desde su oficina en Mountain View, en el corazón de Silicon Valley, Khan —un hombre de 37 años de edad de aspecto juvenil, criado en Nueva Orleans, de padres de India y Bangladesh— ya tenía unos 50 empleados en la Khan Academy, y su empresa sin fines de lucro contaba con un presupuesto operativo de 13 millones de dólares anuales.[2] Desde que fundó el sitio web del Khan Academy en un cuarto de su casa, en 2008, ayudó a decenas de millones de estudiantes, en 216 países, a mejorar su rendimiento en la escuela.

Sin embargo, como a muchos de ustedes al leer estas líneas, al principio me costó creer que había hecho todo esto por puro altruismo. Su biografía no era la de un joven idealista desinteresado en las cosas materiales, sino todo lo contrario. La formación académica de Khan era la típica de un joven que quería convertirse en un superejecutivo, o en el fundador de una empresa que ganara millones de dólares. Khan se graduó de cuatro carreras en las mejores universidades del mundo: obtuvo licenciaturas en matemáticas, ingeniería electrónica y ciencias de la computación en el Massachusetts Institute of Technology (MIT), luego una maestría en computación también en el MIT, y posteriormente otra maestría en administración de empresas en Harvard.

Una vez graduado de Harvard, comenzó a trabajar en un fondo de inversiones, Wohl Capital Management, analizando proyectos de inversión. O sea que su carrera estaba encaminada hacia un puesto donde podría ganar muchísimo dinero. ¿Era sincero el altruismo de

Khan, o era una estrategia para construir gradualmente un imperio educativo en internet, a la espera de venderlo en el momento oportuno?, me preguntaba antes de entrevistarlo.

"NUNCA VAMOS A COBRAR NADA"

Apenas comenzada la entrevista, le pregunté con qué dinero se mantiene el Khan Academy y él mismo. Y también quise saber si no vendería el Khan Academy cuando fuera el momento adecuado, para ganar cientos de millones de dólares, como lo hizo Zuckerberg con Facebook una vez que esta empresa logró un volumen extraordinario de seguidores.

Khan meneó la cabeza como diciendo que no, y señaló:

—Tú sabes, Khan Academy es una organización rara, porque en mi vida anterior yo trabajaba en una industria con fines de lucro, y vivo en el medio de Silicon Valley, y de muchas maneras nos parecemos a las tradicionales empresas de Silicon Valley, porque estamos en internet. Pero no lo somos. De hecho, ni siquiera somos una empresa. Somos una organización sin fines de lucro y nuestra misión es dar educación gratuita a todo el mundo. Nunca vamos a cobrar, ni vas a ver publicidad en nuestro sitio. Esto es por una creencia fundamental. A mí me dio tanta satisfacción cuando empecé todo esto, ayudando con clases de matemáticas a mis primos; me dio tanta gratificación psicológica recibir cartas de la gente que me decía que los estaba ayudando, que sentí que todo esto era demasiado importante como para que sólo fuera una empresa.

—Pero, ¿de qué viven? —insistí.

—Ésa es una pregunta muy normal: cómo pagamos las cuentas. La respuesta es simple: nos mantenemos gracias a la filantropía. Tenemos fondos significativos de la Fundación Gates, de Google, de Ann y John Doerr, de Reed Hastings de Netflix, de la fundación de Carlos Slim, de la fundación de Jorge Lemann en Brasil y de muchas, muchas más. Ellos ven esto como parte de su aporte filantrópico a la educación.

La cantidad de personas que ayudamos y potenciamos es tan grande que ellos consideran esto como una buena inversión filantrópica.

—A ver si entendí bien: los videos son totalmente gratuitos para todos, y no hay absolutamente ninguna publicidad de ningún tipo, en ningún lado… —volví a insistir.

—Correcto. El Khan Academy no tiene fines de lucro. Y yo no soy dueño de Khan Academy. Nadie es dueño de Khan Academy. Es caridad pública. Los videos son gratuitos. No sólo los videos, sino también el *software* educativo, que es excelente; en mi opinión el más moderno, mejor que cualquiera que está disponible a la venta en el mercado, y que también es gratuito. Todo lo pagan las fundaciones y donaciones filantrópicas.

"EMPECÉ HACIENDO VIDEOS PARA MI PRIMA"

Khan me contó que lo que se convirtió en su gigantesca academia en internet nació en 2004, cuando —viviendo en Boston— comenzó a darle clases de matemáticas por teléfono a su prima Nadia, de 12 años, que vivía en Nueva Orleans. La familia de Nadia vino a Boston de visita, y la madre de la niña le contó a Khan que su hija estaba teniendo problemas en la escuela porque le estaba yendo mal en matemáticas.

"Yo trabajaba como analista en un fondo de inversiones (Wohl Capital Management), y mi prima Nadia necesitaba ayuda en matemáticas, por lo cual empecé a darle clases telefónicamente —me contó Khan—. Eso empezó a funcionar bien. Ella comenzó a mejorar el rendimiento en sus clases de matemáticas, y empecé a darles clases a sus hermanos menores, Ali y Arman. Entonces, comenzó a circular en la familia la noticia de que yo estaba dando clases particulares gratuitas. Y, por supuesto, cada vez más miembros de mi familia —y cada vez parientes más alejados— comenzaron a pedirme que ayudara a sus hijos."

"Dos años después, en 2006, ya les estaba dando clases todas las noches a 10 o 15 primos y amigos de la familia", recuerda Khan.

En ese momento, todavía no estaba haciendo videos, pero había empezado a hacer un *software* para ayudar a que sus primos pudieran hacer ejercicios prácticos de lo que les estaba enseñando, y que el *software* les hiciera las correcciones necesarias, y les diera el puntaje correspondiente. "Después, un amigo me sugirió que convirtiera mis clases en videos, para poder subirlos a internet, a YouTube, y poner su contenido a disposición de todos mis primos de una vez. Al principio pensé que era una idea tonta. Le dije: 'YouTube es para poner videos de gatitos tocando el piano; no es para cosas serias como matemáticas'. Volví a mi casa, me sobrepuse al hecho de que no había sido mi propia idea, y decidí intentarlo", recordó.

"Los primeros dos videos que puse en YouTube eran sobre conceptos de álgebra y preálgebra. Después de un tiempo, se me hizo claro que muchas otras personas, además de mis primos, los estaban viendo. La audiencia seguía creciendo, y yo trabajaba sobre el *software*. Entonces, en 2009, esto ya era lo único en que pensaba. Ya tenía como más de 100 000 personas mirando los videos. Fundé el Khan Academy como una academia, con la misión de hacer videos educativos gratuitos para cualquier persona en cualquier parte del mundo", agregó. "Todo comenzó con mi prima Nadia."

UNA CULTURA FAMILIAR DE LA EDUCACIÓN

Todavía un tanto escéptico sobre su historia, le pregunté a Khan qué lo había motivado a darles clases gratuitas por teléfono a casi una docena de sus primos. Aunque sabía que los estudiantes de la India sobresalen en las universidades de Estados Unidos y había visto con mis propios ojos la importancia que las familias le dan a la educación en India en mis viajes a ese país, me costaba pensar que un joven en Estados Unidos, en lugar de salir a los bares a divertirse, le estuviera dando lecciones de matemáticas gratuitamente a sus primos varias noches por semana.

—¿Por qué lo hacías? —le pregunté.

—Bueno, te voy a dar vuelta a la pregunta: yo no entiendo por qué no lo hacen más personas —respondió Khan.

Quizás por ser hijo de madre soltera, y criarse sin la presencia de su padre, la familia extendida siempre había sido especialmente importante para Khan.

"Creo que poder conectar con un miembro de la familia es algo sumamente gratificante para cualquiera. A medida que crecemos y nos hacemos independientes, empezamos a vivir nuestras propias vidas y sólo vemos a nuestra familia en reencuentros familiares, o cenas. Eso es algo muy superficial. Y todos anhelamos tener una conexión con la familia extendida. Todos deseamos poder conectar con nuestros parientes. No era solamente mi prima la que se beneficiaba, era yo también el que me beneficiaba. Podía establecer una conexión. En un sentido más práctico, cuando alguien tiene 11 o 12 años, ésa es la edad en donde uno puede realmente ayudar a alguien, cambiarle su mentalidad", me explicó.

Curiosamente, Khan no viene de una familia adinerada, como uno podría imaginarse de alguien que desecha ganar mucho dinero para dedicarse de lleno a ayudar a otros. Nació en Nueva Orleans y su padre, un pediatra nacido en Bangladesh, se separó de su madre cuando era muy pequeño. "Nunca pude conocer bien a mi padre antes de su fallecimiento. Fui criado por mi madre, que era madre soltera", me contó Khan.

Según recuerda Khan, durante su infancia eran pobres. Su madre trabajaba en un supermercado, y también en un hospital. "Nos manteníamos con lo justo. Mi madre hizo muchos trabajos, pero contábamos con medios muy escasos", afirma. Sin embargo, como muchas familias indias en Estados Unidos que sobresalen por las buenas calificaciones de sus hijos, su madre —que tenía una licenciatura universitaria— siempre había tenido como prioridad darles una buena educación. Tenían una cultura familiar de la educación.

"Mi hermana, que es tres años mayor que yo, era muy buena alumna. Ella fue mi mentora. También, entre nuestro círculo de amigos había muchas personas que yo veía, muchos de los padres de mis amigos eran doctores o ingenieros. Entonces, creo que esa combinación me ayudó a darme cuenta de que la educación era algo muy importante", me señaló. "Durante la mayor parte de mi educación fui un buen alumno. No era un alumno sobresaliente, pero creo que alrededor del décimo grado, comencé a darme cuenta de la importancia de la educación. Me di cuenta de que si realmente quería ser exitoso en la vida, iba a tener que tomarme en serio mi educación. Y ahí es donde me empecé a tomar los estudios más seriamente. Comencé a ser un poco más competitivo, de una manera sana. Entonces, eso es lo que me ayudó a entrar en MIT cuando estaba en la escuela, eso fue lo que me empujó hacia adelante", agregó.

Tras recibir sus cuatro títulos en MIT y Harvard, Khan comenzó a trabajar en Wohl Capital Management casi por casualidad. "Es gracioso, pero yo ni siquiera sabía lo que era un *hedge fund* (fondo de cobertura) cuando fui a la escuela de negocios de Harvard. Pero tomé una clase sobre mercados de capitales y me encantó. Y le pregunté a mi profesor qué profesión puedo hacer que tenga que ver con esa clase, y me dijo que podía trabajar en un fondo de cobertura. Y le dije, pero ¿qué es un fondo de cobertura? Aprendí lo que era y luego encontré un trabajo en un fondo de cobertura muy pequeño con un mentor y un jefe increíble. Realmente me gustaba mucho ese trabajo, era fascinante, era intelectualmente desafiante, y pude aprender cómo funcionaba el mundo de las inversiones. Era un trabajo en donde estaba haciendo una buena carrera, ganando un buen salario. Si eventualmente me promovían al puesto de mi jefe como jefe de portafolio, podría haber ganado un muy buen sueldo. Entonces, no es que dejara ese trabajo porque no me gustara. Realmente me gustaba mucho. Lo que pasa es que Khan Academy era aún más fascinante para mí, me daba una recompensa psicológica aún mayor", me explicó.

LA CARTA QUE LE CAMBIÓ LA VIDA

Cuando le pregunté en qué momento preciso tomó la decisión de dejar su trabajo de banquero, y cuán difícil le resultó dar el paso, Khan me contó que en 2008 había estado trabajando en los videos y el *software* educativo durante 2 o 3 años, y le resultaba cada vez más evidente que lo que estaba haciendo como un *hobby* tenía un potencial enorme. Pero estaba recién casado con su actual esposa Umaima Marvi, una médica especializada en medicina interna, y la decisión de dedicarse de lleno a hacer algo sin ninguna retribución económica no era fácil. "Mi esposa y yo revisábamos nuestras finanzas, nuestras deudas de la universidad, y decíamos que no era el momento de empezar una organización sin fines de lucro", recuerda.

Pero hacia finales de 2008, el volumen de estudiantes que estaban siguiendo los videos del Khan Academy era tan grande que Khan ya no se daba abasto. Para principios de 2009, el sitio de internet estaba siendo utilizado por más de 100 000 personas. Y cada vez más gente pedía más materiales para poder aprobar más asignaturas en la escuela. "Empecé a recibir muchas cartas de personas diciéndome cuanto los había ayudado. Había una carta en particular, de un estudiante afroamericano, que decía que nunca nadie lo había tomado en serio, que le iba mal en la escuela, que no iba a ir a la universidad. Y encontró Khan Academy en la red, al azar, como una ayuda durante el verano. Y contaba que después, cuando tomó el examen para ingresar en la universidad, había contestado todas las preguntas de matemáticas bien, y que eso nunca le había pasado antes. Entonces, este alumno, al que nunca antes le había ido bien en matemáticas, ahora se encontraba con que en la universidad todos decían que era un genio en matemáticas, y que se debía especializar en ello. Recuerdo particularmente esa carta. Recibimos muchas más desde entonces, y empezamos a recibir atención y reconocimiento. Entonces, mi esposa y yo, dijimos: 'bueno, tenemos ahorros', que en realidad era el dinero con el que íbamos a empezar a comprar una casa, pero dije voy a intentar hacerlo durante un año, y quizás la gente se dé cuenta de lo beneficioso que es lo que estamos haciendo, y quizás algún filántropo se decida a ayudarnos y me paguen un sueldo razonable, para poder dedicarnos a esto."

LA PRIMERA DONACIÓN

Conseguir la primera donación no fue fácil. El Khan Academy seguía sumando estudiantes, pero nadie ponía un peso en el proyecto. Una y otra vez, los empresarios a los que se acercaba Khan le decían que su labor era muy meritoria, pero que por el momento no podían aportar dinero. En total, pasaron nueve meses hasta que llegó la primera donación significativa, y fue de la manera más inesperada.

"Cuando uno comienza algo así, uno es muy ingenuo", recuerda Khan. "Uno piensa que la gente se va a dar cuenta de que uno está haciendo algo muy importante, y que se trata de una buena causa que requiere financiamiento, porque necesita emplear a muchas personas. Pero tuve muchas conversaciones, fui rechazado por muchas personas. Después de 9 meses, empecé a estresarme cada vez más. Empecé a actualizar mi currículum, pensando que no me quedaba más que presentarme a algún nuevo trabajo. Había nacido mi hijo, y estábamos gastando nuestros ahorros." Para colmo, Khan y su esposa se habían mudado de Boston a Silicon Valley, uno de los lugares más caros de Estados Unidos, cuando el banco de inversiones para el que trabajaba Salman se había mudado allí.

La primera donación importante vino de Ann Doerr, la esposa de John Doerr, un multimillonario de Silicon Valley que había hecho su fortuna como inversionista de riesgo en empresas de tecnología. Khan había recibido un *e-mail* de ella bajo el rótulo de "Soy una gran admiradora", y —por supuesto— lo había abierto con gusto inmediatamente. Su autora, a quien Khan no había identificado de inmediato como la mujer de John Doerr, le preguntaba a qué dirección física podía mandarle una donación. No era nada inusual, porque mucha gente le había enviado de esa forma donaciones de 10 o 20 dólares, y en algunos casos hasta 100 dólares. Pero al poco tiempo, en mayo de 2010, vino una donación de Ann Doerr de 10 000 dólares. Khan le agradeció por correo electrónico, y ella le sugirió que se encontraran en las próximas semanas para almorzar, para que Khan le contara más sobre su academia en línea.

"Vivía cerca y nos juntamos a almorzar. Me preguntó cuál era mi misión, y le dije que quería crear una educación gratuita para cualquier persona en cualquier lugar del mundo. Me dijo que le parecía una meta ambiciosa, pero que no entendía cómo me estaba manteniendo económicamente. Y le dije: 'la verdad es que ya no me puedo mantener' y le conté que estaba viviendo de mis ahorros. Ann se quedó sorprendida. Volví a mi casa, y apenas estacioné el carro en la puerta recibí un mensaje de texto de ella diciendo: 'Tienes que poder mantenerte económicamente. Te acabo de mandar 100 mil dólares'."

LOS ELOGIOS DE BILL GATES Y CARLOS SLIM

Al mes siguiente de su comida con Ann Doerr, Khan recibió otro mensaje de texto tanto o más grato de su primera donante. Khan se encontraba conduciendo una escuela de verano que había iniciado para estudiar de cerca el funcionamiento de la enseñanza "al revés", en donde los niños van a la escuela a hacer sus tareas. En medio de una clase, vio que tenía un mensaje de Ann y lo abrió de inmediato. "Como te imaginarás, me tomo sus mensajes de texto muy seriamente", me señaló con una sonrisa.

Su benefactora le decía que estaba en ese momento en una conferencia con 1 000 personas en el Festival de Ideas de Aspen, en donde estaba hablando Bill Gates, y que Gates se había pasado los últimos cinco minutos diciendo maravillas del Khan Academy. Khan no podía creerlo. Jamás había conocido a Gates, ni había llegado a nadie cerca de él. "Pensé que estaba soñando", recuerda Khan. Terminada su clase, Khan corrió a su computadora, y durante varios días comenzó a buscar en YouTube para ver si encontraba la conferencia de Gates, hasta que finalmente la encontró.

Gates estaba en el escenario, respondiendo preguntas de un entrevistador ante el público y contando que había descubierto un sitio de internet extraordinario llamado khanacademy.org, y que lo estaba usando él mismo para ayudarle a su hijo Rory, de 11 años, a resolver problemas de matemáticas y álgebra. Gates contaba que Rory estaba "devorando" los videos cortos de Khan de todas las asignaturas. Acto seguido, el fundador de Microsoft relataba la historia de Khan, y cómo había renunciado a su trabajo de banquero para dedicarse de lleno a mejorar la calidad de la educación, agregando que "fue una verdadera suerte que su mujer le permitiera renunciar a su empleo de banquero".

Según recuerda Khan, cuando vio el video de Gates en YouTube "me puse muy contento, pero también me puse muy nervioso, porque esos videos estaban pensados para mi prima Nadia, no para Bill Gates". Al poco tiempo, Khan recibió un llamado del jefe de gabinete de Gates, quien le dijo que Bill quería conocerlo, y si tendría disponibilidad en su agenda para viajar a Seattle y conversar acerca de si la Fundación Gates podía ayudar al Khan Academy. Khan recuerda que miró su agenda, que estaba totalmente en blanco, y respondió —tratando de sonar lo más serio posible—: "sí, claro, voy a hacer un espacio para poder ir".

La reunión con Gates se llevó a cabo el 22 de agosto de 2010 en Seattle. Khan estaba más que nervioso. Según recuerda, le contó a Gates y a sus asesores sobre lo que estaba haciendo el Khan Academy, pero estaba tan ansioso que tenía 20% de su mente concentrada en lo que estaba diciendo, y el restante 80% en pensar: "¿Te das cuenta de que el tipo que tienes enfrente y escuchándote es Bill Gates?" Finalizada su exposición, Gates hizo algunas preguntas, y terminó diciendo: "Esto es fantástico", recuerda Khan. Semanas después, en septiembre de 2010, la Fundación Gates anunció su primera donación para el Khan Academy, de 1.5 millones de dólares.

Casi simultáneamente, Google donó 2 millones de dólares, y el Khan Academy comenzó a recibir atención mundial. En octubre de 2010, Khan reclutó a su ex compañero de escuela secundaria y del MIT, Shantanu Sinha, que trabajaba en la consultora McKinsey & Co., como presidente del Khan Academy, y a varios otros desarrolladores de *software*, y mudó las operaciones del Khan Academy de su casa a una oficina. Su sueño de crear una empresa sin fines de lucro para revolucionar la educación en el mundo empezaba a convertirse en realidad.

Algún tiempo después, llegó a verlo el magnate mexicano Carlos Slim, quien estaba en California visitando a su amigo John Doerr. Hablando sobre cómo mejorar la calidad educativa, Doerr le dijo a Slim: "Tienes que conocer a Salman Khan". Según recuerda Khan, "nos encontramos, y en ese primer encuentro Carlos Slim me propuso trabajar juntos. Obviamente, me sentía muy honrado".[3] Khan viajó a México invitado por la Fundación Slim, y con la ayuda de esta última la Khan Academy empezó a traducir cientos de videos de matemáticas al español. A fines de 2013, la Khan Academy inauguró su sitio web en español, es.khanacademy.org, con prácticamente todos sus videos, ejercicios prácticos y tablas de progreso traducidos al español.

LA IDEA DE LAS *FLIPPED SCHOOLS* O "ESCUELAS AL REVÉS"

Khan me advirtió de entrada que la idea de las *flipped schools*, o "escuelas al revés", no había sido inventada por él, sino que andaba dando vueltas desde hace años. Según me contó, había escuchado el término por primera vez en 2008, cuando empezó a recibir *e-mails* de maestras que le decían que gracias a sus videos estaban dando clases "al revés", con excelentes resultados.

"Lo que me estaban diciendo los maestros es que en vez de dar las clases en la escuela, estaban mandando a los alumnos a ver mis videos en sus casas, cada uno a su propio ritmo, y utilizaban el tiempo y el espacio de clase para resolver problemas y hacer ejercicios", recordó Khan. "Y eso es un cambio muy simple. Lo que se hacía antes en la clase, lo pueden ver los chicos en su propio tiempo y a su propio ritmo. Y lo que solía ser tarea para el hogar, que el alumno tenía que hacer solo, ahora lo puede hacer en la clase, con los otros niños cerca, con sus maestros cerca. Y el maestro puede detectar en qué nivel está cada alumno, y ayudarlos a resolver problemas. Y cuando se hace esto, empiezan a pasar muchas cosas positivas."

—¿Como qué? —pregunté.

—Las lecciones fuera del aula, en casa, empiezan a ser más interactivas, porque el alumno puede verlas a su propio ritmo, rebobinarlas y escucharlas de nuevo. Y no hace falta tomar notas de todo, porque las lecciones en video están siempre allí para volver a consultarlas. Apenas sacas las lecciones del aula, permites que el aula sea un espacio en donde cada alumno puede estudiar a su propio ritmo. Y si cada alumno puede estudiar a su propio ritmo, los alumnos que están más avanzados pueden ayudar a los alumnos que van más lento. Entonces, el "dar vuelta" a las clases no fue mi idea, pero la Khan Academy es una herramienta que sirve para hacerlo, y para ofrecer un aprendizaje personalizado, en que los alumnos puedan aprender conceptos y avanzar cada uno a su propio ritmo.

ELIMINANDO LAS "LAGUNAS" DE LAS CLASES

Según Khan, la combinación de videos y ejercicios educativos personalizados para el nivel de cada alumno permite un cambio fundamental: eliminar las "lagunas" o huecos que les quedan a los estudiantes cuando faltan a una clase por estar enfermos, o no terminan de entender un concepto. En el sistema educativo tradicional, el tiempo designado para aprender una materia es fijo, mientras que la comprensión de los alumnos es variable. En otras palabras, la clase debe continuar a toda costa, para cumplir con los requisitos de enseñar cada materia en un plazo determinado, independientemente de cuanto haya aprendido cada alumno.

Y las calificaciones de los alumnos en el sistema educativo tradicional reflejan ese modelo: los estudiantes aprueban si demuestran que, en el mejor de los casos, respondieron correctamente 70% u 80%, o 90% de las preguntas de un examen. Pero eso, al mismo tiempo, significa que se quedan sin entender 30% o 20%, o 10% de la clase, y eso les quita los fundamentos necesarios como para avanzar en las próximas clases. Si un alumno no entiende conceptos de matemáticas, le resultará difícil seguir la clase de álgebra, y así sucesivamente. Con el tiempo, los déficits de conocimiento se acumulan, y a los estudiantes les cuesta cada vez más seguir sus estudios. Muchos se quedan tan atrás que terminan repitiendo el grado, y abandonando la escuela.

En la academia de Khan, en cambio, ningún estudiante avanza hacia la próxima clase si no entendió 100% de la clase anterior. Esta idea, conocida en inglés como *mastery learning*, ya había sido popularizada por Benjamin Bloom en 1968, pero no había logrado imponerse en Estados Unidos. Era muy difícil lograr que los maestros pudieran seguir individualmente los progresos de cada estudiante, especialmente en clases grandes. Y si los maestros lograban hacerlo, estaba el problema de cómo darle a cada estudiante los ejercicios y explicaciones que necesitaban para cubrir sus respectivas "lagunas". Aunque quisieran, los maestros no podían hacerlo, porque tenían que cumplir con sus tiempos. La clase debía continuar.

La diferencia hoy en día es que, con la educación en línea, los maestros pueden superar fácilmente estas dificultades, argumenta Khan. Si el estudiante no entiende algo del video que está viendo, aprieta el botón de "pausa" y lo ve nuevamente. Y si todavía no lo entendió, tiene disponible un ejercicio específico para ayudarlo a resolver ese problema. Y el maestro, a su vez, puede ver en su pantalla en detalle hasta donde avanzó cada uno de sus alumnos, y en que problemas tuvieron más dificultades, lo que les permite enfocarse en estos últimos.

Y si algún estudiante tiene dificultad en entender algo porque se olvidó de una cosa que aprendió el año pasado, no hay problema. A diferencia del pizarrón, la computadora no se borra: las clases no desaparecen nunca, porque están siempre disponibles en línea. Según Khan, por primera vez en la historia, podemos lograr que los estudiantes no tengan más "lagunas" en sus estudios.

¿SE ACABARÁN LOS MAESTROS DE CARNE Y HUESO?

Escuchándolo hablar sobre las ventajas de los estudios interactivos por internet, no pude sino preguntarle cuál será el futuro de los docentes, y si se trata de una profesión destinada a desaparecer.

—¿Qué opinas de los críticos que dicen que si los videos van a remplazar a los maestros, eso tendrá consecuencias negativas, porque no hay manera de que la tecnología pueda enseñar tan bien como una maestra de carne y hueso? —le pregunté.

—Estoy totalmente de acuerdo con esa idea. Yo tengo hijos pequeños y quiero que ellos vayan a una escuela, un lugar físico, y quiero que tengan profesores de calidad y compañeros en esa escuela. Cuando la gente habla de algo virtual, en seguida empieza a sospechar que eso va a sustituir a lo físico. Comercio electrónico versus comercio físico. Pero para nosotros, la Khan Academy es una herramienta para potenciar a la escuela física.

—¿Una herramienta....?

—Sí, una herramienta. Nosotros podemos ayudar a distribuir la información, podemos ayudar con los ejercicios de práctica, con las correcciones de los ejercicios, podemos darles tableros a los maestros para que puedan seguir detalladamente el progreso de cada alumno, porque creemos que los maestros son el elemento más importante del aprendizaje del alumno. Lo que permite toda esta tecnología es que el maestro pueda dedicarle todo su tiempo a la interacción humana. El maestro puede detectar en qué nivel está cada alumno, cuáles alumnos están bien, y cuáles tienen dificultades. Y el maestro puede sentarse después con cada alumno, y asegurarse de que el alumno no se quede atrás. Entonces, nosotros consideramos que el maestro es el elemento más importante de todo este proceso.

—¿A eso te refieres cuando hablas de la "educación personalizada"?

—Absolutamente. Esta idea de educación personalizada no es nueva. Si vas 400 años para atrás y piensas en quien tenía una educación, muy pocos la tenían. Los que la tenían eran los nobles y los príncipes. Ellos tenían tutores personales, muchas veces tenían muchos tutores personales. Y ese tutor personal adaptaba la educación a lo que ese príncipe entendía o no entendía. Si vas 200 años para atrás, empiezas a ver educación masiva, ahí es donde se empiezan a meter a 30 niños en un aula, moviéndolos a todos al mismo ritmo, dándoles a todos la misma clase, que algunos entienden y otros no.

—¿Y entonces?

—Entonces se llega el punto en que la clase se divide: algunos van a continuar estudiando en la universidad, y otros no. Ahora, con la tecnología, podemos personalizar las clases para que el maestro esté libre para poder trabajar individualmente con cada alumno, para trabajar al nivel de cada alumno, y para que todos los alumnos puedan ir a la universidad. Y lo que estamos viendo en las aulas físicas en colegios públicos, colegios privados, barrios ricos, barrios pobres, es que si dejas que cada alumno trabaje a su propio ritmo, empiezas a ver alumnos que pensabas que no eran buenos en matemáticas, que no estaban interesados, y que de repente se empiezan a interesar porque han podido aprender a su propio ritmo.

EL MODELO EDUCATIVO PRUSIANO

El modelo con el que nos educamos casi todos nosotros es el instaurado por el rey de Prusia en el siglo XVIII, que estableció la educación primaria gratuita y obligatoria, entre otras cosas con el propósito de crear una clase trabajadora dócil, respetuosa de la autoridad, y cuyos integrantes se acostumbraran desde muy niños a cumplir horarios. La idea era que los niños aprendieran a respetar la autoridad de sus padres, sus maestros, sus sacerdotes y su rey, y a levantarse todos los días a la misma hora para ir a sus trabajos.

Johann Gottlieb Fichte, el filósofo que impulsó este sistema educativo, escribió que "si quieres tener influencia sobre una persona, tienes que hacer más que tan sólo hablarle: tienes que formar ese joven, y formarlo de tal manera que no pueda hacer otra cosa que lo que quieras que haga".[4] Aunque loable por haber instaurado la educación primaria obligatoria y gratuita, el modelo prusiano no ocultaba ser un mecanismo de control político.

Muchos críticos antes que Khan ya habían señalado que el modelo educativo prusiano, al terminar con la educación fragmentada e individualizada, le permitía al rey transmitir a todos los niños su pensamiento político mediante programas de estudios redactados por el gobierno. Pero más allá de los contenidos educativos, el modelo de clases en sí mismo contenía formas mucho más sutiles de moldear la mente de los alumnos: los alumnos estaban sentados en filas para escuchar las disertaciones de su maestro, se levantaban cada vez que entraba el profesor, y las clases estaban separadas en "materias", que debían ser memorizadas cada una en sí misma, y sin relación con las demás, para no estimular el pensamiento crítico de los estudiantes. Y las "materias", a su vez, eran dictadas en periodos sucesivos de 50 minutos cada una, para que los estudiantes saltaran de una a otra, con constantes interrupciones que no les permitieran desarrollar ideas peligrosas. Apenas terminaba la lección contemplada en el programa de estudio, sonaba una campana, y terminaba la clase.

El modelo Prusiano servía muy bien a los propósitos del rey, y también ayudó a crear una clase media de trabajadores manuales que se emplearon en las fábricas durante la Revolución Industrial, pero ya no sirve para la economía de la innovación del siglo XXI, argumenta Khan. Hoy en día, hace falta exactamente lo contrario: incentivar la creatividad y la facultad de resolver problemas de los alumnos. Según un estudio de Cathy N. Davidson, profesora de la Universidad de Duke y codirectora de la Fundación MacArthur de Medios Digitales y Competencias de Aprendizaje, 65% de los niños que empiezan la escuela este año terminarán trabajando en empleos que aún no han sido inventados.[5]

Ya está ocurriendo: millones de niños que ingresaron en primer grado en 1960 jamás se hubieran imaginado que terminarían trabajando en la industria de las computadoras personales, que no existían cuando habían nacido. Y millones de los que entraron en primer grado en 1970 jamás se hubieran imaginado que trabajarían en empresas de internet, así como millones de los que empezaron la escuela primaria en el 2000 nunca se imaginarían que quizás terminen trabajando en la industria de las impresoras 3D, los drones comerciales o el turismo espacial.

"Las [nuevas] realidades económicas ya no requieren una clase trabajadora dócil y disciplinada, que sólo tenga conocimientos básicos de lectura, matemáticas y humanidades. El mundo de hoy necesita una clase trabajadora de gente creativa, curiosa, y que se siga educando durante toda su vida, que sean capaces de concebir e implementar nuevas ideas —señala Khan—. Desgraciadamente, ése es precisamente el tipo de alumno que el modelo Prusiano trata de desincentivar."[6]

LO QUE IMPORTA NO ES LA ENSEÑANZA, SINO EL APRENDIZAJE

Como la mayoría de los innovadores de la educación, Khan está convencido de que las escuelas tradicionales concentran demasiadas energías en la enseñanza —las disertaciones de los maestros, el contenido de los planes escolares, etcétera— y muy pocas en el aprendizaje de los niños. Lo que importa no es la manera en que se le enseña a un niño —si es con un maestro adelante o con una computadora—, sino que el niño aprenda de la manera en que le resulte más fácil.

"Hay que hacer una distinción importante entre lo que es dar una clase y lo que es enseñar —me dijo Khan—. Recientemente estuve cenando con Wendy Kopp, la fundadora de la organización Teach for America, y le pregunté qué es lo más importante que hace un buen maestro para tener un impacto en los alumnos. O sea, quiénes son los mejores maestros. Y me contestó que me sorprendería su respuesta: no se trata de quien da la mejor la clase, no se trata ni siquiera de quien tiene un doctorado. Me dijo que el mejor maestro es el que se puede sentar al lado del alumno y cambiar su mentalidad, el que puede ser mentor de ese alumno, el que puede alentar a los alumnos a que tomen las riendas de su propio aprendizaje. Eso es totalmente consistente con lo que decimos nosotros."

Khan agregó que "todos hemos estado sentados en la escuela secundaria en aulas, y hay alguien parado adelante que nos da la clase y nos lee notas. Y no creo que ninguno de nosotros haya considerado eso como una experiencia fascinante. Por el otro lado, todos hemos tenido un maestro con quien hemos tenido una conversación, quien nos ha dado un consejo, quien nos ha inspirado para hacer cosas.

Y a medida que pasa el tiempo, uno recuerda a los maestros con quien uno ha conversado, y que nos ayudaron a mejorar nuestro aprendizaje. Entonces, lo que estamos propugnando es —y esto lo dice una persona que ha realizado 3 000, casi 4 000, videos en la web— que los videos y las clases en el aula son la parte menos importante del proceso de aprendizaje. La parte más importante del proceso de aprendizaje es hacer cosas, resolver problemas y tener a tu maestra y a tus compañeros ahí para ayudarte".

Y según Khan, los ejercicios prácticos y los tableros con que los maestros pueden seguir el progreso de sus alumnos constituyen un avance tecnológico fundamental, porque liberan a los maestros para dedicarle más tiempo a la interacción con sus alumnos, y permiten que las escuelas se enfoquen más en el aprendizaje de cada alumno.

LA RADIO Y LA TV SÓLO "DISEMINABAN" INFORMACIÓN

¿Pero no está exagerando los beneficios de las nuevas tecnologías educativas?, le pregunté. Al fin y al cabo, no es la primera vez que se dice que la tecnología va a revolucionar a la educación. En la década de 1920, cuando se popularizó la radio, muchos decían que la radio iba a revolucionar a la educación. Lo mismo pasó con la televisión en la década de 1950, y con las computadoras personales en la década de 1980, le comenté. Y lo cierto es que no cambió mucho: seguimos con el mismo modelo prusiano —los niños sentados en sus pupitres escuchando a su maestro en la escuela— de hace 200 años. ¿Qué te hace pensar que esta vez la tecnología logrará revolucionar a la educación, y no pasará lo mismo que con las tecnologías anteriores?, le pregunté.

"Es un punto excelente —respondió Khan—. Cuando salió la computadora personal, Steve Jobs dijo que iba a ser una revolución para la mente, y como has dicho, cuando salió la tv, o la radio, la gente decía que iba a difundir educación de calidad en todo el mundo. Y lo mismo pasó cuando aparecieron las videocaseteras. Pero creo que hay un par de cosas que harán que las cosas cambien. En el pasado, la tecnología siempre ha sido algo superficial, centrado en la difusión de la información. Y nosotros también tenemos algo de eso con nuestros videos. Pero lo que nosotros vemos como lo más importante de la nueva tecnología no son los videos, sino la posibilidad de detectar en qué nivel está cada estudiante, para poder darle ejercicios específicos para su nivel."

"Los estudiantes tienen los videos ahí por si necesitan ayuda, y les damos a los maestros tableros para que lleven un registro del progreso de cada estudiante", prosiguió. "Lo que vemos es que las 30 000 aulas que usan Khan Academy, no es que solamente pongan un video y hagan que los alumnos lo vean, sino que es aprendizaje activo, en donde los alumnos están resolviendo ejercicios. Mucha gente cree que el Khan Academy son los videos, pero para nosotros ésa es la parte menos importante de lo que hacemos. La parte más importante es la resolución de problemas, los ejercicios, los tableros, las herramientas para el aprendizaje."

"NO TE DAMOS CERTIFICADOS NI TÍTULOS"

Precisamente por estar totalmente enfocada sobre el aprendizaje, la Khan Academy no da certificados ni diplomas, me dijo Khan. Cuando un estudiante entra en el sitio de internet de la Khan Academy, recibe un breve test. Basado en su puntaje en ese test, el sistema se adapta a lo que el estudiante sabe y no sabe, y le recomienda problemas específicos, y videos para ayudarle a entender las cosas que no entiende. Y así, como si fuera un juego en que uno recibe puntos cada vez que avanza, el estudiante se siente motivado y sigue aprendiendo cada vez más, explicó.

Se trata de un sistema proactivo, que puede ser utilizado por un alumno a nivel individual o —mejor— por el alumno con un mentor. El estudiante puede nombrar a uno de sus padres, o a su maestro, o a ambos como sus mentores, e involucrarlos en su proceso de aprendizaje, explicó. "Y si te anoto como 'mentor' en el sistema, entonces el mentor puede ver cómo voy avanzando, y el mentor puede mandar recomendaciones. Y el mentor puede manejar un aula entera de esa manera", agregó.

Según Khan, el sistema fue adoptado por el distrito escolar de Los Altos, de Silicon Valley, con excelentes resultados. Los estudiantes fueron recompensados con "premios" electrónicos a medida que hacían crecer su puntaje en los ejercicios interactivos, y eso los convirtió en partícipes cada vez más activos en el proceso educativo. Y el gran temor de muchos maestros, de que el sistema de las clases "al revés" resultara en un descenso del puntaje de los estudiantes en los exámenes estandarizados, resultó ser infundado. Contrariamente a lo que muchos pensaban, que el método de Khan ayudaría a los estudiantes a mejorar el entendimiento conceptual de las matemáticas y otras asignaturas pero no su rendimiento en los exámenes, sucedió que: 96% de los estudiantes de quinto grado aprobaron sus exámenes finales, contra 91% que lo había hecho antes de que sus escuelas empezaran a dar clases "al revés", asegura Khan.

Lo mismo ocurrió cuando se trasladó el programa a barrios más pobres, afirma Khan. En la escuela Unity High School de Oakland, California, donde 95% de los alumnos son afroamericanos y latinos, y 85% de los mismos reciben meriendas gratuitas o subvencionadas, los estudiantes aumentaron sus calificaciones en álgebra entre 10 y 40%. Según el director de la escuela, David Castillo, los resultados fueron "impresionantes", porque los videos, ejercicios y clases "al revés" ayudaron a que muchos estudiantes se interesaran cada vez más en sus asignaturas, y pasaran "de la apatía a la responsabilidad, y de la haraganería al esfuerzo".[7]

¿UNA FÓRMULA PARA PAÍSES RICOS?

Tal como lo cuenta Khan, el sistema parece ideal, pero uno no puede dejar de preguntarse si no está diseñado para países ricos, donde los niños —incluyendo los que vienen de hogares pobres— suelen estar medianamente bien alimentados, y tener una computadora en su hogar. ¿Es aplicable este modelo educativo para un niño que vive en una choza en Honduras, que va a la escuela para comer su única comida diaria, y que no tiene una computadora en su casa?, le pregunté.

"Eso es realmente un gran problema, hablando de una choza en Honduras, pero hasta en los Estados Unidos 30% de las personas no tiene acceso a una conexión rápida de internet en su casa —respondió Khan—. Sin embargo, hay un par de tendencias esperanzadoras. Las cosas no se van a arreglar de un día a otro, pero dentro de los próximos cinco a 10 años, hasta los alumnos de partes rurales de India u Honduras van a tener acceso a computadoras que van a costar menos de 100 dólares, probablemente menos de 50 dólares. Y si no hay una computadora por alumno, quizás haya un centro local donde podrán ir los niños y compartir las computadoras con otros alumnos. Y si se hace de esa manera, el costo de la computadora por alumno se reduce a solamente algunos centavos por día."

Khan agregó que los costos de internet también están bajando dramáticamente. Entonces, dentro de los próximos cinco a 10 años, la adopción de internet y la adopción de las computadoras se dará más rápidamente que la que se dio con otras tecnologías como el teléfono, la heladera, el microondas o el automóvil. La fórmula del Khan Academy quizás no sea aplicable en este momento en las zonas más pobres de Honduras, pero dentro de muy poco tiempo lo será, aseguró Khan.

"LAS TAREAS EN EL HOGAR PROMUEVEN LA INEQUIDAD"

El sistema educativo Prusiano que impera en gran parte del mundo es un gran generador de inequidad social, porque les exige a los alumnos que hagan las tareas en sus hogares en lugar de realizarlas en la escuela con la ayuda de sus maestros. En el sistema tradicional, los estudiantes que provienen de familias de clase media o alta frecuentemente tienen a alguien en su casa que les puede ayudar con las tareas escolares: un padre, una madre, un hermano mayor o un tutor.

"¿Pero qué pasa con los alumnos que vienen de familia pobres? —pregunta Khan—. ¿Quién les ayuda a los alumnos a hacer las tareas escolares cuando sus padres no tienen educación, o llegan a casa demasiado exhaustos como para ocuparse de sus hijos? ¿Y cómo se supone que puedan hacer sus tareas después de horas de clase los niños que deben trabajar, o ayudar a sus padres después de la escuela?"

Las tareas escolares contribuyen a crear una sociedad injusta en la que, hablando en términos de educación, los ricos se vuelven más ricos y los pobres más pobres, afirma Khan. Por eso, las escuelas "al revés" en donde los niños pueden hacer sus tareas en la escuela con la ayuda de sus maestros son un enorme factor de nivelación social, argumenta.

"LAS VACACIONES DE VERANO SON UNA IDEA TONTA"

Una de las cosas que le había escuchado decir a Khan mirando sus conferencias por internet era que había que eliminar las vacaciones de verano de las escuelas. Intrigado, le pregunté qué tiene de malo darles a los niños un descanso de la escuela.

"Probablemente no tenga muchos fans entre los niños pequeños", dijo Khan con una sonrisa. "Efectivamente, he dicho que las vacaciones de verano me parecen una idea tonta. La razón por la cual me parecen una tontería es que la única razón por la que existen es porque cuando se creó la escuela pública y la escuela en general, la mayoría de los alumnos vivían en zonas agrarias y tenían que ayudar a sus padres en la granja durante el verano. Esto todavía sucede en algunos lugares, pero hoy en día la gran mayoría de la gente en todo el mundo vive en ciudades, y no hay que trabajar en las granjas."

Cuando le señalé que eso no contestaba la pregunta sobre qué hay de malo en darles a los niños un descanso, Khan se refirió a varios estudios según los cuales las vacaciones de verano no sólo interrumpen los estudios y hacen que los jóvenes se olviden de muchas cosas, sino que aumentan las disparidades sociales. Muchos estudiantes de clase media o alta toman algún curso suplementario, o realizan alguna actividad intelectualmente estimulante que les ayuda a avanzar más rápidamente al reiniciarse el año escolar, mientras que muchos estudiantes de familias pobres se quedan cada vez más atrás, según dichos estudios.

"Debido a que los estudiantes están descansando durante las vacaciones de verano, las escuelas y los alumnos se vuelven ociosos e improductivos. De hecho, muchas veces los niños pobres no pueden ir a una escuela de verano, están aburridos, o se pueden meter en problemas con la ley durante el verano. Y tienes maestros que no pueden ejercer su profesión durante el verano. Entonces, para mí, debemos aprovechar eso", señaló.

Khan agregó que "hay gente que me dice que en las vacaciones de verano pasaron los mejores momentos de su vida, porque pudieron desplegar su creatividad y hacer cosas interesantes. Lo que yo digo es que así debería ser el año escolar entero. Todo el aprendizaje debería ser personalizado —agregó—. Entonces, yo diría que todo el año debería tener lo mejor de un campamento de verano, pero estarías aprendiendo durante todo el año".

ESCUELAS "MULTIEDADES", AULAS "MULTIGRADOS"

Según Khan, tampoco tiene mucho sentido que los alumnos se agrupen por edades, y que todos los estudiantes de una misma clase tengan la misma edad. Ésa es, también, una herencia tonta del pasado, asegura. "No es que haya algo terrible con que los niños de la misma edad vayan a la misma clase. Todos lo hemos hecho. Pero esta idea de separar a los niños por edad es una idea que tiene 200 años. Las famosas escuelas rurales de una habitación eran aulas de múltiples edades. Hasta si vas miles de años para atrás, el ámbito en donde los humanos aprendían era siempre su tribu, con su familia extendida. Aprendías de tus primos, aprendías de tus hermanos. Entonces, eso era un proceso natural", explicó.

—Bueno, pero hoy en día se aprende más…

—Pero cualquier persona que tiene hijos puede ver que los más pequeños aprenden de los más grandes, y los más grandes practican su liderazgo mientras ayudan a los más pequeños. Y eso se ha perdido ahora con el sistema de escuela tradicional vigente. Entonces, creo que es una buena oportunidad para retomar el concepto de la comunidad de aprendizaje multiedades.

—¿Cómo funcionaría eso?

—Cuando digo multiedades, hasta puedo imaginar gente de la tercera edad como parte del proceso. Quiero que mi madre sea parte de la educación de mis niños. Quiero que mi madre sea parte de la educación de otros niños. Eso es también un capital subutilizado. Hay mucha gente mayor con experiencia que le encantaría trabajar con estos niños. Y también hay un capital subutilizado en el que los adolescentes no participan del proceso de enseñarles a los más pequeños.

—¿No es algo utópico creer que los adolescentes van a querer enseñarles a los más pequeños?

—Cuando la gente habla de la angustia y rebeldía de los adolescentes, de que los adolescentes quieren ser independientes, creo que mucho de eso viene del hecho de que en las escuelas tradicionales los llevamos a que sólo piensen en ellos. Y creo que cuando tienes 13 o 14 años, estás listo para asumir algún tipo de responsabilidad. Muchos necesitan tener responsabilidades. Es una oportunidad perfecta para que los adolescentes de 13 o 14 años empiecen a hacer de mentores de alumnos más pequeños y los ayuden a aprender. Y al mismo tiempo, adquieran dotes de liderazgo.

LAS ESCUELAS EN 2025

Dando un salto adelante en el tiempo, le pregunté a Khan cómo se imagina el sistema escolar en el 2020 o en el 2025.

—¿Cómo serán las escuelas entonces? —pregunté.

—Me imagino que el aula de 2020 o 2025 (y espero que pase antes que eso, porque yo tengo 2 niños, uno de 4 y uno de 2 años) definitivamente será un aula física. Ese espacio va a ser el eje del aprendizaje. Espero que el aula en sí sea diferente de lo que nosotros recordamos, que era como un museo. En vez de tener 30 niños en un aula con un maestro, y otros 30 niños con otro maestro en el aula de al lado, espero que podamos empezar a romper las paredes. La única razón por la que se necesitaban esas paredes antes era porque la escuela estaba basada en lecciones, en clases. Todos los escritorios estaban apuntados hacia adelante y los niños debían observar y tomar notas. Ahora, tendremos un ámbito escolar interactivo. Estarás teniendo conversaciones, estarás aprendiendo a tu propio ritmo, estarás haciendo trabajos prácticos. Entonces, ahora podremos romper esas paredes y tener un espacio de trabajo común, amplio y vibrante; un lugar de trabajo silencioso, tan inspirador como una biblioteca. Y los niños podrán aprender a su propio ritmo.

—¿Y qué harán los maestros?

—Los niños tendrán mentores. Algunos de los mentores podrán ser alumnos más grandes, que estarán monitoreando a los más pequeños, y también habrá maestros formales que guiarán a los alumnos y los ayudarán a lograr sus metas.

—¿Habrá calificaciones, como en las escuelas actuales?

—Los alumnos no serán evaluados solamente por los resultados de sus exámenes. Los exámenes seguirán siendo importantes, pero los estudiantes también serán evaluados de dos maneras adicionales que a mi criterio son aún más importantes. La primera es lo que piensan sus pares sobre ellos. Si estoy contratando a alguien, eso es lo que a mí me importa: Qué tan bueno eres enseñando, que tan bueno eres comunicando. Y la segunda será tu creatividad, cuál será tu portafolio de cosas que has creado. Está bien que hayas sacado una calificación sobresaliente en un examen de álgebra, ¿pero puedes aplicar ese conocimiento? ¿Puedes hacer cosas con eso? Entonces, para mí, la escuela será un lugar en donde los niños estarán aprendiendo más, estarán creando más cosas, y estarán siendo evaluados con base en estos criterios.

EL *BOOM* DE LA EDUCACIÓN EN LÍNEA

Desde que Khan comenzó a colgar sus videos educativos para sus primos en YouTube en 2007 y 2008, la educación en línea se disparó en Estados Unidos. K12, un sitio en línea con fines de lucro para estudiantes de primaria que había nacido antes que el Khan Academy, se expandió enormemente gracias a la revolución educativa de Khan. Y a partir de 2012 la educación en línea se extendió masivamente a las universidades con la creación de sitios de internet como coursera.org, edx.org y udacity.com que ofrecen clases universitarias gratuitas a millones de estudiantes.

Varios profesores universitarios estrellas de Harvard, Columbia y otras de las universidades más prestigiosas de Estados Unidos comenzaron a ofrecer cursos masivos y gratuitos por internet, y pronto descubrieron —como le había ocurrido a Khan— que miles de personas los estaban siguiendo. Al poco tiempo, estos profesores decidieron crear sus propias empresas de cursos universitarios gratuitos en línea, conocidos como MOOCS (*massive open online courses*, en inglés). Y las grandes universidades, ante el dilema de asociarse con los MOOCS o correr el riesgo de ser superadas por ellos, optaron por sumarse a estos últimos. Al momento de escribir estas líneas, coursera.org estaba ofreciendo más de 400 cursos —con videos y exámenes interactivos— que en apenas dos años ya habían sido tomados por 5.5 millones de personas. En Latinoamérica, además del Khan Academy, estaban creciendo a toda máquina portales como educabilia.com, educatina.com y kuepa.com, con conceptos similares. La revolución educativa ya era un hecho.

¿SE PUEDE COPIAR SILICON VALLEY?

Cuando terminábamos nuestra entrevista, no pude dejar de preguntarle a Khan sobre el secreto de Silicon Valley, y si es posible replicarlo en otras partes del mundo. Khan me recordó que no había ido a vivir a Mountain View, en Silicon Valley, por decisión propia, sino porque allí se había mudado Wohl Capital Management, el fondo de inversiones para el que trabajaba. Sin embargo, Khan reflexionó que difícilmente hubiera conocido a gente como Ann Doerr, su primer donante, en muchas otras ciudades de Estados Unidos o del mundo.

"Es un lugar donde la gente está acostumbrada a tomar riesgos y apostar fuerte, hasta a hacer apuestas filantrópicas, como ésta. Gente como Ann Doerr, gente como Bill Gates, Google, están acostumbrados a considerar constantemente nuevas ideas y decidir a cuáles darles una oportunidad. Obviamente, tienen los recursos para hacerlo. Aquí hay una cultura de tomar riesgos. Riesgos sin fines de lucro, o riesgos con fines de lucro. Estamos rodeados de personas que están metidas en la tecnología. Todas estas cosas son positivas", señaló.

"Por otro lado, hay un costado negativo, y es que es un lugar muy caro para vivir. A mí me ha tentado muchas veces mudarme a otro lado —agregó—. En Khan Academy, tratamos de pagar buenos sueldos, y podemos hacerlo, pero es difícil competir en salarios con Google o Facebook. Creo que la gente que trabaja en Khan Academy necesitan buenos sueldos, necesitan poder mantener a sus familias, pero están aquí también porque sienten que tienen una misión en la vida, y que pueden hacer una diferencia."

Preguntado sobre si se puede replicar el fenómeno de Silicon Valley en la Ciudad de México, Buenos Aires, São Paulo o alguna otra ciudad latinoamericana, asintió con la cabeza, señalando que "en estos tiempos de internet y la conectividad que permite que cualquier persona se pueda conectar con otra, no hay razón por la que esto no pueda suceder en otro lado". Lo esencial es que haya una "cultura" como la de Silicon Valley. Y en esa "cultura" se combinan varios factores, como la propensión de los innovadores con mucho dinero a invertir en nuevos proyectos, la educación de calidad gracias a la presencia de una universidad de la talla de Stanford, y la aceptación social del fracaso como algo natural en cualquier proyecto innovador, explicó.

"La primera cosa positiva es que la gente que se ha hecho rica en Silicon Valley, la generación previa de emprendedores, en su gran mayoría no es gente que piensa sobre cuán grande es su casa o cuán elegante es su automóvil. Obviamente, hay gente con casas grandes y automóviles elegantes. Pero la cultura en general es de cómo usar tu capital para hacer algo interesante, para hacer la próxima innovación. La gente en Silicon Valley, en las fiestas, no alardea acerca de su casa o su auto, sino que alardean acerca de su próximo proyecto, su próximo equipo de jóvenes con quienes están trabajando en un proyecto ambicioso. Ésas son las cosas de las que están orgullosos", me señaló Khan.

Asimismo, Silicon Valley tiene una gran reserva de gente bien preparada, y esta gente atrae a otra, y todos tienen respeto por quienes intentan y fracasan una y otra vez. "Silicon Valley es un lugar donde gente con educación de calidad, gente con gran capacidad y conocimiento, está dispuesta a tomar riesgos y está dispuesta a aceptar el fracaso. Creo que en muchas partes del mundo, gente con buena educación y gente con habilidades tiene miedo de tomar riesgos. Porque piensan: 'He logrado tanto hasta ahora, que si empiezo una empresa y fracaso, mi familia se avergonzará de mí, pensarán que he desperdiciado mis credenciales'", continuó.

"En muchas partes del mundo, eso está visto como algo negativo. Y en Silicon Valley, el tomar riesgos y fracasar está visto como algo positivo. Uno lo sigue intentando una y otra vez. Entonces, creo que si en cualquier lado del mundo hay acceso al capital y al talento, y hay una cultura que permita tomar riesgos y fracasar, eso generará un ciclo muy positivo", concluyó.

9

Zolezzi, Von Ahn y los innovadores sociales

"La tecnología debe llegar a los más necesitados"

Muchos todavía no conocen el nombre de Alfredo Zolezzi, pero es probable que pronto lo hagan. Zolezzi es un diseñador industrial chileno que ha inventado un sistema de purificación que promete darle agua potable a las 780 millones de personas en todo el mundo que actualmente reciben sólo agua contaminada, y a las 2 500 millones de personas que no tienen servicios sanitarios adecuados. Según me lo describió —quizás con exceso de entusiasmo, pero también con aparente sinceridad— Vivek Wadhwa, el vicepresidente de innovación de Singularity University y profesor de las universidades de Duke y Emory, "Zolezzi es el Thomas Alva Edison de America Latina", equiparándolo con el pionero del bombillo eléctrico. Pero, lo que es aún más interesante, Zolezzi es uno de los varios innovadores sociales latinoamericanos que habiendo podido vender su invento por millones de dólares, está armando una empresa sin fines de lucro para asegurarse de que —independientemente de que él gane una fortuna con otros usos de su descubrimiento— su sistema de purificación de agua llegue de la forma más barata a los más pobres del planeta.

Zolezzi empezó a experimentar con la purificación del agua en 2010 con la ayuda de varios científicos en el pequeño laboratorio de su empresa Advanced Innovation Center (AIC) en Viña del Mar, Chile. Desde hacía varios años, Zolezzi había estado trabajando en proyectos de innovación en el campo petrolero y minero, algunos de ellos con relativo éxito y enorme potencial. Pero no estaba satisfecho con su vida. Ya tenía 55 años, y una de sus máximas invenciones —un sistema que convertía petróleo sólido en petróleo líquido, que había desarrollado con ayuda técnica del Departamento de Energía de Estados Unidos, y que permitía reactivar pozos petroleros que habían estado abandonados desde hacía años— le estaba dando enormes dolores de cabeza. Según me relató Zolezzi, varios de sus socios en el proyecto se habían peleado entre ellos por el control de la empresa luego de que un banco de Nueva York valorara en 15 000 millones de dólares el impacto global de la tecnología que había desarrollado, y la compañía que habían creado estaba paralizada por un proceso de arbitraje que llevaba varios años.

Ya desde hacía algunos años, Zolezzi había estado fantaseando con dedicarse de lleno a la innovación con un propósito social que le diera mayor sentido a su vida. "Un día, descubrí que ocupaba 80% de mi tiempo en sobrevivir. Estaba pasando poco tiempo con mi familia, y usando poco tiempo para crear. Allí, entré en una fase de búsqueda", me relató en una entrevista.[1] Y en 2010, mientras experimentaba con la conversión de petróleo en plasma para mejorar los procesos en las refinerías petroleras, se le ocurrió utilizar un método parecido para el agua. "Me dije a mí mismo: 'Hasta ahora, buscar petróleo líquido sólo nos ha traído problemas. Hay que inventar otra cosa. ¿Qué pasa si en lugar de iniciar plasma a partir de un crudo de mala calidad, lo hacemos a partir de agua de mala calidad? ¿Podremos convertir agua contaminada en agua potable? Un niño se está muriendo cada 21 segundos en algún lugar del mundo por el agua contaminada. ¿Podremos inventar una tecnología que termine con esa tragedia?'"[2]

LA PUESTA EN MARCHA DEL PROYECTO

Con la ayuda de varios científicos y acuerdos de cooperación de su laboratorio de Viña del Mar con la NASA, Zolezzi desarrolló su aparato purificador de agua, el Plasma Water Sanitation System. Se trata de un aparato relativamente sencillo que consiste de un tubo de vidrio con una recámara interna que, con una descarga eléctrica, convierte el agua sucia en plasma, y luego transforma el plasma en agua potable. La gran ventaja del aparato de Zolezzi era su simplicidad —el convertir el agua en plasma hace que se mueran todos los virus y las bacterias— y que su costo es mucho menor a otras tecnologías para purificar agua. Sin embargo, Zolezzi no tenía una institución de renombre mundial para respaldar su invento. ¿Cómo podía salvar el mundo con una empresa en Viña del Mar que nadie conocía?

Zolezzi decidió que antes de salir a vender su producto, necesitaba ponerlo a prueba en una zona de alta pobreza y sin agua potable, para luego poder mostrar sus resultados. Su primer paso fue contratar a un laboratorio en Chile para que examinara el agua que producía su aparato, y certificara que cumplía con las normas sanitarias chilenas. Acto seguido, cuando ya tenía el certificado en mano, el innovador chileno se acercó a la organización Un techo para mi país para pedirles que le ayudaran a encontrar una población relativamente pequeña, organizada y con ganas de mejorar sus condiciones de vida, para poner la tecnología a prueba.

Un techo para mi país conocía como nadie los asentamientos precarios de Chile, porque la organización sin fines de lucro se dedica desde hace más de una década a reclutar jóvenes voluntarios —la mayoría de ellos universitarios— para construir viviendas prefabricadas en dos días para los habitantes de esas poblaciones. En agosto de 2011, los representantes de Un techo para mi país le dijeron a Zolezzi que habían encontrado una comunidad ideal para el experimento: el Campamento San José de Cerrillos, en Santiago de Chile. "Me dijeron que era una comunidad pequeña y muy bien organizada. Entonces, en lugar de ir a las autoridades de salud y pedir autorización, lo que hubiera tardado quien sabe cuánto tiempo, fuimos e instalamos el equipo junto con la gente", recuerda Zolezzi.

—¿Eso era legal? —le pregunté.

—No tengo idea —respondió Zolezzi, soltando una sonrisa—. Pero fuimos y lo hicimos junto con la gente. La solución fue cocreada con los pobladores.

El aparato de Zolezzi empezó a producir agua potable para 19 familias, entregando 50 litros de agua potable por día a cada núcleo familiar. Antes, los pobladores del Campamento San José —especialmente los niños y los ancianos— habían sufrido todo tipo de enfermedades vinculadas a las aguas contaminadas. Tras la llegada del purificador de agua, las condiciones de salud de los pobladores mejoraron sustancialmente. La gente dejó de enfermarse, se redujeron los gastos médicos de los pobladores, se eliminó la necesidad de comprar agua embotellada, y se terminó la necesidad de hervir el agua. "Los resultados fueron inmediatos: estábamos empezando a lograr conectar la ciencia con la lucha contra la pobreza", recuerda Zolezzi.[3]

"ME HABÍA GASTADO TODOS MIS AHORROS"

El experimento del Campamento San José había sido un éxito, pero ahora Zolezzi tenía un serio problema: se había quedado sin fondos. Entre los sueldos de los ingenieros y científicos que trabajaban en su empresa, los gastos para desarrollar el sistema purificador de agua y la instalación de los equipos en el Campamento San José, se había gastado 5 millones de dólares de sus ahorros, que eran producto de la venta de una pequeña parte de su nueva tecnología para convertir petróleo sólido en líquido.

"No me quedaba un peso. Había metido 100% de mis ahorros, y un poco más, en el proyecto —recuerda Zolezzi—. Pero no quería ir a los bancos, ni a los inversionistas de riesgo. No quería seguir el camino estándar de vender la tecnología a una gran corporación, que la utilizaría para productos destinados a la gente con recursos que pudiera pagarla. Quería asegurarme de que esta tecnología llegaría primero a quienes más la necesitan."

Zolezzi no sólo quería inventar una nueva tecnología, sino también crear un nuevo modelo de negocios que tuviera sentido social. "Yo no quería renunciar a hacer negocios, ni a ganar dinero. Por el contrario, yo quería ganar dinero. Pero quería asegurarme de que esta nueva tecnología llegara a los sectores más necesitados", explica el inventor. Estaba buscando un nuevo modelo de negocios que le permitiera lucrar con la venta de su tecnología a empresas para usos industriales —por ejemplo, para las fábricas de bebidas gaseosas— y al mismo tiempo asegurar que se pudiera vender sin fines de lucro a quienes carecen de agua potable en todo el planeta.

Zolezzi tenía bien claro que 90% del agua que se consume en el mundo se utiliza para la industria y la agricultura, y que sólo 10% restante se destina para el uso doméstico. Y también sabía muy bien que una buena parte de este último 10% va para los sectores medios y altos, y nunca llega a los pobres. Su temor era que si vendía su tecnología a empresas industriales o agrícolas, estas últimas nunca tendrían como prioridad producir agua limpia para los habitantes más pobres de África, Asia y Latinoamérica. Con suerte, la utilizarían marginalmente para ese propósito, poniéndola a cargo de su departamento de responsabilidad corporativa. Zolezzi tenía ambiciones más grandes: quería que su proyecto salvara cientos de millones de vidas a escala mundial.

Prácticamente quebrado, y en búsqueda de ayuda externa para seguir con su proyecto humanitario, Zolezzi logró a través de sus amigos de Un techo para mi país una cita con la Fundación Avina, un grupo dedicado a fomentar el desarrollo sustentable en Latinoamérica. Sabía que la fundación tenía el dinero, y los contactos, para ayudarlo. En las oficinas de la Fundación Avina en Santiago de Chile, fue recibido por Guillermo Scallan, el director de proyectos de innovación social de la institución.

SCALLAN: "AL PRINCIPIO, ME PARECIÓ UN LOCO"

La primera reacción de Scallan tras escuchar la historia de Zolezzi en su oficina fue de escepticismo y desconfianza. El relato de Zolezzi sobre sus peripecias con su invento para convertir petróleo sólido en líquido, y su aseveración de que había descubierto un sistema barato para resolver el problema del agua en el mundo sonaba demasiado fantástico para ser cierto. Scallan no pudo sino preguntarse si Zolezzi era un innovador de talla mundial que había inventado una tecnología de 15 000 millones de dólares para transformar el petróleo, o si era un mitómano o un embustero.

Si Zolezzi realmente había inventado esa tecnología para la industria del petróleo, ¿cómo explicar que no la había vendido?, pensaba Scallan mientras escuchaba a su visitante. Y si le habían ofrecido 800 millones de dólares, con un adelanto de 80 millones de dólares, pero la transacción no se había podido consumar por los desacuerdos entre los socios del proyecto, como le estaba contando Zolezzi, ¿cómo explicar que el caso no hubiera salido en las primeras planas de los diarios chilenos? Scallan escuchó a su visitante con paciencia, pero con enormes dudas.

"Al principio me pareció un loco, como muchos locos que llegan a mi oficina", recuerda Scallan con una sonrisa, agregando que no era la primera vez que recibía a un inventor que aseguraba haber trabajado para la NASA, y que había hecho un descubrimiento científico extraordinario que no había prosperado por problemas legales. "Cuando me contó la historia de cómo había perdido la oportunidad de vender su patente del petróleo, no se la creí. Le dije: 'Mira, discúlpame que te lo diga, pero no te creo. Me gustaría que me traigas los antecedentes del caso, los arbitrajes que dices que se están haciendo, para que los vea un abogado de nuestra confianza'."[4]

A los pocos días, Zolezzi empezó a enviar documentos a la Fundación Avina, y Scallan empezó a tomarlo más en serio. Scallan le pidió al conocido abogado chileno Juan Pablo Hermosilla que revisara los papeles del arbitraje de la empresa que había enviado Zolezzi, y el abogado concluyó que la historia de Zolezzi no era un cuento chino. Y Scallan comprobó que los inventos de Zolezzi habían sido probados con éxito en siete campos petroleros en Utah, Estados Unidos.

Simultáneamente, Scallan encontró que en el directorio de Advanced Innovation Center (AIC), la empresa de Zolezzi, figuraban científicos de talla mundial. Uno de ellos, el doctor Rainer Meinke, que es una autoridad mundial en magnetos y superconductividad, y tenía más de 100 publicaciones en las principales revistas científicas del mundo, justo había venido a Chile para una conferencia.

"Cuando conocí a Meinke y le pregunté por qué estaba en Chile, y por qué estaba con Zolezzi, me dijo que había trabajado mucho tiempo con la NASA desarrollando escudos magnéticos y tratando de resolver cómo el hombre se va a mover en el espacio en el futuro, pero que Zolezzi le había dado un nuevo sentido a su vida como científico al ofrecerle ayudar a salvar vidas en todo el mundo —recuerda Scallan—. Superé mis dudas iniciales muy pronto", recuerda Scallan.[5]

LA PRIMERA VALIDACIÓN INTERNACIONAL

Scallan comenzó a evaluar seriamente la posibilidad de que Avina comenzara a financiar el proyecto de agua de Zolezzi. "Alfredo llegó técnicamente quebrado a Avina: no tenía un peso más para seguir adelante, no podía seguir pagando sueldos. Nosotros decidimos apoyarlo, pero para asegurarnos de que el proyecto era serio armamos una ruta de varios pasos con él, para que el dinero fuera desembolsado una vez cumplido cada paso", recuerda Scallan. La Fundación Avina decidió aportar 600 000 dólares, entre fondos propios y recaudados de otras fundaciones, para las primeras etapas de la colaboración conjunta.

El primer paso, y el más importante, era lograr una validación internacional del proyecto del agua. Lo que Zolezzi había hecho en el Campamento San José era muy bonito, y era buena publicidad para el proyecto, pero sin una validación internacional no sería tomado muy en serio por los inversionistas internacionales. De manera que la Fundación Avina dio los recursos para iniciar los trámites de validación del sistema de purificación de agua de Zolezzi en la National Sanitation Foundation (NSF) de Estados Unidos, y para registrar las patentes ante la Oficina de Patentes y Marcas de Estados Unidos. Si la NSF certificaba que el agua producida por el aparato de Zolezzi era potable, la Fundación Avina seguiría financiando los tramos siguientes del proyecto.

Poco después, a fines de 2013, llegó el veredicto de la NSF. El organismo había comprobado que la tecnología de Zolezzi lograba convertir agua contaminada en agua potable. El reporte de la NSF decía que no se había encontrado ninguna bacteria ni virus vivo en el agua que se había obtenido con el nuevo sistema de purificación. Era la validación que Zolezzi y la Fundación Avina estaban esperando para seguir adelante.

EL NUEVO MODELO DE INNOVACIÓN SOCIAL

Zolezzi recuerda que en sus primeras conversaciones con la Fundación Avina lo que más le entusiasmó fue la sugerencia que recibió para poder concretar su objetivo humanitario. "Cuando le conté a Scallan que ya no me quedaba un peso, y que no me quedaba otro remedio que empezar a conversar con fondos de capital de riesgo, me dijo que Avina me podía apoyar con dinero para pagar patentes, sueldos y viajes para que no cayera en los brazos de los fondos de capital de riesgo hasta que no tuviera un producto validado, que me permitiera entrar en una negociación sin tener que traicionar a mis principios —recuerda Zolezzi—. Su respuesta me encantó."[6]

Con la ayuda de la Fundación Avina, Zolezzi creó una fórmula de innovación social que le permitiría hacer llegar el agua potable a los pobres. Zolezzi por un lado vendería su tecnología de purificación de agua para usos industriales, y por el otro lado crearía una organización humanitaria mundial a la que le cedería los derechos para regalar equipos de agua potable a los pobres.

"Todas las tecnologías maravillosas que usamos están hechas para aquellos que las pueden pagar —me explicó Zolezzi—. Si se la vendo a una corporación, van a desarrollar productos para los sectores de más ingresos: equipos para cocinas, restaurantes, oficinas, etcétera. Hay 2 500 millones de personas que manejan automóviles, y que cuando llegan a su casa tienen que tomar agua embotellada. Imagínate poder desarrollar un aparatito que la gente pueda poner en su cocina y que convierta agua contaminada en agua potable. Es un mercado de miles de millones de dólares. Pero yo quiero hacer algo más que irme a mi casa con un cheque. ¿Para qué sirve la tecnología si se sigue muriendo un niño cada 21 segundos por falta de agua? Yo estoy empecinado en demostrar que es posible innovar también en los modelos de negocios, en hacer converger la innovación social con la innovación tecnológica."[7]

"NUNCA FUI UN GENIO, NI UN SUPERDOTADO"

Una de las cosas que más me sorprendieron de Zolezzi es que, aunque Wadhwa y otros gurúes de la innovación de Estados Unidos me lo describieron como un genio, no tiene una formación científica, ni grandes diplomas de posgrado. Zolezzi estudió en la escuela privada Mackay School de Viña del Mar, y luego se graduó de la Escuela de Arquitectura y Diseño de la Universidad Católica de Valparaíso con el título de diseñador industrial. Durante todos sus estudios fue un entusiasta deportista —jugaba al rugby, obtuvo un cinturón negro de Taekwondo y más tarde empezó a correr maratones— pero nunca fue el primer alumno de su escuela.

"Yo siempre fui muy creativo, desde chiquito, pero nunca fui un genio, ni un superdotado, ni nada parecido —señaló—. Fui a un buen colegio, a una buena universidad, pero era un estudiante que no fue ni primero ni segundo lugar en clase. Tenía buenas notas, pero no era brillante."[8]

Mientras estudiaba en la Universidad Católica de Valparaíso, comenzó a inventar cosas nuevas, como un semáforo distinto, una máquina para pintar objetos y una variante del *airbag*, la bolsa de protección contra los accidentes automovilísticos. Más adelante, se puso a trabajar en el uso del ultrasonido para mejorar la productividad del cobre, lo que lo llevó a Rusia para trabajar en colaboración con científicos rusos durante varios años. De allí pasó, entre varios otros proyectos, a trabajar en el uso de frecuencias de ultrasonido para transformar petróleo sólido en líquido. En todos los casos, según me explicó, su rol ha sido el de desarrollar ideas, y luego juntar a científicos que puedan convertirlas en realidad.

"No soy un científico, no hago la ecuación. Si lo necesito, busco a un científico que la haga", dijo Zolezzi en una ocasión. "Yo tengo un modelo y hago que las cosas funcionen. Lo que impacta a la gente es que se dan cuenta de que no soy ningún genio, que no tengo doctorados, que no soy experto en nada."[9]

EL DESPEGUE DEL PROYECTO

El proyecto de Zolezzi empezó a tomar cuerpo a escala mundial en 2014, cuando la empresa del innovador chileno y la Fundación Avina, con la ayuda del Banco Interamericano de Desarrollo y otras organizaciones y corporaciones internacionales, iniciaron un plan piloto para probar el nuevo purificador de agua en Ghana, India, Kenia, Bolivia, Brasil, Paraguay, Chile y Haití. ¿Por qué tantos países?, le pregunté a Zolezzi. Porque no es lo mismo instalar equipos de purificación de agua en el altiplano de Bolivia, a temperaturas bajísimas, que en un país tropical con altas temperaturas. Antes de invertir millones de dólares en el proyecto era necesario asegurarse de que va a funcionar, explicó.

"Una vez que termine el programa piloto, se va a definir cuál es el equipo que se va a producir definitivamente", dijo Zolezzi. Su empresa ya estaba en negociaciones avanzadas con dos gigantescas multinacionales —Pentair, una de las líderes mundiales en filtros y bombas de agua de uso industrial, y Jarden, otra empresa líder en artículos de cocina y electrodomésticos— para construir los equipos de purificación de agua. "Quisimos dos fabricantes, porque es peligroso tener sólo uno."[10] Si todo marcha bien, para 2016 el aparato de Zolezzi estaría brindando agua potable a decenas de millones de personas en todo el mundo.

Pero lo que entusiasmaba a Zolezzi aún más era su proyecto de crear una organización humanitaria que canalizara la nueva tecnología hacia los más pobres. No se trataba de una idea nueva —el Premio Nobel Mohammad Yunus, entre otros, había lanzado hace años la idea de "empresas sociales" sin fines de lucro, que ya se estaban poniendo a prueba en varios países—, pero Zolezzi estaba convencido de que su fórmula de cooperación entre empresas con y sin fines de lucro sería mucho más efectiva.

Bajo el plan trazado con la Fundación Avina, Zolezzi establecería una corporación multinacional con fines de lucro, con sede en Estados Unidos, que vendería su tecnología a empresas de artículos electrodomésticos o a fabricantes de gaseosas, que actualmente requieren más de 80 litros de agua para producir un litro de sus bebidas, y podrían hacer enormes ahorros de agua. Pero la corporación con fines de lucro de Zolezzi le daría su tecnología gratuitamente a una Alianza para el agua que se crearía uniendo a varias organizaciones no gubernamentales. Y la Alianza para el agua, a su vez, sería dueña de 10% de la empresa con fines de lucro de Zolezzi, para que tuviera asegurado un ingreso constante y no tuviera que depender exclusivamente de donaciones. Sería un nuevo modelo integrado de innovación social que incluiría a empresas con fines de lucro y organizaciones humanitarias.

"Nuestra tecnología puede ser superada muy rápidamente, y probablemente lo será, como siempre ocurre con cualquier tecnología. Lo importante es que perdure este nuevo modelo de innovación social, que sirva como un canal de distribución de las nuevas tecnologías hacia los más pobres", me explicó Zolezzi.[11] Su corazón, evidentemente, no estaba en el costado científico de su invento, sino en el social.

ASHOKA Y LOS EMPRENDEDORES SOCIALES

Al igual que Salman Khan, el creador del Khan Academy que está revolucionando la educación en el mundo, Zolezzi es parte de un movimiento cada vez más extendido de emprendedores sociales. Los ídolos de estos empresarios no son Bill Gates, ni Steve Jobs ni otros innovadores que vendieron sus patentes por cientos de millones de dólares, sino otros —menos conocidos— que están tratando de mejorar el mundo. Sus héroes son gente como Nicholas Negroponte, el director del programa Una laptop para cada niño, del Laboratorio de Medios del Massachusetts Institute of Technology (MIT), que ya ha entregado computadoras laptop de unos 150 dólares para ser distribuidas a casi dos millones de niños en todo el mundo; o los fundadores del Soccket, una pelota de futbol de 99 dólares que tras ser utilizada en un partido genera energía suficiente para alumbrar una choza durante varias horas, y tantos otros que están mucho más interesados en salvar el mundo que en convertirse en billonarios.

Muchos de estos innovadores están siendo ayudados por fundaciones dedicadas a estimular empresas sociales, como Ashoka. Fundada en 1980, Ashoka ya tiene filiales en 70 países, y le ha dado ayuda financiera y técnica a unos 3 000 emprendedores sociales. ¿Cómo funciona? Ashoka escoge a innovadores con buenas ideas para mejorar las condiciones de vida de los pobres, y les paga un salario por unos tres años para que puedan dedicarse de lleno a desarrollar sus proyectos. Además, les da asesoramiento estratégico y legal.

"Buscamos emprendedores que estén en la etapa temprana de sus proyectos y con ideas muy poderosas para resolver una problemática social, y buscamos apoyarlos para que puedan concretarlos", me dijo Armando Laborde, director de Ashoka para México y Centroamérica. "Después de pasar por un proceso de selección muy riguroso, que consta de muchas entrevistas, Ashoka les ofrece cubrir sus gastos personales y ayuda para entrar en contacto con fundaciones, empresarios y medios, para que puedan madurar su negocio."

Paula Cardenau, la ex directora de Ashoka para Argentina y América Latina, es una de las muchas emprendedoras sociales que tratan de ayudar a los 31 millones de jóvenes latinoamericanos que no estudian ni trabajan —los famosos "ni-nis"— de los sectores más pobres de la sociedad. Cardenau observó que cada vez más corporaciones están "tercerizando" servicios digitales, contratando a otras empresas para que les brinden servicios de marketing en Facebook, Twitter u otras redes sociales, digitalicen archivos o transcriban grabaciones de audio a texto. Cardenau ató cabos y se preguntó: ¿Por qué no crear una empresa social que preste estos servicios, contratando a jóvenes "ni-nis", que en muchos casos se pasan el día en las redes sociales y las manejan perfectamente?

En 2013 creó Arbusta, una empresa social que precisamente ofrece estos servicios a empresas de todo tipo. "Las chicas no podían creer que podían ganar dinero jugando en el Facebook —recuerda Cardenau—. Otro impacto de Arbusta es ir de a poco generando un cambio cultural dentro del sector corporativo, mostrando que jóvenes y mujeres de contextos postergados pueden proveer servicios de calidad." [12]

En 2014 los jóvenes "ni-nis" de Arbusta ya estaban trabajando para varias grandes empresas, incluyendo Mercado Libre y el Grupo RHUO. Simultáneamente, Arbusta estaba creando una plataforma de internet ofreciendo servicios de "microtareas", como desgrabaciones de conferencias o entrevistas.

¿Pero no están explotando a estos jóvenes, pagándoles menos que a otros empleados?, le pregunté a Cardenau. Si no es así, ¿por qué las empresas contratarían los servicios de Arbusta? Cardenau respondió que, por el contrario, Arbusta les paga a muchos jóvenes salarios más altos de lo habitual. Y las empresas contratan a Arbusta porque saben que le están dando una oportunidad a jóvenes que no tienen posibilidades de acceder a trabajos, algunos incluso con historias de delincuencia. "Muchas empresas lo cuentan como responsabilidad social, pero no es tal cosa porque no están haciendo una donación: están pagando por un servicio", afirma Cardenau.

A simple vista, Arbusta podría parecer una organización filantrópica como tantas otras. Sin embargo, es una empresa social: tiene un plan de negocios, y quiere tener ganancias y ser autosustentable, en lugar de vivir de donaciones. "No sé si Arbusta alguna vez va a dar dividendos, pero ninguno de los que estamos acá pensamos en eso. Estamos pensando en ayudar a cada vez más personas", concluyó Cardenau.

PELLIZARI, LA ARGENTINA QUE HACE ROPA
PARA DISCAPACITADOS

Beatriz Pellizari, otra de las beneficiarias de Ashoka en Argentina, creó una empresa social llamada Amagi, que se dedica a fabricar y vender ropa de última moda a personas con discapacidad. Según me contó Pellizari, ella tuvo un accidente automovilístico a los 18 años que la dejó sin poder caminar durante un año y medio, y desde entonces siempre había estado pensando qué podía hacer para ayudar a mejorar la autoestima y la inserción social de los discapacitados. Una de las cosas que más recordaba de su época de incapacitada motriz era su frustración por no poder vestirse sola, lo que le quitaba toda privacidad, ni poder ponerse ropa de moda. En 2011, comenzó a desarrollar la idea de crear ropa elegante para discapacitados, y creó una empresa llamada Amagi, que significa "libertad" en sumerio.

"Queremos que las personas que tienen discapacidad puedan vestirse solas, sin ayuda de nadie, y que puedan sentirse cómodas, lindas, a la moda", me explicó Pellizari. "En América Latina no había empresas que se dedicaran a eso. Hay empresas internacionales que se dedican a eso, pero no son empresas sociales, y por lo tanto cobran mucho, porque hay que importar esa ropa. Ese tipo de ropa era inaccesible para una población de clase media. Entonces, empezamos a pensar en esto con un gran énfasis en la estética, porque la indumentaria ayuda mucho a la autoestima."[13]

El mercado de Amagi es potencialmente enorme: se estima que 15% de la población mundial tiene discapacidades. Según datos de la Organización Internacional del Trabajo (OIT), tan sólo en Argentina hay 5.1 millones de personas discapacitadas y 21% de los hogares tienen al menos una persona con discapacidad. Poco después de desarrollar un plan de negocios, Pellizari llevó su idea a un concurso de planes de negocios en Holanda, y ganó el primer premio de empresas sociales. Con ese galardón, y la ayuda de sus colegas de Ashoka y otra incubadora social llamada Enjambre, Pellizari consiguió su primera inversión de 10 000 dólares de un fondo brasileño. A partir de allí, Amagi empezó a diseñar sus propias colecciones de ropa, fabricada por otra empresa social llamada La Costurera. Llegaron más inversiones y la empresa comenzó a rodar.

"Ésta es una empresa social: tiene fines de lucro, pero no tiene repartos de ganancia, como una empresa tradicional —me explicó Pellizari—. Se reinvierte en el negocio para hacerlo crecer, y generar más negocios, y hacer una cadena de valor con otras empresas sociales. Pagamos sueldos, pero no distribuimos ganancias. Y estamos bien alejados del modelo de la filantropía tradicional, porque queremos ser autosostenibles."

Según me confesó Pellizari, su gran inspiración ha sido el premio Nobel de la Paz de Bangladesh, Muhammad Yunus, y sus propuestas sobre las empresas sociales. Yunus es más conocido mundialmente como el fundador de los microcréditos para los pobres —su Grameen Bank le mostró al mundo cómo los pobres pueden ser sujetos de crédito y pagan sus deudas con mayor puntualidad que los ricos— y ganó el Premio Nobel precisamente por esa labor. Sin embargo, desde hace varias décadas su principal cruzada es imponer la idea de las empresas sociales y difundirla en todo el mundo.

YUNUS: "EL CAPITALISMO SE FUE POR EL MAL CAMINO"

Tuve la oportunidad de entrevistar a Yunus en dos ocasiones, en 2007 y 2013, y su propuesta sobre las empresas sociales me pareció fascinante. Esperaba encontrarme con un idealista iluso, con poca conexión con la realidad. Sin embargo, me encontré con un idealista pragmático, con un excelente conocimiento del mundo de los negocios. Yunus estudió economía en la Universidad de Vanderbilt, en Estados Unidos, y después de su graduación regresó a Bangladesh para enseñar allí. Pero, según me contó, al poco tiempo se aburrió de enseñar teorías económicas y decidió entrar en acción: en 1974 se enteró de que mujeres muy pobres de una aldea vecina estaban siendo explotadas por prestamistas, y decidió prestarles 27 dólares de su propio bolsillo a 42 de ellas, sin pedirles garantías.

Muy pronto, descubrió que las mujeres pagaban sus deudas con absoluta puntualidad. El motivo era muy sencillo: no querían caer nuevamente en manos de los prestamistas. En los años siguientes, Yunus creó su ahora famoso Grameen Bank de los pobres, que desde entonces ha prestado más de 6 000 millones de dólares, con un porcentaje de repago de 99 por ciento. Y tras ganar el Premio Nobel en 2007, Yunus —a través de la Fundación Yunus— se dedicó de lleno a repetir esa experiencia con otras empresas parecidas, y a predicar un "capitalismo social" que coexista con el capitalismo exclusivamente concentrado en las ganancias.

Cuando lo entrevisté por primera vez, durante una visita suya a Miami, Yunus me dijo que "el capitalismo se fue por el mal camino" al desentenderse de su función social. Entonces, en lugar de hacer donaciones, los empresarios deberían crear —además de sus empresas con fines de lucro— "empresas sociales", que son autosuficientes y mucho más sostenibles que las organizaciones no gubernamentales o filantrópicas que dependen de la caridad. Las empresas sociales propuestas por Yunus operan como cualquier empresa, pero las ganancias se reinvierten en la empresa, o en otras empresas sociales, y los accionistas no cobran dividendos, sino que sólo aspiran a recuperar su inversión inicial.

"Mientras que en una empresa tradicional el objetivo es ganar dinero, en una empresa social el objetivo es resolver un problema social", me explicó.[14] "En las empresas sociales, no vamos a hacer dinero para nosotros. No obtendremos ninguna ganancia personal de esta compañía. Podemos recuperar el dinero que invertimos, pero nada más que eso, porque creamos esta compañía para resolver problemas humanos, y ésa es nuestra intención."

Intrigado, le pregunté a Yunus si no es un poco ilusorio pensar que los empresarios van a crear empresas para resolver problemas sociales. ¿Acaso los empresarios no hacen negocios exclusivamente para ganar dinero?, abundé.

"Yo les digo a los empresarios que en vez de regalar dinero, lo inviertan en un negocio social, para que ese dinero haga el mismo trabajo que cuando uno hace una donación... pero que se recicle. En vez de donar para caridad, yo les estoy pidiendo invertir en un negocio que hace exactamente lo mismo, un negocio para crear empleo, un negocio para proveer salud, un negocio para crear vivienda, lo que tú quieras hacer. Pero va a ser hecho en forma de negocio para que el dinero que inviertas en él regrese a tus manos, y tú lo puedas volver a invertir. Entonces el dinero estará repetidamente trabajando para ti, resolviendo un problema, y ésa es una forma mucho mejor de utilizar el dinero que darlo a la caridad. En obras de caridad el dinero sale, hace un gran trabajo, pero no vuelve. Si haces lo mismo creando un negocio social, el dinero sale, hace el mismo trabajo, pero regresa a tus manos y lo puedes volver a invertir."[15]

"LA RESPONSABILIDAD SOCIAL CORPORATIVA QUEDÓ DESACTUALIZADA"

Yunus me contó varios ejemplos de empresas sociales que están operando con gran éxito en todo el mundo. En Bangladesh, por ejemplo, se ha creado un hospital oftalmológico que realiza unas 10 000 cirugías de cataratas por año y es una empresa social. "En nuestro país tenemos muchos pacientes con cataratas, pero no tenemos la infraestructura suficiente para hacer cirugías de cataratas para todos. Entonces, hemos creado un hospital dedicado especialmente a las cirugías de cataratas. Hicimos la inversión, tenemos un edificio hospitalario muy bonito, tenemos todos los equipos, los cirujanos y la gente que se necesita para esto. Y hacemos estas cirugías. Lo que hacemos es cobrar el precio de mercado en las ciudades, y de ahí obtenemos dinero para poder hacer la cirugía prácticamente gratuita a la gente de otras partes del país que no tiene recursos. Como cobramos dinero a los de arriba, podemos brindar nuestros servicios prácticamente gratis a los de abajo. Así que en conjunto, todo el hospital tiene el dinero suficiente para cubrir todos sus gastos, y no tenemos que buscar donantes para mantenernos a flote."[16]

El Premio Nobel agregó que el hospital no rechaza a nadie. Gracias a que se maneja como un negocio, "el hospital tiene el suficiente dinero para cubrir todos los costos del edificio, de los equipos, de los cirujanos, de las enfermeras y todo lo demás. Y como el dinero de la inversión regresa, podemos crear un nuevo hospital cada año con el dinero que regresa de ese hospital. De manera que estamos creando una cadena de hospitales en todo el país".

—¿Qué incentivos usted sugeriría darles a los empresarios para que inicien empresas sociales? —le pregunté.

—El incentivo es tu logro, el que hayas hecho algo que todo el mundo aplaude —respondió—. Si resuelves un problema, todo el mundo te aplaudirá, sin importar quien seas, porque has hecho algo por la humanidad. Si has ayudado a resolver un pequeño problema, recibirás admiración, recibirás agradecimiento. Si ayudas a resolver un gran problema, entonces todo el mundo estará a tus pies, porque has hecho algo por el mundo que no se había hecho antes. Entonces, ésa es la parte importante, que si tú haces algo como persona, como compañía, la gente no lo olvidará.

—¿Y eso alcanza para convencer a los empresarios? —insistí.

—Sí. Si tú sigues únicamente haciendo dinero, la gente no te recordará, porque no estás siendo útil para ellos, y sólo lo has hecho para ti. Así que si eres egoísta, puedes seguir siendo egoísta, y a nadie le va a importar de ti, porque todo lo que has hecho es para ti. Pero si tú eres generoso y has hecho algo por otros, entonces todo el mundo te recordará. Después de todo, estamos en este planeta por un periodo muy corto. Sólo venimos, nos quedamos por un rato, decimos adiós, y nos vamos. Y mientras estamos acá, si queremos dejar un grano de arena en este planeta, tenemos que hacer algo por lo cual la gente nos recuerde. De eso se tratan las empresas sociales. La gente siempre dice: "¿Cuál es el incentivo en el negocio social, si no hay dividendos para los inversionistas?" Y yo digo que estoy de acuerdo en que hacer ganancias es un gran incentivo, pero no estoy de acuerdo en que la ganancia sea el único incentivo. Hay muchos otros incentivos. Hacer dinero trae felicidad, yo estoy de acuerdo, pero hacer felices a otros trae super felicidad.

Eso es lo que no estamos viendo. A través de los negocios sociales traemos la super felicidad. Y una vez que uno comienza a involucrarse en los negocios sociales, uno comienza a disfrutar esa superfelicidad.

—¿Pero, profesor Yunus, cuando usted propone que las empresas funden compañías sociales en vez de hacer obras de caridad, está diciendo usted que toda la noción de responsabilidad social corporativa está desactualizada? —le pregunté.

—La idea de la responsabilidad social corporativa vino de una buena causa, porque las corporaciones comenzaron a sentir que en el día a día del negocio no tenían tiempo para hacer algo bueno por la sociedad, y que sólo estaban buscando hacer dinero. Entonces surgió la idea de la responsabilidad social corporativa, una manera en que a fin de año tú contabas tu dinero, veías cuánto habías ganado, y decidías donar algo de esa ganancia para ayudar a la gente que lo necesita. Y así comenzó la responsabilidad social corporativa. Pero con el tiempo, incluso esa idea comenzó a ser comercializada. La gente comenzó a pensar: ¿por qué debo dar dinero para ayudar a otra gente, en lugar de usar ese dinero para mejorar la imagen de mi compañía? Y entonces la responsabilidad social muchas veces se convirtió en dinero para construir una imagen de la compañía. Y eso va en la dirección equivocada. Lo que yo digo es que los negocios sociales son algo mucho más grande que la responsabilidad social.

—¿Cómo se pueden enlazar ambas cosas? —pregunté.

—Se puede comenzar con el dinero de la responsabilidad social corporativa que tú has generado al final del año. En vez de donar ese dinero, ¿por qué no lo inviertes en una empresa social? De esa forma, ese dinero se reciclará una y otra vez. Entonces, es una solución muy simple: no entregues el dinero de tu responsabilidad social corporativa a una obra de caridad, sino crea una compañía, un negocio social, y entonces cada año esa compañía crecerá más porque tiene más dinero para invertir, o puedes comenzar otro negocio social, y puedes convertir ese flujo de dinero en algo permanente, en vez de que desaparezca al final del año. Así que aún con la idea de la responsabilidad social corporativa, el concepto de la empresa social es una idea más atractiva.

—Mucha gente piensa que son los gobiernos, y no las empresas, quienes tienen que encargarse de resolver el problema de la pobreza. ¿Qué piensa usted de la idea de que las grandes corporaciones son el problema y no la solución a los problemas sociales?

—Bueno, podemos dejarle todo al gobierno e irnos a dormir, o mantenernos ocupados todo el tiempo haciendo dinero. Ése no me parece un buen escenario. Los seres humanos estamos aquí para resolver nuestros problemas. Sí, el gobierno es responsable de solucionar nuestros problemas, pero eso no quiere decir que los ciudadanos no seamos responsables de solucionar nuestros problemas. Cuando la casa de alguien se está incendiando, no esperamos a que llegue la brigada de bomberos para encargarse del fuego, nosotros simplemente lo combatimos. Nos encargamos del fuego de esa forma, no nos quedamos sentados esperando a que lleguen los bomberos. Con los problemas sociales ocurre lo mismo. No podemos quedarnos sentados con los brazos cruzados.

ENDEAVOR: EMPRESAS SOCIALES CON FINES DE LUCRO

Mientras que la Fundación Yunus, Ashoka y otras organizaciones internacionales se concentran en impulsar empresas sociales sin fines de lucro, que no reparten dividendos entre sus inversionistas, otras —como Endeavor— le dan ayuda a innovadores sociales que crean empresas con fines de lucro, pero que muchas veces tienen un sentido social. Fernando Fabre, el presidente de Endeavor, que tiene su sede en Nueva York y oficinas en toda América Latina, me explicó que los fundadores de Endeavor habían trabajado en Ashoka, pero que un día advirtieron que hacía falta una institución sin fines de lucro que ayudara a los innovadores que fundaban empresas con fines de lucro.

Peter Kellner y Linda Rottenberg —los fundadores de Endeavor— decidieron crear la organización en 1977, poco después de egresar de la Universidad de Harvard. Rottenberg acababa de estar en Buenos Aires, y una conversación con un taxista la llevó a concebir la idea de Endeavor. El taxista le contó que se había graduado de la universidad con un título de ingeniero, y cuando ella —asombrada— le preguntó por qué no había iniciado una empresa, el hombre había respondido casi con asco: "¿Empresario?" Ahí fue, según Rottenberg, cuando se le prendió la lamparita: concluyó que en muchos países de Latinoamérica no sólo no se valora la función del empresario, sino que ni siquiera había en ese momento una traducción para el término *entrepreneur*, o emprendedor. Junto con Kellner, otro graduado de Harvard, decidieron crear una organización sin fines de lucro para fomentar el emprendedurismo, crear empleos, y alentar una nueva actitud hacia los emprendedores y los innovadores en Latinoamérica.

Con la ayuda de varios líderes empresariales estadounidenses y latinoamericanos, Endeavor comenzó a apadrinar a jóvenes innovadores con buenas ideas de negocios. Hoy en día, Endeavor —con sede en Nueva York— tiene oficinas en 20 países, incluyendo México, Brasil, Argentina, Chile, Colombia, Perú y Uruguay. Según me contó Fabre, el mexicano que preside Endeavor, en cada ciudad donde operan hay un grupo de líderes empresariales exitosos que les ayudan a identificar los mejores proyectos de negocios. "Buscamos innovación, ambición y buenos modelos de negocios —explicó Fabre—. Y una vez que los seleccionamos, les damos servicios de mentoría para que tomen mejores decisiones y para que crezcan más rápido."[17] Desde su fundación, Endeavor ha apadrinado a unas 500 empresas, de las cuales unas 300 han sido exitosas y unas 200 se han vendido o han fracasado, agregó.

Cuando le pregunté a Fabre si Endeavor o los empresarios que la apoyan ganan un porcentaje en las empresas que ayudan a crecer, respondió que no. "Los empresarios ayudan como una forma de filantropía: creen que el país necesita emprendedores de alto impacto para crear desarrollo económico y empleo", afirmó. En la mayoría de los casos, Endeavor selecciona a un innovador, y además de ofrecerle mentoría gratuita, le da acceso a una red de unos 60 fondos de inversión que apoyan a la organización. Más recientemente, Endeavor comenzó a participar en algunos emprendimientos con sus propios fondos. "Participamos como coinversores, o sea que si un emprendedor consigue

10 millones de dólares de los fondos de inversión, nosotros copartici-
pamos con un millón nuestro", señaló Fabre.

GÓMEZ JUNCO, EL MEXICANO QUE REGALA ENERGÍA

Enrique Gómez Junco, fundador de Optima Energía, con sede en la
ciudad mexicana de Monterrey, es uno de los innovadores apoyados
por Endeavor que está desarrollando uno de los modelos de negocios
más interesantes: su empresa con fines de lucro le regala el alumbrado
a las ciudades, a cambio de que estas últimas le paguen un porcentaje
de sus ahorros en electricidad. Cuando me lo contaron, reaccioné con
cierto escepticismo, pero tras hablar con Gómez Junco y funcionarios
de Endeavor me quedó claro que se trata de un modelo de negocios de
alto potencial social y ecológico, y que además ayuda a reducir las posibilidades de corrupción gubernamental.

La empresa de Gómez Junco va a los gobiernos municipales de
México y les ofrece instalar gratuitamente un nuevo sistema de alumbrado, con una tecnología mucho más moderna y duradera que la existente, que produce un ahorro de 60% en los gastos de electricidad, a
cambio de un pago calculado con base en lo que el municipio ahorre en
electricidad. Y la oferta funciona desde el primer mes, de manera que
si el gasto eléctrico del municipio baja de 100 a 40 pesos, por ejemplo,
el municipio le debe pagar a la empresa de Gómez Junco unos 45 pesos
mensuales, y se queda con un ahorro de 15 pesos mensuales que puede
utilizar para construir puentes, escuelas u hospitales. Las ciudades no
sólo ahorran dinero, sino que reciben gratuitamente equipos de alumbrado mucho más modernos, con tecnología LED, que dan más lumino-
sidad. Asimismo, los nuevos equipos de alumbrado duran 18 años más
que los actuales, y son mucho más ecológicos, asegura Gómez Junco.

"Las lámparas LED son mucho más ecológicas que las antiguas
porque no tienen mercurio y duran veinte años. Muchos municipios
mexicanos todavía tienen las viejas lámparas amarillas que contienen
mercurio y duran apenas dos años. Cada dos años las cambian, las

tiran, y todo ese mercurio contamina los suelos", me dijo el empresario mexicano. "Además, el sistema de alumbrado con luz blanca de tecnología LED le permite a las ciudades estar mucho mejor alumbradas que con las viejas lámparas amarillas. Eso ayuda muchísimo a reducir la delincuencia, porque la luz blanca facilita la toma de videos en las calles, el reconocimiento de placas y el reconocimiento facial."[18]

Otra de las ventajas del "regalo" de Gómez Junco a los municipios es que el sistema de *performance contracting*, o contratos vinculados a resultados, garantiza que los servicios sean efectivamente prestados, y que haya menos posibilidades de corrupción. "La gran ventaja de este modelo contra la corrupción es que somos nosotros quienes hacemos la inversión y damos el servicio, de manera que no hay lugar para que los políticos paguen sobreprecios y cobren sobornos", me explicó Gómez Junco. Cuando le pregunté —medio en broma, medio en serio— si eso no es un obstáculo a la hora de ofrecer sus servicios a los funcionarios municipales, respondió: "Por supuesto. Hemos perdido muchísimos proyectos por la corrupción".

LOS COMIENZOS DE GÓMEZ JUNCO

¿Cómo se le ocurrió la idea? Según me explicó Gómez Junco, el modelo del *performance contracting* existe desde hace muchos años en Estados Unidos, Alemania y otros países desarrollados, donde las grandes multinacionales adelantan dinero para proyectos de infraestructura, y luego lo cobran de las ciudades. En América Latina no se usaba este modelo, en parte porque involucra grandes sumas, y los bancos han tenido miedo de prestar dinero sin garantías a las empresas privadas que hacen este tipo de proyectos.

La idea de comenzar a aplicar este modelo de negocios en México surgió de la casualidad y la necesidad. Gómez Junco, un graduado en ingeniería química del Instituto Tecnológico de Monterrey, tenía desde 1988 una empresa dedicada a instalar equipos de energía solar y otros sistemas de ahorro de electricidad en hoteles. Tenía entre sus clientes a varias cadenas hoteleras, incluyendo algunas grandes. Un día, cuando Gómez Junco estaba tratando de venderle un proyecto de ahorro energético a un hotelero en Cancún, este último le respondió: "¿Si estás tan seguro de que esto ahorra tanta energía, por qué no haces la inversión tú, y yo te pago con lo que logre ahorrar?" Gómez Junco aceptó el desafío, y de allí en más comenzó a aplicar el modelo con cada vez más hoteles.

Sin embargo, la crisis mundial de 2008 golpeó duramente al sector hotelero en México, y dos años más tarde Gómez Junco comenzó a tratar de ampliar su modelo al alumbrado de las ciudades. El problema con el que se topó era que mientras la conversión energética de un hotel era un proyecto de un promedio de 100 000 dólares, la conversión de un municipio era un proyecto de un promedio de 20 millones de dólares. ¿De dónde sacaría el dinero para instalar el alumbrado de los municipios? Con la ayuda de Endeavor, que venía asesorándolo desde 2005, y tras analizar la estructura de su empresa que lo había instado a contratar un director financiero, formar un consejo de administración con miembros externos, y salir a buscar créditos, Gómez Junco cambió la orientación de Optima Energía.

La empresa pasó a ser menos familiar y más profesional, y comenzó a pedir préstamos al Banco Mundial y otras instituciones de crédito para el desarrollo para poder emprender proyectos más ambiciosos. En 2014, Optima Energía ya había firmado contratos con seis ciudades mexicanas —incluyendo Acapulco, Cajeme y Linares— y proyectaba facturar más de 100 millones de dólares.

Hacia el final de nuestra conversación, le pregunté a Gómez Junco por qué motivo su modelo no está siendo aplicado en toda América Latina. Si esto funciona tan bien, y produce tantos ahorros y beneficios ecológicos, uno pensaría que debería haber muchas más empresas que estén invirtiendo en todo tipo de obras y servicios para las ciudades, a cambio de que estas últimas les paguen de sus ahorros, le señalé.

"En México y en Latinoamérica en general han habido grandísimos esfuerzos, especialmente de la Banca de Desarrollo Internacional, para desarrollar este tipo de modelos. La gran limitante ha sido la capacidad de nuestras empresas de conseguir créditos —respondió—. La capacidad de Optima Energía para pedir financiamientos de 20 millones de dólares no surgió de la noche a la mañana. Nos llevó 10 años crear un esquema para hacer esto posible, porque a los bancos comerciales les da miedo prestarle a las empresas pequeñas, porque no tienen suficientes garantías. Pero eso debería empezar a cambiar a medida que se vean los resultados. No tengo duda de que esto deberá convertirse en la norma para todo municipio en el mundo, no solamente por su rentabilidad económica sino por sus beneficios sociales, de seguridad, y especialmente por su impacto en el medio ambiente."

LUIS VON AHN, EL GUATEMALTECO QUE INVENTÓ DUOLINGO

El guatemalteco Luis von Ahn, de 34 años, uno de los innovadores latinoamericanos más exitosos a nivel mundial, es otro de los emprendedores que ha creado empresas sociales con fines de lucro que ofrecen productos gratuitamente a sus usuarios. Von Ahn estudió en Guatemala hasta los 17 años y se fue a Estados Unidos a sacar su licenciatura en matemáticas en la Universidad de Duke, es el inventor de esas fastidiosas cajitas con letras distorsionadas que aparecen en la pantalla de nuestras computadoras cuando queremos comprar una entrada para un concierto, o cuando intentamos entrar en un sitio web que quiere asegurarse de que somos una persona y no una computadora. El sistema de verificación, llamado CAPTCHA, que Von Ahn inventó originalmente para Yahoo cuando tenía 22 años, pide que escribamos las letras distorsionadas correctamente con nuestro propio teclado, y es usado diariamente por unas 180 millones de personas en todo el mundo.

Pero ésa fue sólo la primera de las varias grandes innovaciones de Von Ahn. En 2003, cuando tenía 23 años y estaba a punto de obtener su doctorado en Ciencias de la Computación en la Universidad Carnegie Mellon, de Pittsburgh, le vendió a Google por "entre uno y diez millones de dólares" —no me quiso dar la cifra exacta, señalando que firmó un contrato de confidencialidad con esa empresa— un juego que llamó ESP Game, y que Google luego rebautizó con el nombre de Google Image Labeler, que ayuda al buscador electrónico a identificar imágenes con sus respectivos nombres descriptivos.

"Yo lo había patentado —me contó Von Ahn en una entrevista—. El juego salió en la prensa, lo estaba usando bastante gente, y los de Google me llamaron y me dijeron: 'Nos gusta. ¿Quieres venir a explicarlo?' Fui a explicarles cómo funciona, y en la misma reunión me dijeron: 'Te lo compramos'."[19] Tres años después, en 2006, ya convertido en profesor en Carnegie Mellon, Von Ahn y uno de sus estudiantes inventaron una variante del sistema de autenticación CAPTCHA que llamaron RECAPTCHA, que le vendieron a Google por una suma de "entre 10 millones y 100 millones de dólares", según me dijo Von Ahn.

Se trata de un sistema de verificación parecido al original, pero que aprovecha las palabras correctamente escritas por los usuarios para ayudar a corregir errores en libros digitalizados. Según me explicó el joven emprendedor, una persona promedio tarda unos 10 segundos en transcribir las letras distorsionadas de su prueba de verificación, lo que a nivel mundial significa que los usuarios de CAPTCHA están usando unas 500 mil horas diarias en esa tarea. "Me sentí mal de que tanta gente estuviera perdiendo tanto tiempo, y me puse a pensar en cómo se podrían aprovechar esos 10 segundos en algo más beneficioso para la sociedad", explicó Von Ahn. "Y se me ocurrió que a la vez que las personas están escribiendo CAPTCHAS no sólo se estén autenticando como humanos, sino que además nos puedan ayudar a poner en internet libros que no se podían digitalizar porque contenían palabras o letras ilegibles."[20] En otras palabras, Von Ahn creó un sistema para sacar las letras distorsionadas de libros digitalizados con letras o palabras ilegibles, y remplazarlas por las letras o palabras correctas escritas por una masa crítica de usuarios de CAPTCHA.

En 2012, ya siendo un millonario a los 32 años, Von Ahn creó su primera empresa social: Duolingo, un sitio web con fines de lucro que ofrece cursos de idiomas en forma gratuita, y que al año y medio de su creación ya tenía 25 millones de usuarios. La fórmula creada por Von

Ahn para poder ofrecer sus cursos en línea gratuitamente es una de las ideas más geniales que escuché en toda mi investigación para este libro.

EL SECRETO DE VON AHN PARA REGALAR CURSOS DE IDIOMAS

"Quería hacer algo diferente, algo para la educación. Acababa de vender mi segunda compañía a Google, ya tenía suficiente dinero para retirarme por el resto de mi vida, pero quería hacer algo por la educación —me contó Von Ahn—. Y se me ocurrió una idea por haber crecido en Guatemala y haber visto a tantas personas que quieren aprender inglés, pero que no tienen dinero para aprenderlo. Me puse a ver el mercado de aprendizaje de idiomas, y resulta que hay en el mundo unas 1 200 millones de personas que están estudiando idiomas, de las cuales 800 millones son personas de bajo nivel socioeconómico que están estudiando inglés. Pero el problema es que los cursos son muy caros: hay programas de cursos por computadora que cuestan 1 000 dólares."[21]

Von Ahn se propuso ofrecer cursos gratis de idiomas por internet, pero para poder montar la empresa necesitaba encontrar alguna forma de monetizar el proyecto. Si los estudiantes no iban a pagar, ¿quién pondría el dinero para costear la construcción del sitio web y la administración de los cursos? Ahí fue cuando se le ocurrió la idea —parecida a la del RECAPTCHA— de utilizar productivamente lo escrito por los usuarios.

"Nuestro sitio les dice a los estudiantes: 'Si quieres practicar, ayúdanos a traducir este documento del inglés al español' —me explicó Von Ahn—. Cuando ese documento queda traducido, y hay una versión final que colaborativamente se considera la mejor versión, nosotros vendemos esa traducción a la empresa que lo envió. Por ejemplo, CNN es uno de nuestros clientes: ellos nos mandan el artículo en inglés, nosotros se lo damos a los estudiantes para que lo traduzcan al español, y nosotros lo mandamos de regreso a CNN para que lo usen en su sitio web en español."[22] Es un buen negocio para todos, agregó

Von Ahn: los estudiantes no pagan un peso, Duolingo paga a sus 35 empleados con los ingresos que obtiene de clientes como CNN, y los clientes ahorran dinero en gastos de traducción. Mientras que un traductor profesional en Estados Unidos cobra 10 centavos de dólar por palabra, Duolingo —dependiendo del volumen— cobra unos tres centavos por palabra, agregó.

"¿Y cómo saben que el documento está bien traducido?", le pregunté, entre sorprendido y divertido. "Varias personas traducen el mismo documento, cada uno puede ver la traducción de los otros, y entre ellos votan cual es la mejor traducción, y al final se produce una sola traducción hecha por varios alumnos. Y la calidad es suficientemente alta como para que CNN esté satisfecho", señaló.

Luego de ser galardonada por Apple como la mejor aplicación del iPhone en 2013, Duolingo comenzó a entrar en Asia en 2014, con lo que esperaba aumentar dramáticamente su volumen de usuarios. Por cierto, Duolingo compite con varias empresas mucho más grandes que ofrecen cursos de idiomas, incluyendo Open English, fundada en Miami por el joven venezolano Andrés Moreno, que recolectó 120 millones de dólares de inversionistas para su compañía. Otras que compiten en el mismo rubro son Voxy, y grandes empresas tradicionales como Pearson y Rosetta Stone. Pero Duolingo es una de las pocas que ofrecen cursos completos gratuitamente, y que se considera una empresa principalmente social, me dijo Von Ahn, quien al día de hoy ejerce como profesor de la Universidad de Carnegie Mellon.

EN INDIA, AMBULANCIAS PARA LOS QUE NO PUEDEN PAGAR

Cuando se produjo el ataque terrorista de 2008 al Hotel Taj de Mumbai, India, uno de los primeros servicios de ambulancias que llegó para recoger a los heridos fue ZHL, una empresa social que ofrece ambulancias gratuitas a quienes no pueden pagar y le cobra a quienes pueden. La empresa había sido creada tres años antes por Shaffi Mather, un exitoso empresario de bienes raíces en el estado de Kerala, India, que se convirtió en un innovador social tras advertir que en su país había un enorme problema con el servicio de ambulancias. Varios de sus empleados, amigos y familiares que habían sufrido accidentes esperaban durante horas la llegada de una ambulancia. Claramente, era un problema que le estaba costando la vida a muchos, y que requería una solución urgente.

Mather se asoció con tres amigos y crearon la empresa que hoy se conoce como ZHL, una compañía con fines de lucro cuya misión es darle un servicio de ambulancia de primer nivel, las 24 horas del día, a cualquier persona que lo requiera. Parecía una empresa imposible, pero resultó no serlo. En asociación con la Fundación Ambulancias para todos, ZHL, en forma parecida a la empresa social que realiza cirugías de cataratas en Bangladesh, subvenciona los servicios gratuitos para los pobres con el dinero que les cobra a los ricos y todavía gana dinero. En 2007, ZHL recibió una inversión de más de un millón de dólares para comprar más ambulancias. Para 2013, la empresa ya tenía 2 700 empleados y unas 1 000 ambulancias operando en seis estados del país, que ya habían transportado a más de 16 millones de pacientes a hospitales públicos.

EN ESTADOS UNIDOS, PROGRAMAS PARA COMPARTIR VIAJES EN AUTOMÓVIL

Aunque los innovadores sociales que llaman más la atención son los que quieren llevar agua potable o ambulancias a cientos de millones de pobres, muchos otros se están dedicando a solucionar problemas de las clases medias en las grandes ciudades. En Estados Unidos y Europa, por ejemplo, están proliferando las aplicaciones para los teléfonos inteligentes dedicadas a juntar a personas que quieren compartir viajes en automóvil, como Avego.com, RewardRide.com, Carpooling. com o Zimride.com. En todos estos casos, innovadores sociales se han propuesto hacer que los viajes al trabajo sean más amenos, permitan ahorrar gasolina, descongestionar el tráfico de las ciudades y reducir la contaminación ambiental.

Se estima que 77% de los estadounidenses viajan solos a su trabajo en sus automóviles, 10% lo hace con uno o más acompañantes, y sólo 5% usa el transporte público. Esto está congestionando las ciudades y produciendo trancones de tráfico cada vez más severos, al punto de que el estadounidense promedio pierde unas 34 horas al año varado en el tráfico.[23] El problema es aún mayor en la Ciudad de México, Bogotá o Buenos Aires, donde muchos automovilistas probablemente pierden diez o veinte veces más tiempo atracados en el tráfico. Y a medida que crecen las flotas automotrices, los gobiernos gastan cada vez más dinero ensanchando avenidas y construyendo nuevas vías, empeorando la contaminación ambiental.

Ante semejante panorama, empresas con fines de lucro como RewardRide.com y Avego.com se han propuesto atacar todos estos problemas al unísono, y ahorrarle a la gente dinero en gasolina y estacionamiento, poniendo en contacto a los automovilistas con pasajeros. Avego.com, que también opera bajo el nombre de Carma, se popularizó en 2013 cuando una huelga de trenes en San Francisco dejó a unos 400 000 pasajeros sin forma de ir a su trabajo, y el número de gente que empezó a usar el sitio web de Carma en sus teléfonos inteligentes aumentó 500% en un solo día.

La compañía, que había nacido en 2007 en Cork, Irlanda, empezó a trabajar en 2011 en varios estados de Estados Unidos, incluyendo California y el Estado de Washington, y se enfocó principalmente en empleados de empresas y estudiantes universitarios. El método de pago varía según la ciudad. En el estado de Washington, por ejemplo, el Departamento de Transporte le regala 30 dólares mensuales a cada usuario para ayudar a descongestionar las rutas y ahorrar millones de dólares en obras públicas. En otras ciudades, Carma le cobra 20 centavos de dólar por milla a cada pasajero, y se lo paga al conductor del automóvil tras deducirse una comisión de tres centavos de dólar. En 2014, ya tenía unos 10 000 usuarios.

¿Cómo evitar que se anoten asaltantes, ladrones y otros individuos peligrosos? Haciendo lo mismo que hacen las tarjetas de crédito o muchas otras empresas: recabando datos de cada usuario. En la ciudad de

Baltimore, que también promueve los servicios de Carma, el Departamento de Transportes de la ciudad le pregunta a cada persona que quiere anotarse en la base de datos su nombre, dirección, teléfono, el número telefónico de su jefe y cuánto tiempo ha estado empleado en su trabajo. Los datos son fáciles de corroborar, y si alguien da la información equivocada, no puede aparecer en la base de datos del programa.

"Estamos convirtiendo al automóvil privado en parte de la red de transporte público", dice Sean O'Sullivan, el fundador de Avego.[24] Los automovilistas están ayudando a resolver el congestionamiento de las ciudades ofreciendo los asientos libres de sus carros, y ganando dinero para pagar la gasolina y el estacionamiento. Y los pasajeros, que en muchos casos no tienen automóviles o les da pereza manejar, ahorran al no tener que pagar un automóvil, gasolina o parqueos. En otras palabras, es un negocio redondo para todos que ayuda a resolver un enorme problema de la vida moderna.

RESPONSABILIDAD SOCIAL CORPORATIVA
VERSUS EMPRESAS SOCIALES

La proliferación de innovadores sociales en todo el mundo es una buenísima noticia, sobre todo porque constituyen una buena alternativa a la filantropía y la responsabilidad social corporativa. Según la mayoría de los estudios, en Latinoamérica hacía falta un nuevo modelo de ayuda social, porque es una de las regiones del mundo en la que las corporaciones y la gente rica contribuye menos a las obras filantrópicas. Las razones son muchas, incluyendo el hecho de que la mayoría de los países de la región no ofrecen incentivos impositivos a las corporaciones o a los ricos para que donen dinero, y a que existe la expectativa generalizada de que los gobiernos deben ser los responsables de ocuparse de los pobres. Además, en varios países latinoamericanos las corporaciones y los ricos pagan casi la totalidad de los impuestos que se recaudan, lo que lleva a muchos de los grandes empresarios a concluir que ya están haciendo bastante por sus países.

Según el World Giving Index, un *ranking* de la filantropía en 135 países del mundo, preparado por la Charities Aid Foundation, con sede en Londres, los países latinoamericanos están en la mitad más baja de la lista. El estudio, basado en encuestas Gallup, incluye a Gran Bretaña, Holanda, Canadá, Australia y Estados Unidos entre los países en los que la gente dona más dinero. Pero con unas pocas excepciones —como Chile, que ocupa el puesto 18, Paraguay (el 25), Haití (el 30) y Uruguay (el 35)—, la mayoría de los países latinoamericanos están mucho más atrás. Brasil está en el puesto 72, México en el 75, Perú y Ecuador en el 80, Argentina en el 84, Venezuela en el 100 y El Salvador en el 110. Mientras que en Gran Bretaña 76% de la gente y en Estados Unidos 62% dice que ha donado dinero en el último año, en Brasil el porcentaje es tan sólo de 23%; en México, 22%; en Perú, 21%; en Argentina, 20% y en Venezuela, 14%, afirma el estudio.[25]

Los innovadores y las empresas sociales están empezando a llenar un vacío, y muchas veces lo pueden hacer mucho más efectivamente que la filantropía o la responsabilidad social corporativa. Tal como me lo decía Yunus, la filantropía es dinero que no se puede reciclar, mientras que las empresas sociales son autosostenibles y generan recursos para crear otras empresas sociales. Y la responsabilidad social corporativa en muchos casos se ha convertido en una extensión de los departamentos de imagen de las grandes empresas, que están más interesadas en lograr buena publicidad que en ayudar a solucionar problemas sociales.

Los innovadores sociales son los héroes de la nueva economía mundial. Algunos tienen empresas sin fines de lucro, como el Khan Academy de videos educativos gratuitos por internet. Otros tienen compañías con fines de lucro, como la empresa de alumbrado municipal de Gómez Junco. Y un tercer grupo tiene modelos de negocios intermedios, como la empresa de purificación de agua de Zolezzi. Pero todos estos innovadores sociales están ayudando a mejorar el mundo y a crear un capitalismo más humano. Cuando Zolezzi me preguntaba para qué sirve la tecnología si se sigue muriendo un niño cada 21 segundos en algún lugar del mundo por falta de agua, y me señalaba que llegó la hora de hacer converger la innovación tecnológica con la innovación social, estaba dando en la tecla. La innovación seguirá saliendo de las empresas líderes y de las universidades más prestigiosas, pero si parte de las nuevas tecnologías se desarrollan a través de empresas sociales, viviremos en un mundo mucho mejor.

10

Los cinco secretos de la innovación

Camarón que se duerme, se lo lleva la corriente

A mediados de la segunda década del siglo XXI, lo que habíamos vaticinado en *Cuentos Chinos* y *Basta de Historias* se convirtió en realidad: el *boom* de las materias primas que tanto había beneficiado a muchos países latinoamericanos en la década anterior llegó a su fin, y los países que se habían confiado en sus exportaciones de materias primas —sin invertir en educación de calidad, ciencia, tecnología e innovación— estaban empezando a sufrir las consecuencias. La fiesta llegó a su fin. El crecimiento económico de la región, que había llegado a un promedio regional de casi 6% a mediados de la década del 2000 al 2010 —y en algunos países, como Argentina, había llegado a 9%, generando un triunfalismo que llevó a la presidenta Cristina Fernández de Kirchner a ufanarse de que el país estaba creciendo a "tasas chinas"— cayó a un promedio regional de 2.2% en 2014, y a una tasa aún menor en Argentina y Venezuela.

Incluso México, Colombia, Perú y otros países que estaban creciendo por encima del promedio regional, lo estaban haciendo por debajo de lo que necesitaban para darle empleo a los millones de jóvenes que se integraban todos los años a su fuerza laboral. El gran desafío de la región, más que nunca, era mejorar dramáticamente la calidad de la educación, incentivar la innovación y exportar productos de mayor valor agregado, para no quedarse cada vez más rezagada del resto del mundo.

¿Cómo recuperar el tiempo perdido? ¿Podremos competir con Corea del Sur, Singapur, Israel y otros países que se han convertido en potencias tecnológicas en años recientes? Por supuesto que sí. Sin embargo, deberemos hacer mucho más que tratar de producir genios de la computación. Aunque la prensa suele identificar la innovación con el internet, y con innovadores como Bill Gates y Steve Jobs, la innovación es mucho más que eso. Nuestros países deben innovar ya sea inventando nuevos productos de cualquier orden (lo que comúnmente se llama la "innovación de producto"), o descubriendo formas de producir más eficientemente productos existentes (lo que se llama la "innovación de proceso"). Lo importante es innovar, crear productos o procesos de todo tipo, y de cada vez mayor valor agregado, que puedan ser vendidos globalmente y no quedarse estáticos. Camarón que se duerme, se lo lleva la corriente.

LAS PERSONAS TAMBIÉN DEBEN REINVENTARSE

No sólo los países, sino también las personas deberemos reinventarnos constantemente para salir mejor parados en la nueva economía de la creatividad del siglo XXI. Como lo explicábamos en páginas anteriores, cada vez más gente trabajará en empleos que no existían cuando ingresaron en la escuela primaria. La Revolución Industrial que traerán las impresoras 3D, los robots y el "internet de las cosas" hará desaparecer muchos empleos y creará muchos nuevos. Los carros que se manejan solos desplazarán a los taxistas, los drones comerciales reemplazarán a los camiones de reparto de paquetes de Fedex o UPS, y los robots —como ya viene sucediendo, especialmente desde el reciente encarecimiento de la mano de obra en China— se harán cargo de cada vez más trabajos manufactureros. Y por el otro lado, surgirán nuevos empleos, como los controladores de los taxis que se manejen solos, o los operadores de drones, o los consejeros que nos asesorarán sobre qué modelo de robot comprar para las tareas específicas que les queramos asignar en nuestros hogares o negocios. Cada vez más serán menos requeridos los empleos industriales para realizar los trabajos manuales repetitivos que caracterizaron el siglo pasado, y serán más requeridos los trabajos intelectuales y creativos. Estamos en la era de la creatividad.

"Mi generación la tuvo fácil: nosotros teníamos que 'encontrar' un empleo. Pero cada vez más, nuestros hijos deberán 'inventar' un empleo —señaló Thomas Friedman en una columna de *The New York Times*—. Por supuesto, los que tengan más suerte lograrán 'encontrar' su primer trabajo, pero considerando la rapidez con la que está cambiando todo, hasta estos últimos deberán reinventar, readaptar y reimaginar ese empleo mucho más de lo que tuvieron que hacerlo sus padres."[1]

Todo indica que cada vez más trabajaremos por menos tiempo para más empresas o para nosotros mismos. Ya está ocurriendo: según estadísticas del Departamento de Trabajo de Estados Unidos, el promedio de tiempo que los trabajadores asalariados estadounidenses llevan en sus empleos actuales es de apenas 4 años y 7 meses. Y entre los jóvenes, la permanencia en los trabajos es aún más corta: los jóvenes asalariados de entre 25 y 34 años pasan un promedio de apenas 3 años y 2 meses en el mismo empleo.[2] Los días en que muchos se quedaban toda su vida laboral o gran parte de ella en una misma empresa han pasado a la historia. Para cada vez más gente en Estados Unidos, y en todo el mundo, reinventarse será un imperativo constante de la vida laboral.

Por suerte, quizás todo esto no será tan trágico como suena a primera vista, porque hoy en día ya es mucho más fácil inventarse un trabajo de lo que era hace una década, por lo menos para quienes han recibido una educación de calidad. Gracias a la democratización de la tecnología, hay cada vez más jóvenes que se crean sus propios trabajos, como los diseñadores de páginas web, o los proveedores de todo tipo de productos y servicios por internet. Y el marco de los empleos por cuenta propia se ha ampliado enormemente: cada vez más, el internet nos posibilita vender nuestros productos en mercados locales, o acceder a empleos de cualquier parte del mundo. Y gracias a las nuevas fuentes de crédito, como el *crowdfunding* —el sistema de recaudación colectiva de fondos para productos en gestación— tendremos cada vez más oportunidad de conseguir dinero para nuevos proyectos. Hoy en día, los jóvenes tienen acceso a un mundo de posibilidades que no tenían sus padres. Pero para que puedan aprovechar estas oportunidades, no sólo deberemos ofrecerles una educación de mejor calidad —como la que se mide en los test PISA y otros exámenes internacionales estandarizados—, sino también ofrecerles un marco propicio para el emprendimiento y un nuevo tipo de educación: la educación creativa.

LATINOAMÉRICA: MUY ATRÁS EN INNOVACIÓN

Un extenso estudio del Banco Mundial sobre la innovación en Latinoamérica, publicado en 2014 con el título *Muchas empresas, pero poca innovación*, ofreció una fotografía sombría de la creatividad productiva en la región. El estudio concluía que "América Latina y el Caribe sufren de un rezago en innovación. En general, sus emprendedores introducen nuevos productos menos frecuentemente, invierten menos en investigación y desarrollo, y registran menos patentes que los emprendedores de otras partes del mundo".[3]

Las estadísticas hablan por sí solas. Como lo señalábamos en el primer capítulo, todos los países de Latinoamérica y el Caribe juntos presentan apenas unas 1 200 aplicaciones anuales de patentes de nuevas invenciones ante la Organización Mundial de la Propiedad Intelectual (OMPI), lo que constituye apenas 10% de las 12 400 patentes que presenta Corea del Sur anualmente ante esa institución de las Naciones Unidas. También Israel, con sólo 8 millones de habitantes, registra más solicitudes de patentes de nuevas invenciones que todos los países latinoamericanos y caribeños juntos, con sus casi 600 millones de habitantes.

Parte del problema es la escasa innovación en las empresas latinoamericanas, que muchos adjudican a la falta de visión de los empresarios de la región, y que muchos de estos últimos atribuyen a marcos legales anacrónicos que penalizan la creatividad. Sea de quien fuere la culpa, lo cierto es que el promedio de las empresas latinoamericanas lanzan al mercado 20% menos de productos nuevos que sus pares en otros países del mundo emergente. Mientras que 95% de las empresas en Lituania y

90% de las empresas en Polonia reportan haber lanzado un nuevo producto al mercado en el último año, menos de 40% de las compañías mexicanas o venezolanas hacen lo mismo, según el Banco Mundial.

Quizás la estadística más alarmante es la que señalábamos al comienzo del libro, que muestra que apenas 2.4% de toda la inversión mundial en investigación y desarrollo tiene lugar en Latinoamérica y el Caribe. Mientras 37.5% de la inversión mundial en investigación y desarrollo —tanto local como extranjera— se realiza en Estados Unidos y Canadá, y 25.4% en Asia, Latinoamérica representa un porcentaje insignificante en el total de inversiones mundiales en innovación.[4] Y la mayor parte del minúsculo 2.4% que se invierte en innovación en América Latina se concentra en apenas tres países: Brasil (donde se invierte 66% del total regional), México (12% del total regional) y Argentina (7% del total regional).[5] Ante un panorama tan desolador, es más necesario que nunca que nuestros países adopten algunas estructuras esenciales para ingresar en el primer mundo de la innovación.

PRIMER SECRETO:
CREAR UNA CULTURA DE LA INNOVACIÓN

Como lo hemos señalado, hay un consenso cada vez más amplio de que para generar más innovación productiva los países deben mejorar la calidad de la educación, estimular la graduación de ingenieros y científicos, aumentar la inversión en investigación y desarrollo, ofrecer estímulos fiscales a las compañías para que inventen nuevos productos, derogar las regulaciones burocráticas que dificultan la creación de nuevas empresas, ofrecer más créditos a los emprendedores, y proteger la propiedad intelectual. Todos estos pasos son, sin duda, importantes. Pero mi conclusión, tras hablar con docenas de grandes innovadores y gurúes de la innovación de Silicon Valley, es que todas estas medidas son inútiles a menos que exista una cultura que estimule y glorifique la innovación.

La mayoría de las grandes innovaciones surgen de abajo para arriba, gracias a una cultura del emprendimiento y de la admiración colectiva hacia quienes toman riesgos. No son producto de ningún plan gubernamental. Gastón Acurio no creó un *boom* de la industria culinaria peruana como resultado de ningún proyecto gubernamental, Jordi Muñoz no se convirtió en uno de los pioneros de la industria de los drones comerciales con ayuda de ningún gobierno, y Richard Branson no construyó su emporio musical ni su empresa de turismo espacial gracias a algún programa gubernamental. Tampoco lo hicieron Salman Khan, el hombre que está revolucionando la educación mundial, ni el chileno Alfredo Zolezzi, ni el guatemalteco Luis Von Ahn, ni muchos otros de los innovadores más destacados. En la mayoría de los casos, las innovaciones son el producto de una cultura en que se venera a los innovadores y se les permite realizar su potencial.

¿Qué es una cultura de la innovación? Es un clima que produzca un entusiasmo colectivo por la creatividad, y glorifique a los innovadores productivos de la misma manera en que se glorifica a los grandes artistas o a los grandes deportistas, y que desafíe a la gente a asumir riesgos sin temor a ser estigmatizados por el fracaso. Sin una cultura de la innovación, de poco sirven los estímulos gubernamentales, ni la producción masiva de ingenieros, ni mucho menos los "parques tecnológicos" que están promoviendo varios presidentes, en la mayoría de los casos con fines autopromocionales.

Crear una cultura de la innovación que aliente la creatividad de abajo para arriba no es una tarea tan difícil como parece. Hoy en día, con los medios masivos de comunicación y las redes sociales, es mucho más fácil generar el entusiasmo colectivo por la creatividad y la innovación que antes. Las campañas de opinión funcionan, tal como ya quedó demostrado incluso antes de la existencia de las redes sociales con las campañas televisivas para combatir el hábito de fumar. Si en Estados Unidos, Europa y varios países latinoamericanos se logró bajar dramáticamente la cantidad de fumadores con campañas televisivas alertando sobre los peligros del cigarrillo —una adicción química—, ¿cómo no se van a poder combatir falencias que no producen dependencias físicas, como la falta de tolerancia al fracaso? Cambiar estas culturas y convertir a los innovadores en héroes populares es una cuestión de voluntad política, que pueden alentar los políticos, los empresarios, los sectores académicos o la prensa.

Para muchos, ésta debería ser una función primordial de los gobiernos. Según Andy Freire, un emprendedor argentino que fue uno de los fundadores de Officenet —que recaudó 50 millones para su creación de inversionistas como Goldman Sachs, y luego vendió al gigante estadounidense Staples— y que ahora se dedica a invertir en *start-ups* y promover la cultura emprendedora en Argentina, "hay que generar una contracultura de que hay que animarse a tomar riesgos, y eso tiene que venir desde arriba". Freire, graduado *magna cum laude* en economía de la Universidad de San Andrés en Argentina y con estudios de posgrado en Harvard, me dijo que la clave es convertir el emprendedurismo en "una política de estado, en lugar de una política de la Subsecretaría de Desarrollo Económico". Notando que su respuesta me había causado gracia, Freire agregó: "En serio. Hoy en día, todas las iniciativas que veo para incentivar la innovación son la prioridad número 35 de un gobernante".[6]

Efectivamente, como dice Freire, hay muchas cosas que los gobiernos pueden hacer, pero también hay otras formas de generar la innovación que producen resultados concretos, y que ayudan a cambiar las culturas hostiles al emprendedurismo. Algunas de las más eficaces son las campañas mediáticas de la sociedad civil para fomentar una cultura nacional y familiar de admiración por los científicos y los técnicos, que estimule a los niños a seguir el ejemplo de científicos exitosos. Otra forma de generar más innovación son los premios. Desde hace mucho tiempo, los premios económicos han sido uno de los grandes motores no sólo de innovaciones específicas, sino de cambios culturales para alentar la creatividad.

NECESITAMOS UN MESSI DE LAS CIENCIAS, UN NEYMAR DE LA TECNOLOGÍA

Poco antes de terminar la Copa Mundial del 2014, cuando Argentina y Brasil se estaban clasificando para las semifinales y muchos pensábamos que uno de ellos se coronaría campeón, escribí una columna en *The Miami Herald* titulada "Se busca un Messi de las ciencias" en la que preguntaba por qué los latinoamericanos no podemos producir un Messi, un Neymar o un James de la ciencia o la tecnología. La pregunta había sido planteada antes por el presidente del Banco Interamericano de Desarrollo (BID), Luis Alberto Moreno, durante una conferencia en Brasil. De la misma manera en que América Latina está produciendo los mejores jugadores de futbol del mundo, la región también debería producir el próximo "Neymar del *software*", o el próximo "Messi de la robótica", había dicho Moreno.

Y su respuesta era que todos nuestros países deberían aplicar a la ciencia la misma pasión y disciplina que actualmente aplican a los deportes, y crear sistemas para producir talentos. El presidente del BID estaba en lo cierto. Como ocurre en el futbol, que juegan millones de niños a diario, los países necesitan una gran reserva de científicos para aumentar sus posibilidades de producir un genio o varios. Uno de los motivos por los que cada cierto tiempo surge un nuevo Messi, o un nuevo Neymar, es porque hay tantos niños que tratan de emularlos, y porque los clubes de futbol tienen divisiones inferiores que se dedican a estimular a los que tienen un mayor potencial.

Pero, lamentablemente, Latinoamérica tiene una reserva relativamente pequeña de científicos per cápita comparada con Estados Unidos, Europa o Asia. Mientras toda América Latina tiene un promedio de 560 investigadores por cada millón de habitantes, Corea del Sur tiene 5 451 investigadores por millón de habitantes, según cifras del Banco Mundial. No es casual, entonces, que Corea del Sur produzca más patentes. No sólo tiene más científicos per cápita, sino que tiene una cultura y medios de prensa que constantemente celebran a quienes triunfan en las ciencias y la tecnología, convirtiéndolos en héroes instantáneos para miles de jóvenes. En mis viajes a China, India, Singapur y otros países asiáticos, siempre me impresionó de cómo los medios de prensa le dedican grandes titulares a los ganadores de las Olimpíadas de matemáticas, o de ciencias, como si fueran estrellas deportivas. Hay que hacer lo mismo en nuestros países, para crear una cultura de admiración a los científicos, como la que tenemos con los futbolistas.

LOS PREMIOS QUE CAMBIARON EL MUNDO

Aunque muchos no lo saben, muchas de las grandes invenciones de la humanidad surgieron como resultado de premios económicos ofrecidos para quienes lograran superar un determinado desafío tecnológico. El primer vuelo transatlántico, realizado por Charles A. Lindbergh en 1927, fue el producto de una competencia para ganar un premio de 25 000 dólares al primer aviador que lograra volar desde París a Nueva York sin escalas. El premio había sido ofrecido en 1919 por Raymond Orteig, un empresario hotelero francés radicado en Estados Unidos, por un periodo de cinco años. Hasta ese momento, los 5 800 kilómetros de distancia entre París y Nueva York eran casi el doble de lo que había sido el vuelo más largo de la historia. Era un desafío colosal, al punto de que muy pocos lo intentaron, y varios aviadores dieron media vuelta a poco de despegar. Al vencer el plazo del premio, Orteig lo extendió por otros cinco años. En 1926 y 1927, varios aviadores fallecieron en el intento, hasta que Lindbergh logró la hazaña en mayo de 1927.

Según los historiadores, Lindbergh, un piloto estadounidense que tenía 25 años, era el menos indicado para ganar el premio. A diferencia de otros concursantes que habían fallecido, era un desconocido y ninguna empresa aeronáutica quiso venderle un motor para su avión, por miedo a que su muerte le diera una mala reputación a la compañía. Sin embargo, Lindbergh sorprendió al mundo y llegó sano y salvo al aeródromo Le Bourget en las afueras de París, tras 33 horas y media de vuelo.

"Ése es, precisamente, el encanto de los premios: permiten la participación de todo el mundo y de los que menos posibilidades tienen de ganar. Y, muchas veces, son estos últimos los que ganan", señalan Peter H. Diamandis y Steven Kotler en su libro *Abundancia: el futuro es mejor de lo que se cree*. Diamandis, uno de los fundadores de Singularity University, me contó tiempo después que había leído la autobiografía de Lindbergh y había quedado impactado con la historia del Premio Orteig.

El premio había sido una noticia de primera plana en todo el mundo y había propiciado una nueva era en la historia de la aviación: inmediatamente, otros aviadores comenzaron a cruzar el Atlántico y la aviación comercial se convirtió en una industria mundial. En apenas 18 meses, el número de pasajeros de avión se disparó de 6 000 a 180 000 en Estados Unidos, y el número de aviones se cuadruplicó. El Premio Orteig había sido un acelerador impresionante de la innovación: nueve equipos de aviadores habían invertido un total de 400 000 dólares para ganar el premio, a pesar de que los perdedores no recibirían ninguna recompensa, porque el premio era sólo para los ganadores, recuerda Diamandis.

Inspirado en el ejemplo de Lindbergh, y frustrado de que la NASA no estaba lanzando un premio similar en momentos en que estaba recortando su presupuesto para viajes espaciales, Diamandis resolvió crear su propio premio: el X Prize, luego conocido como el Ansari X Prize, que consistía en 10 millones de dólares para quien creara una nave espacial suborbital, privada, y reutilizable. Fue el premio que ganó el millonario Paul Allen en 2004, con un vuelo tripulado realizado sin fondos gubernamentales, y que había sido el precursor de las naves espaciales privadas construidas más tarde por Sir Richard Branson y Elon Musk. El gobierno de Estados Unidos, a su vez, creó en 2010 su propia plataforma digital para permitir a todas sus agencias ofrecer premios: challenge.gov. En sus primeros dos años de vida, challenge.gov lanzó más de 200 competencias con premios por un valor total de más de 34 millones de dólares. Mientras leía al respecto, no pude sino pensar: ¿por qué no ofrecer más premios parecidos en Latinoamérica?

"TODO GRAN INVENTO EMPEZÓ COMO UNA IDEA LOCA"

Mucho antes de que Lindbergh cruzara el Atlántico para ganar el Premio Orteig, el parlamento británico había ofrecido en 1714 un premio de 20 000 libras a la primera persona que descubriera cómo medir la

287

longitud en el mar. El éxito del premio británico llevó a que varios otros países europeos lanzaran sus propios premios para resolver problemas específicos. En 1795, Napoleón I ofreció un premio de 12 000 francos a quien encontrara un método para preservar la comida, y permitir que su ejército pudiera alimentarse durante su marcha hacia Rusia. Luego de casi 15 años de experimentos, en 1810, el chef parisino Nicolas Appert ganó el premio, inventando el método de envases sellados que todavía se utiliza hoy. Desde entonces, los premios a la innovación se multiplicaron en Europa y Estados Unidos, con gran éxito.[7]

"Los premios pueden ser el acicate para producir soluciones revolucionarias", dice un estudio de la consultora McKinsey & Company. "Durante siglos, han sido un instrumento clave usado por soberanos, instituciones reales y filántropos privados que buscaban solucionar urgentes problemas sociales, y desafíos técnicos de sus culturas."[8] De la misma forma, según me dijo el propio Diamandis en una larga entrevista, los premios son fundamentales para instaurar la idea en la sociedad de que algo que se consideraba imposible puede, de hecho, convertirse en realidad.

"La idea detrás de estos premios es que el día antes de que cualquier invento salga a la luz pública es una idea loca", me dijo Diamandis. "Si no fuera una idea loca el día anterior, no sería un gran invento. Entonces, la pregunta que yo le hago a las empresas, las organizaciones y los gobiernos es: ¿tienen ustedes un lugar dentro de la organización donde se crean ideas locas? Porque si no estás experimentando con ideas locas, con ideas que pueden fallar, seguirás atascado con pequeños pasos de mejora continua, pero nunca vas a inventar algo nuevo. Y los premios son, precisamente, mecanismos para impulsar ideas locas."[9]

Antes de crearse el premio Ansari X Prize para quien inventara una nave espacial reutilizable, nadie creía que eso era posible, y por lo tanto ninguna empresa invertía en ese proyecto. Pero el premio hizo que varios se lanzaran al ruedo. Y luego de que Allen ganó el premio, se crearon media docena de empresas aeroespaciales con el fin de ganar el premio, con inversiones que superaron los 1 000 millones de dólares.

Igualmente, en 2010, cuando la plataforma submarina Deepwater Horizon de British Petroleum produjo un desastre ecológico en el Golfo de México, nadie creía que podía crearse un mejor sistema para limpiar el petróleo del mar que el existente, recuerda Diamandis. Varias organizaciones, incluyendo los X Prize de Diamandis, se unieron para ofrecer un premio a quien inventara rápidamente un mejor método para limpiar el derrame. "Los resultados de la competencia fueron espectaculares. El equipo ganador logró cuadruplicar la eficiencia de la tecnología existente en la industria", afirmó Diamandis.

Los escépticos señalan, con cierta razón, que muchas veces los premios terminan siendo —más que un incentivo a la innovación— una estrategia de publicidad disfrazada de las empresas, o formas sofisticadas de pagar menos para comprar buenas ideas. Y también es cierto que los premios no son un sustituto para la investigación básica que necesitan los países para poder inventar nuevos productos, o mejorar los existentes. Sin embargo, los premios son una herramienta cada vez más eficaz para despertar el interés por resolver un desafío, estimular al mayor número de talentos para que lo conviertan en realidad, y crear una cultura de la innovación. Las ventajas que ofrecen los premios son muy superiores a las limitaciones que apuntan sus críticos.

HAY QUE ACEPTAR Y APRENDER DE LOS FRACASOS

Una clave fundamental para crear una cultura de la innovación es instalar en la sociedad la idea de que el fracaso es muchas veces la antesala del éxito. Hay que enseñarles a los niños, desde muy temprana edad, que los emprendedores más famosos del mundo tropezaron varias veces antes de triunfar, y que el hecho de que fracase un emprendimiento no significa que fracase un emprendedor. Para usar un ejemplo reciente, quizás habría que contar en las escuelas la historia de la compra de la mensajería instantánea WhatsApp por parte de Facebook en 2014 por nada menos que 19 500 millones de dólares.

Los dos jóvenes de Silicon Valley que habían creado WhatsApp —el estadounidense Brian Acton y el ucraniano Jan Koum— habían fracasado en varios intentos anteriores antes de convertirse en billonarios. Uno de ellos, Acton, había buscado empleo en Twitter en 2009 y había sido rechazado. Acton, fiel reflejo de la cultura de Silicon Valley, no sólo no había ocultado su fracaso, sino que lo había anunciado públicamente en su cuenta de Twitter: "Me han rechazado en la sede de Twitter. Bueno, está bien, me habría pasado mucho tiempo yendo y volviendo", escribió en un tuit en ese momento. Pero lo más gracioso es que meses después, Acton buscó empleo en Facebook, y también fue rechazado por la misma empresa que cinco años después compraría su idea por 19 500 millones de dólares. Nuevamente, Acton escribió en su cuenta de Twitter: "Facebook no me ha tomado. Era una gran oportunidad para conectarme con gente fantástica. Deseando que llegue la próxima aventura en la vida". ¿Qué cara habrá puesto el jefe de recursos humanos de Facebook cuando, cinco años después, Facebook compró WhatsApp? "Que tiemble el jefe de recursos humanos de Facebook. La broma le ha costado 19 500 millones de dólares", ironizaba el diario *El País*, de España, el día del anuncio de la compra de WhatsApp por Facebook.

Se trata de una historia divertida, pero apenas uno más de los miles de ejemplos de empresas que fracasan varias veces antes de triunfar. Los casos que mencionábamos en el primer capítulo —como el de Thomas Alva Edison, el inventor de la bombilla eléctrica que hizo más de 1 000 intentos fallidos antes de lograr producir su lamparita eléctrica, o de Alexander Graham Bell, el inventor del teléfono cuyo aparato para comunicarse a distancia fue rechazado por la compañía que hoy se llama Western Union— son algunos de los ejemplos más conocidos. Uno de mis favoritos es el caso de Henry Ford, el pionero de la industria automotriz y fundador de la Ford Motor Company. Ford había creado anteriormente otra empresa llamada Detroit Automobile Company, que había quebrado. Y sus fracasos no terminaron allí: llamó a su automóvil "Ford T", porque había empezado con el "Ford A", y había fracasado en todos sus intentos hasta llegar a la letra T. Pero lo cierto es que el empresario no se había dejado intimidar por las burlas de algunos de sus contemporáneos, que decían que estaba perdiendo el tiempo y que haría mejor invirtiendo su tiempo en producir "un caballo que galope más rápido". Ford decía que lo importante era asumir riesgos y hacer cosas audaces, aunque muchos las vieran como una locura.

¿PREMIOS AL FRACASO?

El gran secreto de Silicon Valley es que ha logrado crear una cultura en la que el miedo a perderse una oportunidad es mucho mayor que el miedo al fracaso. Tal como lo señala el profesor Baba Shiv en un artículo publicado por el *Stanford Business School News*, "Lo que es vergonzoso para este tipo de gente no es fracasar, sino quedarse sentado observando mientras otros salen corriendo con una gran idea". En ese espíritu, y para tratar de empezar a cambiar la cultura del miedo al fracaso en América Latina y España, Singularity University estaba creando en 2014 varios premios en Buenos Aires, Ciudad de México, Monterrey, Madrid y Barcelona a los "emprendedores que toman riesgos", independientemente del resultado de sus proyectos. "Nuestro objetivo es celebrar y reconocer a las personas que han tomado grandes riesgos, incluso aquellos que han fracasado, porque en la mayoría de estas culturas el fracaso es castigado. Queremos premiar el riesgo, que es parte de la creación de cualquier nueva empresa exitosa", me dijo Salim Ismail, el encargado de relaciones internacionales de Singularity University.[10]

Me parece una excelente idea. Lograremos una cultura de la innovación el día en que nuestros emprendedores comenten sobre sus fracasos con la misma naturalidad y optimismo con que el cofundador de WhatsApp escribió sus tuits tras ser rechazado por Twitter y Facebook. En sociedades que castigan el fracaso, tenemos que crear una admiración colectiva a los emprendedores que toman riesgos, independientemente del resultado de sus proyectos.

SEGUNDO SECRETO:
FOMENTAR LA EDUCACIÓN PARA LA INNOVACIÓN

El déficit de capital humano para la innovación en la región —léase la falta de ingenieros, científicos y técnicos— es dramática. Y el motivo no es ningún secreto: se debe a que la mayoría de los estudiantes universitarios en América Latina se vuelcan a las humanidades y las ciencias sociales. Por un lado, los sistemas educativos latinoamericanos siguen anclados en planes de estudios del siglo XIX, que convierten el estudio de las matemáticas y las ciencias en un suplicio. Por otro lado, los jóvenes al entrar a la universidad suelen sentirse más atraídos por las carreras que se especializan en los problemas más candentes de sus sociedades, lo que explica por qué Latinoamérica está produciendo tantos economistas y tan pocos ingenieros o científicos. Cualquiera que sea el motivo, lo cierto es que mientras en Finlandia y en Irlanda hay 25 graduados en ingeniería por millón de habitantes, en Chile hay sólo ocho graduados en ingeniería por millón de habitantes, en México siete, en Colombia seis, en Argentina cinco, y en el resto de la región aún menos.[11]

¿Cómo estimulan los estudios de matemática, ciencia y tecnología los países más avanzados? En muchos casos, jugando. No es broma: recuerdo que cuando le pregunté a Bill Gates en una entrevista cuál es su sugerencia para lograr que más jóvenes escojan carreras de ciencias e ingeniería, me dijo que las escuelas primarias deberían cambiar radicalmente la forma en que enseñan estas materias. "Tienen que hacer proyectos que sean divertidos para los niños —dijo Gates—. Por ejemplo, diseñar un pequeño submarino o un pequeño robot. Y que los niños entiendan que la ciencia es una herramienta para hacer algo que quieren hacer, y no un desierto que tienen que cruzar para quizás encontrar un buen trabajo una vez que lo han atravesado."[12]

En algunos países, como Singapur, las escuelas primarias escogen a los niños más hábiles con las matemáticas, y los encausan hacia escuelas técnicas desde muy pequeños. Durante una visita a una escuela primaria en Singapur hace unos años, por ejemplo, pude ver cómo, en lugar de pedirles a los niños que hicieran cálculos matemáticos abstractos, la maestra les pedía que calcularan la distancia de un tiro libre en una cancha de futbol, o la distancia que guardaban los músicos en el podio durante un concierto de rock. En la escuela secundaria, los países más exitosos se aseguran de que todas las escuelas tengan laboratorios de química y física modernos para que las materias científicas sean aprendidas de la manera más divertida posible. La clave, coinciden todos los estudios, es hacer que las ciencias y la ingeniería sean materias divertidas, y no algo abstracto sólo entendible para los alumnos más brillantes. Y en las universidades, muchos países, como Finlandia, ponen límites a la cantidad de alumnos que pueden estudiar cada carrera, de manera que las universidades pueden decidir cuántos científicos y cuántos licenciados en literatura medieval quieren diplomar todos los años.

Eugenia Garduño, directora para México y América Latina del Centro de la Organización de Cooperación y Desarrollo Económicos (OCDE) —el club de países industrializados que administra el test PISA de estudiantes de 15 años en todo el mundo— me dijo que cuando los jóvenes ya están en la escuela secundaria, ya es demasiado tarde para estimularlos a seguir carreras científicas o técnicas: hay que hacerlo desde el preescolar. "Ya en el prekínder se empiezan a definir las tendencias de los estudiantes", señaló. "Por eso es crucial que, desde antes de que los niños entren en la escuela, sean involucrados en actividades científicas, especialmente las niñas y los estudiantes de familias más pobres, que son los dos grupos más vulnerables en matemáticas y ciencias."[13] Los países que han creado programas preescolares para atraer a estos dos grupos poblacionales a las matemáticas y las ciencias, y que envían a los mejores maestros a las escuelas que más los necesitan, son los que más están aumentando sus puntajes promedios en los exámenes estandarizados PISA, agregó.

NO HAY QUE IMPARTIR CONOCIMIENTO, SINO ENSEÑAR A PROCESARLO

En la era de Google, en que podemos acceder a información sobre prácticamente todo en cualquier motor de búsqueda en internet, ya no es necesario que nuestras escuelas enseñen conocimientos, sino que enseñen a procesar información y a fomentar la creatividad. En su libro *Creando innovadores*, Tony Wagner, un especialista en educación de la Universidad de Harvard, dice que el principal objetivo de las escuelas ya no será preparar a los jóvenes para la universidad, sino preparar a los jóvenes para la innovación. "Lo que uno sabe es cada vez menos importante, y lo que uno puede hacer con lo que sabe es cada vez más importante. La capacidad de innovar, o sea la habilidad de resolver problemas creativamente o convertir nuevas posibilidades en realidad, y las habilidades, como el pensamiento crítico, la capacidad de comunicar y de colaborar con otros, son mucho más importantes que el conocimiento académico", dice Wagner.[14]

Para Wagner, la innovación se puede enseñar en las escuelas. La clave es que los maestros, en lugar de premiar a los alumnos con base en los conocimientos que han adquirido —o sea, lo que "saben"— los premien según su capacidad de analizar y resolver problemas, y de aprender de sus fracasos. "En la mayoría de las escuelas secundarias y universidades, el fracaso es castigado con una mala calificación. Pero sin prueba y error, no hay innovación", dice Wagner.[15] Según recuerda Wagner, Amanda Alonzo, una profesora de San José, California, cuyos alumnos han ganado varios premios de ciencias, le dijo que "una de las cosas más importantes que le enseño a mis alumnos es que cuando fracasas, estás aprendiendo". Wagner concluye que las escuelas que mejor preparan a los estudiantes para la economía del siglo XXI son las que les dan buenas calificaciones tanto por lo que estudian como por su capacidad de resolver problemas, trabajar en equipo, perseverar en sus proyectos, tomar riesgos, aprender de sus fracasos, y no dejarse amilanar por estos últimos.

La otra gran recomendación de Wagner es que las escuelas y las universidades enfaticen el pensamiento interdisciplinario. "El sistema universitario actual exige y premia la especialización. Los profesores ganan sus nombramientos con base en sus investigaciones en áreas académicas muy restringidas, y a los estudiantes se les pide que se gradúen en una carrera determinada. Pero lo más importante que pueden hacer los profesores es enseñar que los problemas nunca pueden ser entendidos o resueltos en el contexto de una disciplina individual", dice Wagner.[16] Las mejores universidades son las que ya están permitiendo a sus estudiantes construir sus propias carreras interdisciplinarias, como medicina robótica o ingeniería médica. En el Olin College, por ejemplo, los estudiantes crean sus propias carreras, como "diseño para el desarrollo sustentable", o "biología matemática". Así será, cada vez más, la educación universitaria del futuro.

HAY QUE CAMBIAR EL LENTE DESDE LA NIÑEZ

Para poder pensar de manera interdisciplinaria y crear innovaciones revolucionarias —o disruptivas, como las llaman muchos— tenemos que cambiar el lente con que vemos las cosas. Y para ello, muchos gurúes de la innovación sugieren que la clave para promover la innovación entre los niños es enseñarles a que se hagan las preguntas correctas. En lugar de pedirles que resuelvan un problema específico, afirman, tenemos que enseñarles a reformular el problema, y partir de una pregunta mucho más amplia: ¿Cuál es nuestra meta final?

En su libro *The Solution Revolution*, William D. Eggers y Paul Macmillan dan un excelente ejemplo de cómo reformular la pregunta básica puede ayudarnos a ver las cosas de otra manera. Los autores dan el ejemplo de las escuelas. Si nos hacemos la pregunta: ¿cómo mejorar nuestras escuelas?, estamos limitando nuestra mente a pensar en cómo mejorar nuestros sistemas escolares de edificios de ladrillos, aulas, pizarrones y pupitres. Pero si en lugar de hacernos la pregunta de esa forma la reenfocamos sobre nuestra meta final, y nos preguntamos cómo hacer para educar mejor a nuestros jóvenes y prepararlos para el mercado de trabajo del futuro, lograremos llegar a soluciones mucho más creativas, afirman.

"Esta última pregunta abre toda una gama de posibilidades que pueden o no incluir a la educación tal como la conocemos tradicionalmente", señalan los autores, agregando que la segunda pregunta nos lleva a contemplar posibilidades como la educación a distancia, o las "clases al revés" que popularizó Salman Khan. "Si uno piensa sobre cómo resolver un problema en términos de las soluciones existentes, está limitando las potenciales soluciones a un statu quo defectuoso."

Lo mismo ocurre en todos los órdenes de la vida. Si una empresa se pregunta cómo vender más, está limitando su esfera de pensamiento a cómo mejorar los productos que fabrica, agilizar sus redes de distribución, o mejorar sus estrategias de mercadotecnia. Pero, en cambio, si se preguntara cómo aumentar sus ingresos y contribuir más a la sociedad, podría ampliar dramáticamente su campo visual y encontrar nuevos productos o servicios que jamás había contemplado. De la misma forma, si como personas nos limitamos a preguntarnos cómo podemos hacer para progresar en nuestros empleos, nos estamos limitando a una esfera de posibilidades muy reducidas. Quizás, deberíamos preguntarnos: ¿Qué puedo hacer para satisfacer mis necesidades económicas, mejorar mi calidad de vida y ser más feliz?

Otra forma de cambiar el lente con que vemos las cosas, sugerida por Luke Williams en su libro *Disrupt*, es remplazar nuestra hipótesis de trabajo por una afirmación intencionalmente disparatada. Para lograrlo, Williams sugiere poner patas para arriba o negar de plano la hipótesis con la que estamos trabajando. Por ejemplo, en el caso de la pregunta sobre cómo mejorar nuestras escuelas, con edificios de ladrillo, aulas, pizarrones y pupitres, Williams sugiere que nos preguntemos: ¿Qué pasaría si tratáramos de educar a nuestros hijos sin ninguno de estos elementos? Al igual que cuando reformulamos la pregunta enfocándonos en cuál es nuestra meta final, poner una pregunta tradicional patas para arriba nos puede abrir los ojos a soluciones revolucionarias, afirma. Cualquiera que sea la fórmula, lo cierto es que una de las claves para crear una cultura de la innovación es —como en las pruebas de visión cuando vamos al oculista— cambiar el lente con el que miramos las cosas. En las escuelas, en las empresas, en los gobiernos, deberíamos incluir una rutina de estimular el análisis de los problemas desde varios ángulos, mediante el planteo de diferentes preguntas. Muchas veces, el secreto no está en la respuesta, sino en la pregunta.

TERCER SECRETO:
DEROGAR LAS LEYES QUE MATAN LA INNOVACIÓN

Como lo señalábamos en las primeras páginas de este libro, la mayoría de los países latinoamericanos deben simplificar los trámites para abrir o cerrar una empresa, adoptar leyes que hagan respetar la propiedad intelectual, y modificar sus leyes de quiebras para no castigar excesivamente a quienes fracasan en un emprendimiento. En el nuevo mundo de la innovación productiva, en el que las empresas se inventan, reinventan, mueren y renacen constantemente, hay que hacer que la apertura y cierre de empresas sea lo más fácil posible.

Aunque varios países latinoamericanos, como Chile y México, han reducido sus trabas burocráticas a la creación de nuevas empresas, muchos otros siguen estando entre los campeones mundiales de la "tramitología". En Argentina se requieren 14 trámites para registrar una nueva empresa, en Brasil y Ecuador 13 trámites, y en Venezuela nada menos que 17 trámites, que por lo general duran varios meses y requieren pagos de sobornos a varios inspectores, según datos del Banco Mundial.[17] Ante semejantes trabas —y los costos en sobornos que hay que pagar para "agilizar" los trámites— no es casual que muchos emprendedores latinoamericanos operen en la economía subterránea, o que nunca lleguen a materializar sus proyectos.

Y si a eso le sumamos leyes que no protegen con suficiente rigor la propiedad intelectual, los estímulos para la innovación son aún menores. Cuanto más temor hay de que a uno le roben una idea, menos incentivos hay para tratar de convertirla en realidad. En muchos de nuestros países, la piratería intelectual no sólo no es combatida, sino que es un pasatiempo dominguero protegido por las autoridades: basta ir al gigantesco mercado negro de La Salada en la provincia de Buenos Aires de Argentina, o al mercado Tepito de la Ciudad de México, o a los centros San Andresito de Bogotá o Cali en Colombia, o al mercado de La Bahía de Guayaquil, en Ecuador, para poder comprar reproducciones ilegales de música, películas, videojuegos, programas de computación, ropa o productos farmacéuticos a precios ínfimos. Muchos de quienes compran en estos mercados negros lo ven como una picardía inofensiva, que en el peor de los casos afecta sólo a empresas multinacionales que ya ganan suficiente dinero. Pero pocos saben que la piratería intelectual no sólo afecta a las empresas extranjeras, sino también a las locales. En muchos casos, hace que potenciales innovadores ni siquiera intenten poner en marcha sus proyectos, o que nadie quiera financiarlos, ante la imposibilidad de competir con productos pirateados.

LAS LEYES DE QUIEBRAS QUE CASTIGAN EL FRACASO

Una de las principales trabas a la innovación que me señalaron muchos de los emprendedores que entrevisté para este libro son las anquilosadas leyes de quiebra de la mayoría de nuestros países, que hacen casi imposible que un innovador que fracasa en un proyecto pueda volver a levantarse, y hacer un segundo o tercer intento. En muchos países latinoamericanos, las leyes de quiebra convierten a los emprendedores que tuvieron que caer en la suspensión de pagos en verdaderos parias sociales, que quedan inhabilitados para iniciar cualquier nuevo negocio, en muchos casos no pueden ni siquiera emitir un cheque, y pueden perder hasta sus bienes personales.

En eso, hay una diferencia enorme con los marcos legales de los países que alientan la innovación. En Estados Unidos y la mayoría de los países industrializados, las leyes permiten que una empresa se declare en cesación de pagos, sin perjuicio de que sus directores puedan abrir otra empresa ese mismo día. Además, la legislación estadounidense hace muy difícil que los acreedores de una empresa fallida puedan reclamar los bienes personales de los dueños o directivos de esa empresa, algo que es posible —y usual— en muchos países latinoamericanos. La tradición legal latinoamericana tiene su lógica —evitar el vaciamiento de las empresas—, pero al mismo tiempo produce situaciones absurdas, como prohibirles a los empresarios iniciar un nuevo emprendimiento hasta tanto terminen los procesos de liquidación de sus empresas quebradas, que pueden durar décadas.

"En Argentina es difícil fracasar —me contó Emiliano Kargie-man, el argentino que está produciendo los nano satélites que podrían revolucionar la industria aeroespacial—. Cerrar una empresa es física-mente y económicamente demandante: terminas con juicios durante años y el proceso es terrible. Tengo amigos que se fueron a otro país, porque no querían volver a pasar por eso de nuevo. Eso te inhibe de crear una empresa. Fracasar tendría que ser algo fácil. No sólo habría que lograr aumentar la tasa de natalidad de empresas, sino también habría que aumentar la mortalidad de las empresas. Lo importante es que puedas fracasar lo más rápido posible, para que puedas levantarte y hacer otra."[18]

Los países que alientan la innovación tienden a alentar la reor-ganización en lugar de la liquidación de empresas, y a tener pro-cesos sumamente rápidos para resolver casos de insolvencia. Varios países industrializados han establecido tribunales especiales para agi-lizar los procesos de reorganización o quiebra, y en algunos casos —como Corea del Sur— los procesos de reorganización ya se conducen por internet. En Singapur, el promedio de duración de un juicio de insolvencia —ya sea de reorganización, liquidación o quiebra— es de ocho meses, mientras que en Finlandia es de nueve meses. Compa-rativamente, en Ecuador el promedio es de cinco años y tres meses, en Brasil y Venezuela de cuatro años, en Argentina de dos años y sie-te meses, y en México de un año y siete meses, según estadísticas del Banco Mundial.[19]

"En muchos países latinoamericanos, estamos operando con legis-laciones de los días en que la bancarrota era un crimen —me dijo Augusto López-Claros, un experto del Banco Mundial—. En Chile, que acaba de reformar su ley de quiebras, hasta hace poco si te ibas a la quiebra ni siquiera podías emitir un cheque. Estabas marcado de por vida, eras un paria social. Fracasabas una vez, y fracasabas para siem-pre. En Estados Unidos, y en otros países, el fracaso es una oportuni-dad. Fíjate lo que pasó con American Airlines: se reorganizó, y eso le permitió unirse con U.S. Airways, y salir fortalecida."[20]

"NUESTRO PAÍS HOSTIGA AL QUE LE VA MAL"

Martin Migoya, el cofundador de Globant, una empresa argentina que produce *software* para Google, Linkedin y Dreamworks, y tiene cerca de 3 200 empleados repartidos en Argentina, Colombia, Uruguay, Brasil, Gran Bretaña y Estados Unidos, es uno de los varios emprendedores super exitosos que están haciendo campaña por cambiar las leyes de quiebras en su país para incentivar la innovación. "Nuestro país es muy castigador: es un país netamente hostigador del tipo al que le va mal. El tipo que le va bien se eleva, y el otro, se entierra, cuando en realidad las dos cosas tendrían que estar mucho más juntas", me dijo Migoya en una entrevista en Buenos Aires.[21]

Al igual que la mayoría de los innovadores exitosos, Migoya fracasó varias veces antes de triunfar. "Yo antes de emprender Globant, cuando era joven, emprendí dos o tres cosas, y me fue mal en todas", recordó. Cuando tenía 21 años, poco antes de graduarse en ingeniería electrónica, Migoya había creado junto con un amigo —uno de sus actuales socios en Globant— una caja electrónica parecida a un sintetizador, que les permitía a los músicos disparar varios instrumentos al mismo tiempo. Pero el proyecto no despegó, porque tras recorrer varias casas de música se dieron cuenta de que no había mucho interés por el aparato. En el proceso, los dos jóvenes habían descubierto que no podían encontrar en las librerías el cartón microcorrugado que precisaban para hacer sus cajas. Los dueños de las papelerías les decían que no podían conseguir ese tipo de cartones. Entonces, los jóvenes se plantearon cambiar de rubro: se pusieron a vender cartón microcorrugado. Pero la nueva empresa nunca llegó a ser exitosa.

Varios años después, cuando Migoya y sus socios fundaron Globant en 2003, dieron en la tecla con una fórmula muy simple: aprovechar el entonces bajo costo de la mano de obra argentina para vender *software* en el exterior. Les fue muy bien: en 2014 se registraron en la Comisión de Valores de Estados Unidos para hacer la empresa pública, y recaudaron 58 millones de dólares en su salida a la bolsa de valores de Wall Street. Pero Migoya y sus socios tuvieron la suerte de haber fracasado en sus proyectos anteriores siendo muy jóvenes, con proyectos pequeños, y sin necesidad de irse a la quiebra. Si hubieran tenido que lidiar con un proceso de bancarrota, las leyes argentinas probablemente no les hubieran permitido levantar la cabeza para crear una empresa como Globant.

CUARTO SECRETO:
ESTIMULAR LA INVERSIÓN EN INNOVACIÓN

No es ningún secreto que los países que más invierten en investigación y desarrollo suelen ser los que más inventos patentan, y los que más productos nuevos sacan al mercado. El país del mundo que más invierte en investigación y desarrollo es Israel, que destina 4.3% de su producto interno bruto a este rubro, y en relación con su tamaño es uno de los que más patentes registra a nivel mundial. Le siguen Finlandia, con una inversión de 4% de su producto interno bruto en investigación y desarrollo, Japón con 3.3%, Estados Unidos con 3%, Alemania con 2.8%, y Francia con 2.2%, según datos de la Organización para la Cooperación y el Desarrollo Económicos (OCDE). Comparativamente, Brasil destina 1.2% de su PIB a la investigación y desarrollo, mientras que todos los demás países latinoamericanos invierten menos de 1% de sus respectivos productos internos brutos en este rubro.[22]

El segundo gran problema de la falta de inversión en innovación en Latinoamérica es que la mayor parte del dinero es desembolsado por los gobiernos, a través de las universidades públicas, y no por las empresas privadas que son las que mejor conocen el mercado. El secreto de los países más exitosos en innovación —tanto Israel, Finlandia, Estados Unidos y los países de la Unión Europea, como los que están avanzando muy rápido, como China— es que una gran parte de su inversión en investigación y desarrollo es realizada por empresas privadas. Mientras en Estados Unidos casi 70% de toda la inversión en investigación es realizada por empresas privadas, en Argentina este porcentaje es de apenas 21%, en México es 43% y en Brasil 46%, según datos de la Organización de Estados Iberoamericanos.[23] Muchas veces, en Latinoamérica, quienes toman las decisiones sobre dónde y en qué invertir son funcionarios gubernamentales, cuyo conocimiento y experiencia en el desarrollo de productos potencialmente comercializables es escaso o nulo.

EL PAPEL DE LAS EMPRESAS Y LAS UNIVERSIDADES

Según la OIA, la escasa colaboración entre empresas privadas y las universidades en América Latina se debe en gran parte a un "choque de culturas". Mientras que las universidades latinoamericanas se ven a sí mismas como productoras de conocimiento puro, no contaminado por intereses comerciales, las empresas privadas se ven a sí mismas como exclusivamente dedicadas a aumentar sus ganancias. Esto está empezando a cambiar, aunque muchos profesores e investigadores latinoamericanos todavía consideran más prestigioso escribir un artículo académico sobre algún tema hipotético que colaborar con una empresa privada para inventar una nueva tecnología o un nuevo producto. En los países más innovadores, las propias universidades han creado empresas privadas para producir patentes conjuntas de profesores, investigadores y empresas privadas. Cuando visité la Universidad Hebrea de Jerusalén, en Israel, conocí a los directivos de Yissum, una empresa de la universidad que cada ciertos meses llama a cada profesor y le pregunta si tiene algún nuevo descubrimiento que pueda ser ofrecido al sector privado. En caso positivo, Yissum se encarga del papelerío para registrar una patente a nivel internacional —que es un proceso largo y costoso— y de encontrar empresas o inversionistas privados interesados en el proyecto. Y si la patente que se registra al final del proceso es exitosa y se traduce en un producto con salida comercial, se dividen las ganancias entre el profesor o investigador (40%), la universidad (otro 40%), y el laboratorio de la universidad que participó en el proyecto (el restante 20%).

En ese ecosistema, los profesores que han generado una patente son las estrellas de sus universidades. Yissum ha registrado ya 8 300 patentes de unas 2 400 invenciones para la Universidad Hebrea de Jerusalén, muchas de las cuales fueron adquiridas por compañías como IBM, Bayer, Merck o Microsoft. ¿No sería urgente que todas las grandes universidades latinoamericanas crearan su propia Yissum, tocándoles la puerta cada seis meses a sus profesores para ver que han inventado que pueda ser traducido en un producto patentable?

LOS INVERSIONISTAS DE RIESGO

El tercer gran desafío para estimular la innovación en Latinoamérica es hacer que surjan inversionistas de riesgo, dispuestos a arriesgar sus inversiones en *start-ups*, o empresas que recién empiezan y que tienen grandes posibilidades de fracasar. Luis von Ahn, el guatemalteco que fundó la empresa de cursos de idiomas gratuitos por internet Duolingo, y que le vendió algunos de sus inventos anteriores a Google, me contó que en Estados Unidos logró juntar 40 millones de dólares de inversionistas de riesgo para su proyecto de Duolingo, algo que difícilmente podría haber logrado en algún país latinoamericano.

"Las compañías de inversiones de riesgo que invirtieron en Duolingo saben que la posibilidad de que no recuperen su dinero es de 95%, porque la posibilidad de que un *start-up* tecnológico falle es de 95%. Pero ésa es, precisamente, la idea de una inversión de riesgo", me dijo Von Ahn. "Hacen la inversión con la idea —y eso es lo que falta en Latinoamérica— de que si invierten en 100 *start-ups*, y todas son de alto riesgo, 95 de ellas van a fallar, pero 5 de ellas van a ser el próximo Google o el próximo Twitter. Y con esas 5 van a pagar por todo el resto, y aún van a ganar mucho dinero."[24]

Von Ahn me dio como ejemplo la compra de WhatsApp por Facebook en 2014. Cuando se dio a conocer la noticia, todos los periódicos reportaron que Facebook había pagado la astronómica suma de 19 500 millones de dólares a los dos fundadores de WhatsApp, pero pocos señalaron que los inversionistas de riesgo que habían invertido en WhatsApp probablemente también ganaron inmensas fortunas con la transacción. "Los inversionistas de riesgo saben que nunca van a ganar 19 500 millones de dólares invirtiendo en restaurantes, y por eso escogen invertir en *start-ups* tecnológicas, por más riesgosas que sean —explicó Von Ahn—. Tenemos que crear esa cultura de inversión de riesgo en nuestros países, porque la mentalidad de muchos inversionistas en Latinoamérica es: 'Te voy a dar, pero quiero que me garantices una probabilidad de 100% de que vamos a recuperar la inversión'. En cambio, los inversionistas de riesgo saben que la mayoría de sus proyectos van a fallar, pero no les importa, porque con un proyecto grande que logre triunfar van a ganar más que con cualquier otra inversión."[25]

¿Y cómo crear inversionistas de riesgo?, le pregunté. Von Ahn admitió que no es fácil, pero agregó que tal vez los gobiernos pueden dar incentivos fiscales a quienes hagan este tipo de inversiones. No sería mala idea. Los inversionistas de riesgo son uno de los motores de Silicon Valley, y uno de los factores clave de la mayoría de los ecosistemas de innovación exitosos.

LAS INVERSIONES COLECTIVAS DEL *CROWDFUNDING*

Por suerte, hay otras fuentes de crédito novedosas como el *crowdfunding*, que les permiten a los innovadores recaudar fondos a través de contribuciones individuales de miles de pequeños inversionistas mediante sitios de internet como kickstarter.com. Cada vez más innovadores en países con poco acceso a préstamos bancarios están materializando sus proyectos gracias a estas recaudaciones por internet.

Es el caso del joven uruguayo Rafael Atijas, que inventó una guitarra de tres cuerdas para ayudar a los niños a aprender a tocar el instrumento, cuya versión tradicional de seis cuerdas es muy complicada para los niños pequeños. La historia de Atijas ilustra las posibilidades que gozan los innovadores de hoy: Atijas inventó su guitarra en Uruguay, juntó fondos para producirla en Estados Unidos a través de kickstarter.com, empezó a fabricarlas en China, las almacena en Estados Unidos, y hoy las vende en 30 países, principalmente en Estados

Unidos, Japón, Canadá, Gran Bretaña y Nueva Zelanda. Y lo hace todo desde su laptop en Montevideo, Uruguay.

¿Cómo lo hizo?, le pregunté. Atijas, graduado en publicidad en su país, me contó que inventó su guitarra de tres cuerdas para niños mientras hacía su maestría en marketing integrado en la Universidad de Nueva York. Para graduarse tenía que hacer una tesis con un plan de negocios para un nuevo producto. O sea, tenía que inventar algo y hacer un plan sobre cómo convertir esa idea en realidad. Y buscando una idea para su tesis, Atijas —que había sido músico— encontró su proyecto durante una visita a su sobrina de seis años. "Yo sabía que tenía que buscar algo por el lado de la música y el diseño industrial, que son las cosas que más me gustan, y la idea me vino cuando vi a mi sobrina tratando de tocar una guitarra típica para niños, que son simplemente guitarras comunes, pero más chicas. Se me ocurrió que sería una buena idea crear una guitarra de tres cuerdas para permitirle a los niños tocar y escuchar las notas mucho más fácilmente."[26]

Una vez graduado de su maestría en Nueva York, Atijas regresó a Uruguay, contactó a una empresa de diseñadores industriales, e invirtió 90 000 dólares —de los cuales 45 000 vinieron de la Agencia de Innovación de Uruguay, y el resto de sus propios ahorros, familiares y amigos— para encargar los prototipos, diseños, y todo lo que tuviera que ver con la investigación y desarrollo de la guitarra para niños. Pero como el dinero no le alcanzaba para pagar la producción de la guitarra, colocó su proyecto en kickstarter.com en marzo del 2011. Tal como lo requiere kickstarter.com, Atijas fijó una meta concreta —recaudar 15 000 dólares en un mes— y los interesados comenzaron a ordenar el producto con sus tarjetas de crédito, en el entendido de que si el proyecto no despegaba y no recibían su guitarra de tres cuerdas, la compra quedaba invalidada, y las tarjetas de crédito devolverían su dinero. Para sorpresa de Atijas, logró juntar 65 000 dólares en el mes que había fijado como plazo. "Fue increíble —me contó el joven uruguayo—. Me pasaba todo el día mirando la página de Kickstarter en la computadora, haciendo 'refresh' y viendo cómo subían las contribuciones."[27]

Luego, siempre desde su laptop en Uruguay, Atijas se puso a buscar en la página web alibaba.com —el masivo directorio de fábricas en China— una fábrica que pudiera producir su guitarra. Seleccionó una en especial que le pareció la más seria, viajó a China para comprobar con sus propios ojos que la fábrica no era un cuento chino, y encargó las primeras muestras de su guitarra. Con los 65 000 dólares que había recaudado en kickstarter.com, Atijas hizo su primer encargo de 600 guitarras, de las cuales entregó unas 400 a quienes las habían encargado en kickstarter.com, y comenzó a vender las restantes en su sitio web loogguitars.com a 150 dólares cada una. En los dos años siguientes, Atijas y su socio —que también maneja la empresa desde su laptop en Montevideo— vendieron unas 3 500 guitarras en 30 países.

Cuando hablé con Atijas tiempo después, acababa de poner en kickstarter.com un nuevo producto —una versión eléctrica de su guitarra de tres cuerdas— y había recaudado 70 000 dólares en un mes. Ahora, estaba desarrollando nuevos instrumentos, como un piano y una batería para niños. Y toda su empresa había sido construida sin préstamos bancarios, ni inversionistas de riesgo.

QUINTO SECRETO:
GLOBALIZAR LA INNOVACIÓN

Cada vez más, la innovación es un proceso colaborativo —muchas veces abierto y público, como en el caso de Jordi Muñoz, Bre Pettis y los *makers*, o el de los científicos como Rafael Yuste— que requiere estar en contacto cercano y en tiempo real con quienes trabajan en proyectos parecidos en todo el mundo. Y para lograr eso, hace falta globalizar la educación y la investigación, algo que han empezado a hacer —tardíamente, pero en buena hora— países como Chile y Brasil, pero que están lejos de hacer la mayoría de los demás países latinoamericanos.

A diferencia de lo que ocurre en Asia, la mayoría de los países latinoamericanos no permiten universidades extranjeras en su territorio, ni tienen convenios de titulación conjunta con las mejores universidades del primer mundo. Lo que es aún peor, muchas universidades latinoamericanas no exigen más que un conocimiento básico de inglés, que —nos guste o no— se ha convertido en la lengua franca de la ciencia y la tecnología mundial. En China, a pesar de ser un país comunista, y de tener un alfabeto diferente, se ha avanzado a pasos agigantados en el aprendizaje de inglés desde que el gobierno fijó la "internacionalización de la educación" china como una de sus principales metas quinquenales. Hace más de una década, China decretó la enseñanza obligatoria del inglés en todas las escuelas públicas, cuatro horas por semana, desde el tercer grado de la escuela primaria. Y el impacto ha sido inmediato, tal como lo pude comprobar con mis propios ojos en un reciente viaje a China. A diferencia de lo que me ocurría hace quince años, cuando no podía comunicarme con nadie en las calles, ahora muchísimos jóvenes en las grandes ciudades chinas pueden hablar o comunicarse en inglés.

En parte gracias a eso, China, Corea del Sur, Singapur, Vietnam y otros países asiáticos de todos los colores políticos están enviando a muchos más estudiantes a graduarse en ciencia y tecnología en universidades de Estados Unidos, Canadá, Europa y Australia, donde para entrar se requieren aprobar exámenes de inglés. Según el estudio *Open Doors* del Instituto de Educación Internacional de Estados Unidos, en 2013 había en las universidades estadounidenses 235 000 estudiantes de China, 97 000 de India, 71 000 de Corea del Sur, 45 000 de Arabia Saudita, 20 000 de Vietnam, 16 000 de México, 11 000 de Brasil, 7 000 de Colombia, 6 000 de Venezuela, 2 500 de Perú, 2 400 de Chile y 1 800 de Argentina.[28]

Otro estudio de los flujos estudiantiles a nivel mundial —y no sólo a Estados Unidos— realizado por la UNESCO llega a resultados similares. China tiene 441 000 estudiantes universitarios en el extranjero; India, 170 000 y Corea del Sur, 113 000. Comparativamente, Estados Unidos tiene 51 000 estudiantes en el extranjero; México, 26 000; Brasil, 23 000; España, 22 000; Argentina, 9 000 y Chile, 7 000, según el informe *Global Education Digest 2010* de la UNESCO. Como porcentaje de su población estudiantil, alrededor de 3.5% de los estudiantes universitarios surcoreanos y 1.7% de los de China están estudiando en el extranjero, mientras que sólo 1% de los estudiantes mexicanos y 0.4% de los brasileños y los argentinos están estudiando afuera, afirma el estudio de la UNESCO.

¿Cómo explicar que un país como Corea del Sur, con una población de menos de la mitad que la de México, tenga cuatro veces más estudiantes en las universidades estadounidenses que México, el país latinoamericano con más estudiantes universitarios en Estados Unidos? ¿Y cómo explicar que Vietnam, un país comunista, con otro alfabeto, tenga más jóvenes preparándose en las universidades estadounidenses que México? La primera explicación es que los países asiáticos, desde que China inició su exitoso giro hacia el capitalismo en 1978 y comenzó a reducir la pobreza a pasos acelerados, se han zambullido de lleno en la globalización, mientras que los latinoamericanos nos hemos quedado sentados mirando de lejos, y aferrándonos a viejas ideologías nacionalistas y estatistas del siglo XIX. El otro motivo, según me señalaron varios rectores de universidades estadounidenses, es mucho más sencillo: muchos estudiantes latinoamericanos no tienen la suficiente preparación en inglés como para aprobar los exámenes de idiomas que requieren las universidades estadounidenses.

¿POR QUÉ APLAUDIMOS LA GLOBALIZACIÓN EN EL FUTBOL Y NO EN LAS CIENCIAS?

Tal como lo escribí en esa columna titulada "Se busca un Messi de las ciencias", los países latinoamericanos deberían aceptar y aprovechar al máximo las ventajas de la globalización de las ciencias, tal como lo hacen en el futbol. Como se vio en el último mundial, el futbol es una de las actividades más globalizadas del mundo: casi todos los jugadores de las selecciones latinoamericanas juegan en el extranjero, y gustosamente regresan a sus países periódicamente para jugar con sus selecciones nacionales. Eso no ocurre sólo con potencias futbolísticas como

Argentina o Brasil, cuyas estrellas desde hace mucho tiempo juegan en las principales ligas europeas, sino con países más pequeños, como Costa Rica y Chile.

Estos dos países, entre otros, lograron resultados históricos en el último mundial en buena parte porque sus jugadores adquirieron experiencia en las ligas europeas, compitiendo con los mejores del mundo. El equipo de Costa Rica, que pasó a cuartos de final en el mundial de 2014 por primera vez en su historia, estaba integrado por jugadores que militan en clubes de España, Estados Unidos, Bélgica, Noruega, Alemania, Suiza, Dinamarca, Holanda y Grecia. De los once integrantes del equipo *tico*, sólo dos jugaban en Costa Rica.

La globalización del futbol ayudó a que países sin un gran historial futbolístico puedan jugar de igual a igual, sin complejos, frente a los más grandes. En la copa del 2014, Costa Rica le ganó a Italia y empató con Inglaterra, algo que hubiera sido impensable hace algunos años. Chile derrotó a España. Tanto España como Inglaterra e Italia fueron eliminadas por rivales mucho más pequeños. En la mayoría de los países latinoamericanos ya hay una aceptación generalizada de que la globalización ha ayudado a mejorar la calidad de sus jugadores. ¿Por qué no aceptar lo mismo con los científicos? ¿Por qué muchas veces los descartamos como parte de un fenómeno de "fuga de cerebros" —un concepto del siglo XIX— en lugar de aprovecharlos como parte de un nuevo fenómeno conocido como "circulación de cerebros"?

En el mundo globalizado del siglo XXI, los países que más progresan generan una "circulación de cerebros" que beneficia tanto a los países emisores como a los receptores. Tal como lo hacen China, Corea del Sur y otras potencias tecnológicas emergentes que mandan a un porcentaje mucho mayor de sus científicos al exterior, los países latinoamericanos tienen que alentar a sus científicos más promisorios a trabajar con las mayores eminencias científicas del mundo, y a que regresen periódicamente a su tierra natal para enseñar o colaborar en proyectos de investigación, así como lo hacen los jugadores de futbol con sus seleccionados nacionales cada cuatro años para la Copa del Mundo. Cuanto mayor "circulación de cerebros", más competitivos serán nuestros científicos, y más posibilidades habrá de que tengamos un Steve Jobs, un Messi de las ciencias o un Neymar de la tecnología.

LOS PROGRAMAS ESTUDIANTILES DE CHILE, BRASIL Y MÉXICO

Por suerte, algunos países latinoamericanos ya se han puesto las pilas. Chile en 2008, todavía durante el primer gobierno de la presidenta Michelle Bachelet, creó un fondo de 6 000 millones de dólares para otorgar 6 500 becas anuales a estudiantes chilenos para hacer estudios de posgrado en Estados Unidos y otros países en las mejores universidades del mundo. En 2011, Brasil le siguió los pasos con un ambicioso programa llamado Ciencias sin Fronteras, que se propuso enviar a 100 000 graduados en ingeniería, ciencia y tecnología a sacar sus títulos de posgrado en el exterior. El ministro de ciencia y tecnología de Brasil, Aloizio Mercadante, anunció que, bajo el nuevo programa, el gobierno dará 75 000 becas, y el sector privado las otras 25 000, para que los estudiantes saquen maestrías y doctorados "en las mejores universidades del mundo".

Y en 2013, el gobierno de México anunció su propio megaproyecto de globalización estudiantil, llamado Proyecta 100 000. Bajo el programa, México se propuso duplicar sus 16 000 estudiantes en las universidades de Estados Unidos a 27 000 en el 2014, 46 000 en el 2015, y así sucesivamente hasta llegar a 100 000 estudiantes mexicanos en universidades estadounidenses en el 2018. En otras palabras, el gobierno mexicano esperaba llegar a un total acumulado de 319 000 estudiantes mexicanos en las universidades de Estados Unidos. Y, paralelamente, el presidente estadounidense Barack Obama llevaba adelante su plan de Fuerza de 100 000 en las Américas, destinado a elevar a 100 000 el número de estudiantes latinoamericanos en universidades de Estados Unidos para el año 2020.

Aunque está por verse si estos programas lograrán cumplir sus metas —de hecho, la mayoría de ellos están avanzando más lentamente de lo anunciado—, la buena noticia es que por lo menos algunos países se han dado cuenta de la necesidad de globalizar la educación, y poner a sus científicos y técnicos a trabajar con los principales centros de investigación e innovación del mundo.

Es cierto que algunos de los científicos e ingenieros latinoamericanos que van a estudiar o trabajar al extranjero no volverán. Sin embargo, tal como se ha dado en China, India, Corea del Sur y varios otros países con grandes cantidades de estudiantes en el exterior, incluso los que se quedan en Estados Unidos contribuyen a acelerar el desarrollo de sus países natales, ya sea como inversores extranjeros, emprendedores, profesores visitantes o colaboradores en proyectos científicos. El secreto es que sus países de origen les den la oportunidad de hacerlo. Hay que convertir lo que antes se llamaba la "fuga de cerebros" en una "circulación de cerebros", e incluso en una "ganancia de cerebros" para los países emergentes.

LOS PAÍSES YA NO COMPETIRÁN POR TERRITORIOS, SINO POR TALENTOS

Chile y Brasil también lanzaron recientemente programas para importar innovadores. No es broma: ambos países han creado incentivos económicos para atraer a jóvenes emprendedores de todo el mundo, bajo la premisa de que los países que más progresan ya no compiten por territorios, sino por talentos. Así como en el Silicon Valley de California se concentran las mejores mentes de la tecnología mundial, Chile y Brasil quieren crear sus propios enclaves de innovación tecnológica.

Brasil, siguiendo los pasos de Chile, lanzó en 2013 un programa que ofrece a emprendedores tecnológicos, tanto nacionales como extranjeros, casi 100 000 dólares de ayuda gubernamental, además de espacio gratuito para oficinas, asesoramiento empresarial y servicios legales y contables. Bajo el programa público-privado llamado Startup Brasil, está planeado que hasta 25% de las empresas beneficiadas sean extranjeras, y sus directivos obtengan visas de residencia. El director operativo de Startup Brasil, Felipe Matos, me dijo que 909 empresas aspirantes

—entre ellas unas 60 de Estados Unidos— se postularon para la primera ronda de 50 empresas ganadoras. Curiosamente, Estados Unidos fue el país extranjero de donde más postulaciones vinieron.

"Queremos atraer mentes interesantes, y gente que pueda ayudarnos a volvernos más competitivos", me dijo Matos.[29] Cuando le pregunté por qué un joven emprendedor tecnológico de Estados Unidos querría mudarse a Brasil, uno de los países del mundo con más trabas burocráticas para abrir y manejar una empresa, Matos me respondió: "Hay mucho más terreno para crecer en Brasil que en las economías maduras. Brasil es el mayor mercado de consumo de Latinoamérica. Tiene 80 millones de usuarios de internet, y apenas están empezando a comprar cosas en línea".

En Chile, cuyo programa gubernamental Startup Chile se inició en 2010 y está dedicado exclusivamente a emprendedores extranjeros, principalmente de empresas de internet, el gobierno ofrece 40 000 dólares a cada emprendedor, además de una visa de trabajo y oficinas gratis. Ya se han postulado más de 7 200 emprendedores de más de 50 países, de los cuales han sido seleccionados 670, la mayoría de ellos jóvenes de un promedio de 27 años de edad, según me dijo el director ejecutivo de la institución, Horacio Melo.

De los 670 *start-ups* seleccionados cuando hablé con Melo, más de 160 eran de Estados Unidos. Startup Chile se concentra exclusivamente en atraer a talentos tecnológicos extranjeros, y no los obliga a quedarse en el país. Después de pasar seis meses en Chile e iniciar sus empresas —además de cumplir con otros requerimientos, como compartir experiencias con emprendedores locales y hablar en universidades— los beneficiarios de estos fondos pueden volver a sus países de origen, o ir adonde quieran. Un 30% se queda en Chile, me dijo Melo. Cuando le pregunté cómo logra convencer a un emprendedor estadounidense de que inicie su *start-up* en Chile, Melo respondió: "Porque aceptamos *start-ups* en etapas muy tempranas, cuando todavía son muy riesgosas para inversionistas ángeles en Estados Unidos. Entonces, vienen a Chile, prueban sus hipótesis, validan que esa hipótesis funciona, y disminuyen los riesgos para potenciales inversionistas".[30]

Obviamente, Startup Brasil y Startup Chile son proyectos todavía demasiado incipientes como para aspirar a crear nuevos Silicon Valleys en Latinoamérica. Pero, al igual que los planes de aumentar las becas de posgrados en el exterior, van a ayudar a crear la circulación de talentos que tanto ha beneficiado a China, India, Corea del Sur y otros países emergentes en décadas recientes. Y el número de postulantes extranjeros que han recibido muestra que la idea de atraer mentes creativas de todo el mundo hacia Latinoamérica no es un proyecto descabellado.

LA ESPERANZA DE AMÉRICA LATINA

Afortunadamente, lo que no falta en América Latina es talento, creatividad y audacia para hacer cosas nuevas, tanto a nivel nacional como a nivel individual. Los países latinoamericanos, lejos de ser sociedades anquilosadas y temerosas de experimentar con lo desconocido, han estado en la vanguardia mundial en temas como la elección de mujeres para la presidencia —en muchos casos les salió el tiro por la culata, pero ésa es otra historia—, los subsidios condicionados a la asistencia escolar, la compra masiva de laptops escolares, el casamiento gay y la legalización de la marihuana. Algunas de estas decisiones no han tenido un final feliz, pero sólo pueden haber surgido de sociedades dinámicas y abiertas a la experimentación. Eso es una buena señal.

Muchas ciudades latinoamericanas ya están en la vanguardia de la innovación urbana. Medellín, en Colombia, fue seleccionada en un concurso organizado por *The Wall Street Journal* y CitiGroup como la ciudad más innovadora del mundo en 2013, ganándole a competidoras como Nueva York y Tel Aviv. Veinte años atrás, Medellín era conocida como la capital mundial de la cocaína. Pero en apenas dos décadas, con una estrategia de "acupuntura urbana" que consiste en realizar obras del primer mundo en las zonas más rezagadas para integrarlas al resto de la ciudad, Medellín logró reducir en casi 80% su tasa de homicidios, y convertirse en una urbe mucho más vivible y próspera.

Por ejemplo, Medellín inauguró en 2011 una gigantesca escalera mecánica de casi 400 metros de longitud en uno de sus barrios más marginales y, hasta hace poco, peligrosos. La escalera mecánica, dividida en seis trayectos, le ha permitido a los habitantes de la Comuna 13 —una de las más pobres de Medellín— bajar las laderas del cerro donde se encuentra y acceder a la estación del metro que conecta con el centro de la ciudad. Hasta entonces, muchos de los 140 000 habitantes de la Comuna 13 habían tenido que escalar unos 350 peldaños —casi la altura del rascacielos más alto de Nueva York— para llegar a sus casas, algo que les hacía prácticamente imposible trabajar en la ciudad.

En Buenos Aires, Lima y Guayaquil se han hecho cosas igualmente novedosas. El gobierno de la capital argentina, además de instalar un sistema de wi-fi gratuito para todos los estudiantes de escuelas públicas de la ciudad, anunció en 2014 que estaba mudando su sede de gobierno a un edificio super moderno en Parque de los Patricios, uno de los barrios más postergados de la ciudad. El gobierno municipal ya había creado un parque tecnológico en ese barrio, con incentivos económicos para que las principales empresas y universidades se mudaran allí. La nueva sede del gobierno municipal fue encomendada al estudio de Lord Norman Foster, uno de los arquitectos más famosos del mundo, que entre otros edificios ha construido la sede del parlamento de Alemania y el futurista aeropuerto de Beijing. Lima y Guayaquil, que hasta hace una década estaban entre las ciudades más feas de Latinoamérica, se han convertido en centros turísticos gracias a sus nuevos bulevares marítimos que les han cambiado la cara de la noche a la mañana.

En Ciudad de México, se han realizado experimentos urbanos fascinantes, como las clínicas de atención médica en las estaciones del metro —por donde circulan diariamente unas cinco millones de personas— donde uno puede hacerse desde un análisis de sangre u orina hasta la prueba del sida. Las clínicas de salud, ubicadas en las principales intersecciones de las vías del metro, han ayudado a reducir la congestión de pacientes en los hospitales y a prevenir enfermedades.

"Han venido desde China y muchos otros países a ver nuestras clínicas en el metro, y todos dicen: '¡Qué maravilla!' ", me dijo el doctor

Armando Ahued, el Secretario de Salud del Distrito Federal.[31] "Hacemos 19 exámenes de laboratorio en el metro para detectar las 66 enfermedades más comunes, y lo hacemos gratuitamente para quienes no tienen seguridad social. La gente se puede hacer un examen de sangre, y pasar al día siguiente a buscar los resultados."

Y a nivel personal, sobran los ejemplos de innovadores latinoamericanos que están triunfando, como el peruano Gastón Acurio, el mexicano Jordi Muñoz, el argentino Emiliano Kargieman, el chileno Alfredo Zolezzi, el guatemalteco Luis von Ahn y otros que hemos reseñado en este libro. Hay muchos otros en Colombia, Venezuela y otros países, tan destacados como ellos o más, que no he incluido en estas páginas por razones de espacio, y porque decidí concentrarme en algunos de los menos conocidos y que están haciendo las cosas más originales.

Muchos de ellos, es cierto, están triunfando fuera de sus países natales. El gran desafío, ahora, es crear ecosistemas favorables a la innovación —una cultura que fomente la creatividad, celebrando a los innovadores, admirando a los emprendedores y tolerando sus fracasos— para que puedan florecer muchísimos más como ellos en sus propios países. Se puede lograr, y muy pronto, porque sobra el talento, y porque los pasos para lograrlo —como los cinco secretos que acabamos de mencionar— han sido suficientemente probados en otras partes del mundo.

Las pruebas están a la vista. Hay países de todas las tendencias políticas —desde la dictadura comunista de China, hasta la dictadura de derecha de Singapur, o las democracias como Corea del Sur, Taiwán, o Finlandia— que han prosperado mucho más que los países latinoamericanos en los últimos cincuenta años gracias a que le apostaron a la educación y a la innovación. Estos países producen cada vez más patentes de nuevas invenciones, que multiplican cada vez más sus ingresos y reducen cada vez más la pobreza. Al igual que ellos, es hora de que en Latinoamérica entremos de lleno en la era de la economía del conocimiento, y entendamos que el gran dilema del siglo XXI no será "socialismo o muerte", ni "capitalismo o socialismo", ni "Estado o mercado", sino uno mucho menos ideológico: innovar o quedarnos estancados, o para ponerlo en términos más dramáticos: *crear o morir.*

Notas

PRÓLOGO

[1] "Bill Gates Says There is Something Perverse in College Ratings", por Luisa Kroll, *Forbes*, 31 de enero de 2013.

[2] "Doing Business 2013", estudio del Banco Mundial y de la International Finance Corporation, 2013.

[3] "Los parques científicos y tecnológicos en América Latina: un análisis de la situación actual", por Andrés Rodríguez-Pose, Banco Interamericano de Desarrollo, junio de 2012, p. 19.

1. EL MUNDO QUE SE VIENE

[1] "Doing Business 2013: Smarter Regulations for Small and Medium-Sized Enterprises", World Bank/International Finance Corporation, 2013.

[2] "Cities are the Fonts of Creativity", por Richard Florida, *New York Times blog*, 15 de septiembre de 2013.

[3] Richard Florida, discurso en el 22° Congreso EBN, Derry-Londonderry, Irlanda del Norte, 29-31 de mayo de 2013.

[4] *Idem.*

[5] *Idem.*

[6] *Idem.*

[7] Discurso del Estado de la Unión, Barack Obama, 12 de febrero de 2013.

⁸ Conferencia de Gonzalo Martínez, jefe de investigaciones estratégicas de Autodesk, en Singularity University, Palo Alto, California, 11 de marzo de 2013.

⁹ "Just don't call it a Drone", por Matthew L. Wald, *The New York Times*, 1° de febrero de 2013.

¹⁰ *Idem.*

¹¹ Entrevista del autor con Jordi Muñoz para *Oppenheimer Presenta* de CNN en español, 16 de abril de 2013.

¹² Entrevista del autor con Brad Templeton, Palo Alto, California, 11 de marzo de 2013.

¹³ "Fasten Your Seatbelts", por Chunka Muy, *Forbes*, 22 de enero de 2013.

¹⁴ *Idem.*

¹⁵ "Heal Thyself: The 'Bio-inspired' Materials that Self-repair", por Tim Hume, CNN, 22 de febrero de 2013.

¹⁶ *Idem.*

¹⁷ "The Global Information Technology Report 2014", World Economic Forum, p. 6.

¹⁸ Entrevista del autor a Daniel Kraft, en Mountain View, California, 11 de marzo de 2013.

¹⁹ "The Robot Will See You Now", por Jonathan Cohn, *The Atlantic*, marzo de 2013.

²⁰ "Turning Education Upside Down", por Tina Rosenberg, *The New York Times,* 9 de octubre de 2013.

²¹ *Idem.*

²² Entrevista del autor con Sir Richard Branson, para el programa *Oppenheimer Presenta* de CNN en español, 31 de mayo de 2013.

²³ "Bill Gates: Philanthropist", por Brad Stone, *Bloomberg Business Week*, 8 de agosto de 2013.

²⁴ Peter H. Diamandis y Steven Kotler, *Abundance: The Future is Better than What You Think*, Free Press, 2012, p. 9.

²⁵ "Can Silicon Valley Save the World?", por Charles Kenny y Justin Sandefur, *Foreign Policy*, julio de 2013, p. 74.

²⁶ Peter H. Diamandis y Steven Kotler, *Abundance: The Future is Better than What You Think*, Free Press, 2012, p. 304.

[27] "World Development Indicators", World Bank, 2013, http://wdi. worldbank.org/table/4.2.

[28] "U. S. and China Drive International Patent Filing in Record-Setting year", www.wipo.int, 13 de marzo de 2014.

[29] *Idem.*

[30] U. S. Patent and Trademark Office, Patent Counts by Origin and Type, Calendar year 2013, www.uspto.gov, Marzo 2014.

[31] "Los países que van para adelante", por Andrés Oppenheimer, *El Nuevo Herald,* 27 de marzo de 2014.

[32] Entrevista telefónica del autor con el doctor Nicola Perra de la Universidad Northeastern, 10 de mayo de 2013.

[33] The World University Rankings 2013, http://www.timeshighereducation.co.uk/world-university-rankings/compareuniversities.

[34] QS Ranking of World's Best Universities, http://www.topuniversities. com/university-rankings/world-university-rankings/2013.

[35] *Ranking* de las mejores universidades del mundo de la Universidad Jiao Tong de Shanghai, China, http://www.shanghairanking.com/ARWU2013. html.

[36] RICYT, www.ricyt.org/indicadores, cuadro "Graduados en educación superior", 2014.

[37] Andrés Oppenheimer, *Basta de historias,* Debate, México, p. 17.

[38] "Ciencia, tecnología e innovación para el desarrollo y la cohesión social", Organización de Estados Iberoamericanos, Madrid, 2012, p. 35.

[39] Tests PISA de la Organización para la Cooperación y el Desarrollo Económicos, 2013, y "América Latina ocupa los últimos puestos del informe sobre educación", *El País,* España, 4 de diciembre de 2013.

[40] *The Great Eight,* estudio de Bain & Company, p. 35.

[41] Entrevista del autor con Vivek Wadhwa, ex decano y vicepresidente de innovación de Singularity University y profesor de la escuela de ingeniería de la Universidad de Duke, en Palo Alto, California, 10 de marzo de 2013.

[42] "The Earliest Mention I Can Find of this Magical $100,000 Number is from the 1910 Book *The History of The Telephone*", por Herbert N. Casson, pp. 58-59.

[43] "Wilbur & Orville Wright: A Chronology", por Arthur Reston, p. 69, http://history.nasa.gov/monograph32.pdf.

[44] "The Unleashed Mind: Why Creative People are Eccentric", Shelley Carson, *Scientific American*, 14 de abril de 2013.

[45] Entrevista de *60 Minutes*, CBS, con Elon Musk, 3 de junio de 2012.

[46] "The Secrets of Genius: Discovering the Nature of Brilliance", edición especial de la revista *Time*, 2013.

[47] *Idem.*

[48] "The Secrets of Genius: Discovering the Nature of Brilliance", edición especial de la revista *Time*, 2013.

[49] "The Regional Distribution and Correlates of an Entrepreneurship-prone Personality Profile in the United States, Germany and the United Kingdom", *Journal of Personality and Social Psychology,* abril de 2013.

2. GASTÓN ACURIO: EL CHEF QUE REGALA SUS RECETAS

[1] "The Peruvian Gastronomic Revolution, Continued", *The Economist,* 22 de febrero de 2014.

[2] Entrevista del autor con Gastón Acurio, Miami, 23 de febrero de 2013.

[3] Estudio de Apega, 2013.

[4] Según la encuesta sobre los motivos para estar orgullosos a nivel nacional de Ipsos/Apoyo 2012, 53% de los peruanos respondió Machu Picchu; 45% respondió la gastronomía; 42%, los recursos naturales; 34%, la cultura y el arte; 32%, los paisajes naturales, y 30%, la historia.

3. JORDI MUÑOZ Y EL MOVIMIENTO DE LOS *MAKERS*

[1] Chris Anderson, *Makers: The New Industrial Revolution,* p. 147.

[2] Entrevista telefónica del autor con Jordi Muñoz, 14 de abril de 2013.

[3] Entrevista telefónica del autor con Rosa Bardales, 9 de mayo de 2013.

[4] Entrevista del autor con el doctor Jorge Muñoz Esteves, 11 de mayo de 2013.

[5] *Idem.*

[6] Chris Anderson, *Makers: The New Industrial Revolution*, p. 146.

[7] *Idem.*

[8] *Idem.*

[9] Chris Anderson, *Makers: The New Industrial Revolution*, p. 149.

[10] *Ibid.,* p. 150.

[11] Correo electrónico de Jordi Muñoz al autor, 12 de mayo de 2013.

[12] Chris Anderson, *Makers: The New Industrial Revolution*, p. 108.

[13] *Ibid.,* p. 110.

[14] *Ibid.,* p. 109.

[15] *Ibid.,* p. 114.

[16] *Ibid.,* p. 115.

[17] *Reuters*, 8 de agosto de 2013.

[18] Entrevista del autor con Raúl Rojas González, en *Oppenheimer Presenta* de CNN en español, 25 de abril de 2013.

[19] Entrevista del autor con John de León, 25 de abril de 2013.

[20] Chris Anderson, "Crown Business", en *Makers: The New Industrial Revolution*, p. 170.

[21] *Idem.*

[22] Entrevista del autor con Jordi Muñoz, 15 de abril de 2014.

4. BRE PETTIS Y LA NUEVA REVOLUCIÓN INDUSTRIAL

[1] Entrevista del autor con Bre Pettis, Brooklyn, 26 de agosto de 2013.

[2] *Idem.*

[3] *Idem.*

[4] Entrevista del autor con Abe Reichental desde Tel Aviv, Israel, 2 de julio de 2013.

[5] "Manufacturing the Future: 10 Trends to Come in 3D Printing", por Eric Savitz, *Forbes,* 12 de julio de 2012.

[6] *Idem.*

[7] Entrevista del autor con Vivek Wadhwa, 4 de julio de 2013.

[8] Entrevista telefónica del autor con Charles *Chuck* Hull, 30 de julio de 2013.

[9] *Idem.*

[10] *Idem.*

[11] Comunicado de prensa de la Universidad de Pittsburgh, 30 de septiembre de 2013.

[12] "If You Think 3D Printing is Disruptive, Wait for 4D Printing", por Ben Rooney, *The Wall Street Journal,* 30 de julio de 2013.

[13] "Still Hype Around 3-D Printing for Consumers, Says Report", por Ben Rooney, *The Wall Street Journal,* 4 de octubre de 2013.

[14] "Will UPS Succeed in Popularizing 3D Printing", por Rakesh Sharma, *Forbes* en línea, 2 de julio de 2013.

[15] "Impresoras 3D con un nuevo uso metálico", por Carlos Fresneda, *El Mundo,* España, 16 de octubre de 2010.

[16] *Idem.*

5. RAFAEL YUSTE Y LOS MANIPULADORES DEL CEREBRO

[1] Entrevista del autor con el doctor Rafael Yuste en la Universidad de Columbia, Nueva York, 26 de agosto de 2013.

[2] Conferencia de prensa de Barack Obama en la Casa Blanca, 2 de abril de 2013.

[3] Entrevista telefónica del autor con Rafael Yuste, 4 de diciembre de 2013.

[4] Entrevista del autor con Rafael Yuste, Nueva York, 26 de agosto de 2013.

[5] "Experiment Lets Man Use his Mind to Control Another Person's Movement", por Charles Q. Choi, *The Washington Post*, 29 de agosto de 2013.

[6] Entrevista del autor con Rafael Yuste, 4 de diciembre de 2013.

[7] Entrevista del autor con Rafael Yuste, 4 de diciembre de 2013.

[8] *Idem.*

[9] *Idem.*

6. PEP GUARDIOLA Y EL ARTE DE INNOVAR CUANDO SE ESTÁ GANANDO

[1] "'Hay que respetar el mundo de cada persona': Guardiola", *El Tiempo*, Colombia, 30 de abril de 2013.

[2] Conferencia de Guardiola en el Gran Rex de Buenos Aires, 3 de mayo de 2013.

[3] "'Hay que respetar el mundo de cada persona': Guardiola", *El Tiempo*, Colombia, 30 de abril de 2013.

[4] "La vida del Pep al descubierto", capítulo 1, sitio web de la Pena Barcelonista de Lisboa, 28 de marzo de 2009.

[5] Guillem Balagué, *Pep Guardiola: la biografía*, Editorial Córner, 2013, p. 61.

[6] "'Hay que respetar el mundo de cada persona': Guardiola", *El Tiempo*, Colombia, 30 de abril de 2013.

[7] "'Hay que respetar el mundo de cada persona': Guardiola", *El Tiempo*, Colombia, 30 de abril de 2013.

[8] Guillem Balagué, *Pep Guardiola: la biografía*, Editorial Córner, 2013, p. 72.

[9] "Guardiola, absuelto de acusación de dopaje en Brescia", 1, 23 de octubre de 2007.

[10] *Idem.*

[11] Guillem Balagué, *Pep Guardiola: la biografía*, Editorial Córner, 2013, p. 103.

[12] "El humilde Pep", *La Nación*, Argentina, 28 de diciembre de 2013.

[13] Conferencia de Guardiola en el Gran Rex de Buenos Aires, 2 de mayo de 2013, publicado en YouTube: "Guardiola y la importancia de la táctica", 7 de mayo de 2013.

[14] Entrevista telefónica del autor con Carlos Murillo Fort, 5 de noviembre de 2012.

[15] *Idem.*

[16] Conversaciones de Pep Guardiola y Fernando Trueba, YouTube, 18 de mayo de 2012.

[17] "Sentirlo", por Josep Guardiola, *El País*, 2 de marzo de 2007.

[18] Conferencia de Josep Guardiola en el Teatro Gran Rex de Buenos Aires, Argentina, 7 de mayo de 2013.

[19] *Idem.*

[20] "Pep Guardiola: el triunfo de un gentil liderazgo", por Javier Mascherano, *La Nación*, 31 de enero de 2013.

[21] Conferencia de Josep Guardiola en el Teatro Gran Rex de Buenos Aires, Argentina, 7 de mayo de 2013.

[22] www.jimmy-burns.com.

[23] Laporta: hemos vendido la camiseta a Qatar por un plato de lentejas", www.antena3.com, 17 de junio de 2012.

[24] "Barcelona Changes Jerseys and its Values", *The New York Times,* 27 de septiembre de 2011.

[25] "Cruyff: lo mejor para el Barça es que vuelva Pep Guardiola", *Mundo Deportivo*, 16 de abril de 2014.

[26] Jorge Valdano, entrevista con Eurosport, publicada en YouTube, 15 de noviembre de 2012.

7. BRANSON, MUSK, KARGIEMAN Y EL ARTE DE REINVENTARSE

[1] "Losing my Virginity", por Sir Richard Branson, *Crown Business,* p. 31.

[2] Entrevista del autor con Sir Richard Branson, 31 de mayo de 2013.

[3] *Idem.*

[4] *Idem.*

[5] *Idem.*

[6] *Idem.*

[7] "Losing my Virginity", por Sir Richard Branson, *Crown Business*, p. 31.

[8] *Idem.*

[9] *Ibid.,* p. 45.

[10] *Ibid.,* p. 50.

[11] *Ibid.,* p. 55.

[12] Entrevista del autor con Sir Richard Branson, 31 de mayo de 2013.

[13] *Idem.*

[14] Sir Richard Branson, *Like a Virgin: Secrets They Won't Teach You in Business School*, Penguin, p. 62.

[15] Entrevista del autor con Sir Richard Branson, 31 de mayo de 2013.

[16] "Losing my Virginity", por Sir Richard Branson, *Crown Business,* p. 68.

[17] *Ibid.*, p. 74.

[18] *Ibid.*, p. 77.

[19] *Ibid.*, p. 92.

[20] *Ibid.*, p. 102.

[21] *Ibid.*, p. 190.

[22] *Ibid.*, p. 192.

[23] *Ibid.*, p. 203.

[24] *Ibid.*, p. 215.

[25] *Ibid.*, p. 220.

[26] Entrevista del autor con Sir Charles Branson, 31 de mayo de 2013.

[27] "Elon Musk of SpaceX: The Goal is Mars", por Patt Morrison, *Los Angeles Times*, 1° de agosto de 2012.

[28] Entrevista con Elon Musk, *Esquire*, 1° de octubre de 2008.

[29] *Idem.*

[30] "I Was a Starter Wife", por Justine Musk, *Marie Claire*, 10 de septiembre de 2010.

[31] Entrevista con Elon Musk, *60 Minutos*, CBS, 3 de junio de 2012.

[32] "Elon Musk of SpaceX: The Goal is Mars", por Patt Morrison, *The Los Angeles Times,* 1° de agosto de 2012.

[33] *Idem.*

[34] *Idem.*

[35] "Losing my Virginity", por Sir Richard Branson, *Crown Business,* p. 410.

8. SALMAN KHAN Y LAS "ESCUELAS AL REVÉS"

[1] Entrevista del autor con Salman Khan, desde Mountain View, California, vía Skype, 18 de octubre de 2013.

[2] *Idem.*

[3] Entrevista del autor con Salman Khan.

[4] "The One World School House", por Salman Khan, *Twelve*, p. 76.

[5] "Education Needs a Digital Age Upgrade", por Virginia Heffernan, *The New York Times,* 7 de agosto de 2011.

[6] "The One World School House", por Salman Khan, *Twelve*, p. 80.

[7] "The One World School House", por Salman Khan, *Twelve*, p. 169.

9. ALFREDO ZOLEZZI Y LOS INNOVADORES SOCIALES

[1] Entrevista del autor con Alfredo Zolezzi, 17 de diciembre de 2013.

[2] *Idem.*

[3] *Idem.*

[4] Entrevista del autor con Guillermo Scallan, 4 de enero de 2014.

[5] *Idem.*

[6] Entrevista del autor con Alfredo Zolezzi, 17 de diciembre de 2013.

[7] *Idem.*

[8] *Idem.*

[9] "La revolución de Zolezzi", *Qué Pasa*, Chile, 2 de enero de 2014.

[10] Entrevista del autor con Alfredo Zolezzi, 2 de enero de 2014.

[11] *Idem.*

[12] Entrevista del autor con Paula Cardenau, 16 de enero de 2014.

[13] Entrevista del autor con Beatriz Pellizari, 16 de enero de 2014.

[14] Entrevista del autor con Muhammad Yunus, *Oppenheimer Presenta* de CNN en español, 8 de septiembre de 2013.

[15] *Idem.*

[16] *Idem.*

[17] Entrevista del autor a Fernando Fabre, presidente de Endeavor, 16 de enero de 2014.

[18] Entrevista del autor con Enrique Gómez Junco, presidente de Optima Energy, 7 de enero de 2014.

[19] Entrevista del autor con Luis von Ahn, 27 de marzo de 2014.

[20] *Idem.*

[21] *Idem.*

[22] *Idem.*

[23] "The Solution Revolution: How Business, Government, and Social Enterprises are Teaming up to Solve Society's toughest Problems", por William D. Edgers y Paul MacMillan, *Harvard Business Review Press*, 2013, p. 10.

[24] *Ibid.,* p. 11.

[25] *World Giving Index*, Charities Aid Foundation, 2013.

10. LOS CINCO SECRETOS DE LA INNOVACIÓN

[1] "Need a Job?: Invent it", por Thomas Friedman, *The New York Times,* 30 de marzo de 2013.

[2] "Employee Tenure Summary, U. S. Department of Labor, Bureau of Labor Statistics", 18 de septiembre de 2012, http://www.bls.gov/news.release/tenure.nr0.htm.

[3] "Latin American Entrepreneurs: Many Firms, but Little Innovation", Banco Mundial, 2014.

[4] "Ciencia, tecnología e innovación para el desarrollo y la cohesión social", Organización de Estados Iberoamericanos, 2012, p. 34.

[5] *Ibid.,* p. 35.

[6] Entrevista del autor con Andy Freire, 26 de abril de 2014.

[7] "Abundance: The Future is Better than You Think", por Peter H. Diamandis y Steven Kotler, *Free Press*, p. 221.

[8] *Ibid.,* p. 221.

[9] Entrevista del autor con Peter Diamandis, para el programa *Oppenheimer Presenta* por CNN y Foro TV, 8 de mayo de 2014.

[10] Entrevista del autor con Salim Ismail, 7 de febrero de 2014.

[11] "Latin American Entrepreneurs: Many Firms, but Little Innovation", Overview, Banco Mundial, 2014, gráfica 18, p. 18.

[12] "Gates: Latin America Needs better Schools", por Andrés Oppenheimer, *The Miami Herald*, 8 de abril de 2008.

[13] Entrevista del autor con Eugenia Garduño, 26 de abril de 2014.

[14] "Educating the Next Steve Jobs", por Tony Wagner, *The Wall Street Journal*, 13 de abril de 2012.

[15] *Idem.*

[16] *Idem.*

[17] "Doing Business 2014", Banco Mundial, 2014, pp. 233 y 234.

[18] Entrevista del autor con Emiliano Kargieman, 13 de agosto de 2013.

[19] "Doing Business 2014", Banco Mundial, 2014.

[20] Entrevista del autor con Augusto López-Claros, 29 de octubre de 2013.

[21] Entrevista del autor con Martín Migoya, Buenos Aires, 28 de marzo de 2013.

[22] "Ciencia, tecnología e innovación para el desarrollo y la cohesión social", Organización de Estados Iberoamericanos, 2012, p. 34.

[23] *Ibid.,* p. 35.

[24] Entrevista del autor con Luis von Ahn, 27 de marzo de 2014.

[25] *Idem.*

[26] Entrevista del autor con Rafael Atijas, 23 de febrero de 2014.

[27] *Idem.*

[28] *Open Doors*, Institute of International Education, International Students: Leading Places of Origin, 2013.

[29] "La apuesta tecnológica de Latinoamérica", por Andrés Oppenheimer, *El Nuevo Herald,* 15 de junio de 2013.

[30] *Idem.*

[31] Entrevista del autor con el doctor Armando Ahued, secretario de Salud del Distrito Federal, 31 de marzo de 2014.

Agradecimientos

Un agradecimiento muy especial para Romero Britto, uno de los artistas más exitosos del mundo, que sugirió la idea y diseñó personalmente la imagen de Albert Einstein para la portada de este libro. "Para ilustrar un libro sobre innovación, creatividad y genialidad, nada mejor que una cara de Einstein", dijo. El propio Britto es un ejemplo vivo de un creador y emprendedor exitoso que bien podría haber merecido un capítulo de *Crear o Morir*. Nacido en la pobreza, hijo de una madre soltera que tuvo 12 hijos, de los cuales tres murieron al nacer, Britto se mudó a Miami a los 22 años y comenzó a vender sus cuadros alegres y llenos de vida en las calles del vecindario de Coconut Grove. Al poco tiempo comenzó a colocar cuadros en una galería de arte en un centro comercial, hasta que su carrera se disparó cuando uno de sus dibujos fue seleccionado en un concurso de etiquetas para Absolut Vodka. De allí en más, sus diseños fueron comprados por marcas como Mini Cooper, Audi, Swatch, Movado y Hublot, y sus cuadros, esculturas y objetos pintados de producción masiva —en parte producidos en su taller de Miami, que emplea a unas 100 personas— facturan según algunos estimados hasta 80 millones de dólares anuales. Cuando le pregunté cuál fue el secreto de su éxito, Britto me dijo que nació espontáneamente. "A mí me gusta estar rodeado de cosas lindas, que me hagan sentir bien. Y lo que hice fue crear un lenguaje universal de cosas que hacen sentir bien a la gente", explicó.

Este libro se benefició enormemente de la ayuda de Cristóbal Pera, director editorial de Penguin Random House en México, que hizo sugerencias valiosísimas para mejorar el manuscrito original. Pera es un editor de lujo, que todos los escritores quisiéramos para todos nuestros libros: es un hombre de una calidez excepcional, siempre listo para ayudar en lo que sea, y con un ojo de lince para detectar párrafos que faltan, páginas que sobran, y conceptos que pueden ser mejorados. Otra persona que me acompañó en todo momento y me sirvió de guía en el mundo de las ciencias fue mi mujer, Sandra Bacman, a quien está dedicado este libro. Doctora en biología e investigadora científica en el Departamento de Neurología de la Universidad de Miami, Sandra me ayudó a entender lo que me habían tratado de explicar —algunos con más suerte que otros— varios de los científicos que entrevisté para este libro. Finalmente, mi agradecimiento de siempre a mi editor del *Miami Herald*, John Yearwood, cuyas recomendaciones siempre mejoran mis textos; a Cynthia Hudson y Eduardo Suarez, los directivos de CNN en Español, que me han apoyado facilitando estudios de televisión para entrevistar a varios de los innovadores que presento en este libro; a mi abogado Thomas Oppenheimer, uno de los mejores abogados de Miami; a mi agente de ICM Kris Dahl; a mis colegas Ismael Triviño, el productor periodístico de Oppenheimer Presenta en CNN y Foro TV, Annamaría Muchnik, Angelina Peralta, Bettina Chouhy, y a mis buenos amigos como Ezequiel Stolar y varios otros que me alentaron a explorar buenas ideas —y a desechar otras— durante la investigación para escribir este libro.